計

作戰篇

謀攻篇

形篇

勢篇

虛實篇

EL ARTE DE LA GUERRA

GUÍA VISUAL

ANTONY CUMMINS

EL ARTE

GUÍA VISUAL

DE LA

LAS ESTRATEGIAS DE SUN TZU

GUERRA

PARA COMPRENDER SU FILOSOFÍA

ALMA

Título original: *The Ultimate Art of War*

Edición original publicada por Watkins, un sello de Watkins Media Limited
Unit 11, Shepperton House, 83–93 Shepperton Road
Londres N1 3DF
www.watkinspublishing.com

www.editorialalma.com

 @almaeditorial

Diseño de cubierta: Estudi Miquel Puig

Edición: Fiona Robertson
Dirección de diseño: Georgina Hewit
Diseño: Karen Smith
Ilustraciones: Jay Kane
Caligrafía: Yamamoto Jyuhō

Traducción del inglés: Daniel Montsech Angulo para LocTeam, S.L.
Maquetación y revisión: LocTeam, S.L.

ISBN: 978-84-18933-78-3
Depósito legal: B-14102-2023

Maquetado en Adobe Garamond Pro y Brandon Grotesque
Reproducción del color de XY Digital

Impreso en España
Printed in Spain

Este libro contiene papel de color natural de alta calidad que no amarillea (deterioro por oxidación) con el paso del tiempo y proviene de bosques gestionados de manera sostenible.

ADVERTENCIA

La información contenida en este libro es únicamente para investigación histórica y no debe ser reproducida o recreada de ninguna forma. Watkins Media Limited, el autor y todas las personas que han colaborado en este libro no son responsables de los daños o perjuicios que puedan derivarse del uso de la información que contiene.

CONTENIDO

PRÓLOGO

Escribo este prólogo para *El arte de la guerra: guía visual* mientras trabajo en un nuevo artículo que interpreta los conceptos y la evolución de la dialéctica militar china. Alguien podría decir que estos trabajos pertenecen a ámbitos diferentes, uno al del público general y el otro al académico, pero, en mi opinión, su importancia está estrechamente vinculada. Cuanto más hago por divulgar el pensamiento estratégico chino en Occidente, más temo que mis esfuerzos sean en vano ya que la base actual de conocimientos sigue siendo endeble. Es necesario trabajar en fortalecerla.

Esta guía visual me proporciona algo de esperanza respecto a este viejo problema. *El arte de la guerra* de Sun Tzu es un clásico que se lee y del que se oye hablar a menudo en Occidente, pero que rara vez se entiende; hasta ahora, ha permanecido en la fase de traducción, un trabajo que ha alcanzado sus límites. Antony Cummins ha dado un importante primer paso para ir más allá y ofrece una lectura moderna con un enfoque gráfico. Al desglosar *El arte de la guerra* en enseñanzas independientes y fáciles de entender, ayuda a aclarar los capítulos del original que son difíciles de asimilar para la mayoría de los lectores no entendidos. Este recurso a las lecciones es una forma de estudiar a Sun Tzu que va más allá de limitarse a aprender unas máximas. Creo que Antony Cummins ha desarrollado una forma nueva y sistemática de estudiar *El arte de la guerra* para el mundo occidental.

Me impresiona la dedicación y el entusiasmo de Antony en sus estudios sobre los *ninjas* y los samuráis. Acometer la transmisión del pensamiento estratégico chino a Occidente es otra tremenda tarea que requiere igual coraje y determinación; me alegra que Antony Cummins forme parte de ese proyecto. Con su enfoque intercultural y sus ingeniosas ilustraciones, *El arte de la guerra: guía visual* es el complemento ideal a la lectura del texto original de Sun Tzu.

Como sugerí en mi libro *Deciphering Sun Tzu*, además del enfoque histórico y filosófico que vengo defendiendo y aplicando, el siguiente paso esencial para comprender el pensamiento de Sun Tzu y, en un sentido más amplio, la estrategia china es el estudio en profundidad de la historia militar y la estrategia chinas. Espero que Antony Cummins continúe con su gran labor y a través de sus libros ilustrados ayude a reavivar el estudio de la estrategia china en Occidente.

Derek M. C. Yuen

BIOGRAFÍA

Derek M. C. Yuen es doctor en Estudios Estratégicos por la Universidad de Reading. Radicado en Hong Kong, ha investigado y publicado sobre la síntesis de los pensamientos estratégicos chino y occidental y sobre el pensamiento estratégico de Sun Tzu, Lao Tzu y Mao Zedong.

孫子兵法

INTRODUCCIÓN

El arte de la guerra es un texto militar que se cree que fue escrito por un antiguo estratega chino conocido como Sun Tzu a finales del período de Primavera y Otoño (siglo v a. C.). Su continua influencia por todo el mundo moderno es testimonio de la sabiduría eterna y universal de sus enseñanzas. El original ha dado pie a innumerables traducciones, interpretaciones, desarrollos e inspiraciones, trabajos todos ellos meritorios. Sin embargo, este libro se centra en las enseñanzas fundamentales de Sun Tzu, que se exploran en mayor profundidad de lo que se había hecho hasta ahora. Al desglosar *El arte de la guerra* en lecciones individuales fáciles de entender, el propósito es animar a los lectores a ahondar en obras de mayor alcance sobre la guerra y la estrategia.

EL PORQUÉ DE ESTA GUÍA ILUSTRADA

El arte de la guerra existe desde hace más de dos mil años y sigue siendo un texto que a menudo se lee pero rara vez se explora. Año tras año aparecen nuevas traducciones y tratamientos de la obra. Desde adaptaciones en cómic a modelos de negocio y guías de liderazgo, parece haber un sinfín de usos para *El arte de la guerra*, pero ninguno de esos libros explora completamente las enseñanzas mismas. Las ediciones ilustradas anteriores tan solo contienen el texto traducido acompañado de imágenes magníficas de la antigua China y de artefactos relacionados para ambientar el asunto. En contraste, esta edición ofrece no solo la traducción, sino también explicaciones detalladas apoyadas por ilustraciones y diagramas específicamente concebidos para aclarar los conceptos de Sun Tzu.

ESTRUCTURA DE ESTE LIBRO

Este libro divide el texto original de Sun Tzu en diferentes secciones marcadas por el encabezamiento «En palabras de Sun Tzu». Cada sección va seguida de una serie de lecciones independientes basadas en su contenido. Allí donde es necesario, las lecciones incluyen una ilustración que transmite la esencia de la enseñanza. Algunas son abstractas, otras, instructivas. Las lecciones que son particularmente abstractas o que se hacen eco de enseñanzas anteriores no están ilustradas. Cabe señalar los puntos siguientes:

- Cuando solo se usan círculos, los de color negro representan a las tropas aliadas y los de color rojo a sus mandos.
- Cuando se usan hexágonos, cuadrados o bloques, los negros representan a los aliados y los rojos a los enemigos.
- Las formaciones no recrean situaciones históricas reales; se ofrecen a modo de ejemplo.

El comentario de la lección amplía el punto o los puntos centrales que Sun Tzu esté tratando. Donde hay desacuerdo entre los antiguos comentaristas chinos y los traductores modernos, analizo las diferentes interpretaciones dando el mismo peso a cada una. Las lecciones concluyen con un «consejo para la guerra» que resume la esencia de la lección en una frase o dos.

¿QUIÉN FUE SUN TZU?

Sun Tzu (nombre a veces transcrito como «Sunzi») es una figura enigmática. Si se les preguntara, la mayoría de las personas dirían que fue un estratega militar

ARRIBA: Nunca debe decirse «maestro Sun Tzu» porque equivale a decir «maestro Maestro Sun». En su lugar, se dirá «maestro Sun» o simplemente «Sun Tzu».

que escribió *El arte de la guerra*. Sin embargo, ni siquiera eso se puede afirmar con rotundidad. Su mismo nombre está incompleto. Sun Tzu solo significa «maestro Sun», y Sun es un apellido chino. Algunos expertos creen que ni siquiera existió.

Las fechas de nacimiento y muerte de Sun Tzu se desconocen. Su nombre no aparece en ningún censo o escrito de la época en que supuestamente vivió, y todas las transcripciones de *El arte de la guerra* son de fechas muy posteriores. El original se ha perdido. La falta de información biográfica contrastada ha generado un debate que dura más de mil años. Entre las teorías sobre Sun Tzu figura lo siguiente:

- Presentó *El arte de la guerra* al rey de Wu en el año 512 a. C.
- Pudo ser la persona históricamente identificable del siglo v a. C. llamada Sun Wu.
- Pudo ser un hombre del que no ha quedado registro que vivió en algún momento entre la segunda mitad del siglo v a. C. y el siglo III a. C.
- Puede ser un personaje inventado en algún momento entre el 200 a. C. y el 200 d. C. para dar credibilidad al texto.

En este libro asumo que Sun Tzu es una figura histórica y que escribió el texto conocido como *El arte de la guerra*.

¿QUÉ ES *EL ARTE DE LA GUERRA*?

Algunas personas afirman que Sun Tzu *ideó* estrategias militares en la antigua China. Eso no es cierto; simplemente las registró y perfeccionó. La guerra existía desde antes de *El arte de la guerra*, pero el texto destaca por exponer principios militares en términos concisos y prácticos sin recurrir a los largos diálogos sobre asuntos esotéricos que caracterizan otros escritos chinos antiguos. Es famoso desde que existe, y su fama no deja de aumentar.

ARRIBA: Ideogramas originales del libro y del nombre de su autor. Una traducción literal sería «Asuntos militares del maestro Sun», pero el texto se popularizó como *El arte de la guerra*.

HISTORIA DEL TEXTO

Uno de los principales problemas en la datación de textos chinos antiguos es que el primer emperador de China, Qin Shi Huang, llevó a cabo una campaña de quema de libros a gran escala durante su reinado (220-210 a. C.) que destruyó la mayoría de los que existían en ese momento. Hasta hace relativamente poco tiempo, la transcripción más antigua conocida de *El arte de la guerra* databa de alrededor del año 1000. Sin embargo, en 1972 se excavaron un par de tumbas en el este de la provincia china de Shandong. En una encontraron unas tiras de bambú en las que se había transcrito *El arte de la guerra*. Los restos de la tumba se remontan a tiempos de la dinastía Han (206 a. C. a 220 d. C.), pero la transcripción podría ser más antigua. Lo que está claro es que la estructura del texto ya estaba fijada en ese momento.

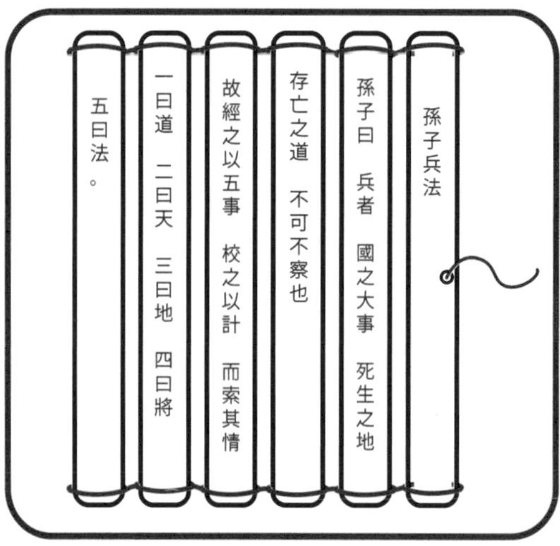

IZQUIERDA: El ideograma 篇, que suele traducirse como «capítulo» o «pergamino», originalmente representaba un libro de bambú. *El arte de la guerra* pudo ser escrito en tiras de bambú de 25 cm atadas entre ellas.

Los traductores e historiadores están de acuerdo en que, por desgracia, algunas secciones del texto original se perdieron, se cambiaron de lugar o se añadieron durante las transcripciones (aunque no están de acuerdo en qué partes pudieron moverse o añadirse). La buena noticia es que todos coinciden en que la mayor parte del texto se conserva y que los cambios de ideogramas posteriores son mínimos.

A lo largo de los siglos, el manual se divulgó por toda Asia continental (también Rusia) y Japón, donde fue un texto de estudio fundamental para la clase samurái. A Europa no llegó hasta 1772, cuando un misionero jesuita tradujo al francés algunas secciones. Al parecer, llegó a manos de Napoleón (o eso dicen algunos expertos chinos) y luego hasta teóricos militares como el general prusiano Carl von Clausewitz (1780-1831). Las primeras traducciones al inglés (ver página 14) aparecieron a principios del siglo XX; desde entonces, *El arte de la guerra* se ha traducido muchas veces a la mayor parte de los principales idiomas del mundo.

FECHAR EL TEXTO

Sun Tzu y *El arte de la guerra* suelen fecharse en los siglos V y VI a. C., pero eso puede no ser exacto. Para una visión en detalle del estado de la cuestión, véase Ames, R. T., *Sun Tzu: The Art of War*, Folio Society, Londres, 2017.

UNA NOTA SOBRE LAS TRADUCCIONES

Este libro se basa en la primera traducción completa al inglés, realizada por el sinólogo británico Lionel Giles (1875-1958), que se publicó en 1910. Sin embargo, en las lecciones contenidas en este libro también he analizado y comparado el resto de las traducciones principales para lograr una comprensión completa de cada enseñanza. Me refiero de forma particularmente extensa a la del escritor estadounidense Ralph D. Sawyer, aparecida en 1993, que es una de las más accesibles para los lectores occidentales de hoy en día. Por lo tanto, en algunas partes se observará que mi comentario no coincide exactamente con la versión de Giles, pero todo está explicado en el texto.

Todas las traducciones son grandes obras de autores consumados que merecen nuestro elogio por sus destacados esfuerzos por llevar los escritos de Sun Tzu al mundo de habla inglesa. La traducción parcial de Everard Ferguson Calthrop de 1905 ha sido objeto de numerosas críticas de académicos posteriores. Sin embargo, su versión también se incluye aquí, aunque con precaución porque trabajó a partir de textos japoneses y, como oficial del ejército, se centró más en transmitir las ideas esenciales del pensamiento militar asiático a los militares occidentales modernos que en alcanzar una precisión lingüística completa.

Esta es la lista completa de los textos utilizados en esta edición:

- Ames, R. T., *Sun Tzu: The Art of War*, Folio Society, Londres, 2017.
- Calthrop, E. F., *The Art of War*, Capstone, West Sussex, 2010.
- Cleary, T., *The Art of War: Complete Texts and Commentaries*, Shambhala, Boston, 1988.
- Clements, J., *Sun Tzu: The Art of War*, Macmillan, Londres, 2017.
- Denma Translation Group, *The Art of War: A New Translation*, Shambhala, Boston, 2001.
- Giles, L., *The Art of War: Sun Tzu*, Arcturus, Londres, 2017.
- Griffith, S. B., *Sun Tzu, The Art of War: A New Illustrated Edition*, Watkins, Londres, 2002.
- Minford, J., *Sun Tzu: The Art of War*, Penguin Books, Londres, 2005.
- Sawyer, R. D., *The Seven Military Classics of Ancient China*, Westview Press, Colorado, 1993.
- Trapp, J., *The Art of War: A New Translation*, Amber, Londres, 2011.
- Yuen, D. M., *Deciphering Sun Tzu: How to Read the Art of War*, Hurst and Company, Londres, 2014.

OTRAS VERSIONES DE *EL ARTE DE LA GUERRA*

Como hemos visto, existen numerosas traducciones de *El arte de la guerra*, pero también existen documentos que se consideran nuevas «versiones» de la obra. Entre estos se cuentan *Mastering the Art of War, The Lost Art of War* y *The Silver Sparrow Art of War*, todos los cuales son traducciones de Thomas Cleary de documentos históricos relacionados con el texto de Sun Tzu o versiones alternativas de este. Otra obra importante es *El arte de la guerra* de Sun Bin (fallecido en el 316 a.C.), también descubierta en las excavaciones en Shandong de 1972. Hasta la fecha, solo el texto estándar de Sun Tzu se considera el auténtico *El arte de la guerra*, y las discusiones y frases extra que se encuentran en estos otros documentos son vistos como complementos del original. Este libro se centra en el texto estándar y se mantiene dentro de sus límites, pero ha tenido en cuenta adiciones de otras versiones.

SISTEMAS DE TRANSLITERACIÓN

Hay dos sistemas principales para transliterar caracteres chinos al alfabeto latino y posibilitar que los no chinoparlantes los pronuncien. El sistema tradicional Wade-Giles, establecido en el siglo XIX, nos da la forma clásica «Sun Tzu». El sistema Hanyu-Pinyin se desarrolló en la década de 1950 y organizaciones internacionales como Naciones Unidas lo han adoptado. Con este sistema obtenemos la forma alternativa «Sunzi», que se está popularizando entre los traductores modernos.

Casi todos los nombres, títulos y conceptos de este libro presentarán variaciones en sus formas latinas. El principal problema son los nombres de los antiguos comentaristas chinos, que no coinciden en las diferentes versiones de los comentarios traducidos. Por ejemplo, con el sistema Hanyu-Pinyin, Tu Mu (Wade-Giles) se convierte en Du Mu y Ts'ao Ts'ao en Cao Cao. En lugar de estandarizar, he decidido ceñirme a la grafía que cada autor usó en su texto para que cualquiera que siga investigando usando las traducciones originales pueda encontrar rápidamente la información que esté buscando. Para simplificar, he eliminado todos los marcadores de vocales largas.

LA ESTRUCTURA MILITAR CHINA

Algunas enseñanzas de Sun Tzu dan por supuesto la comprensión de la estructura militar china. Una característica de esta era la división de todo el conjunto en tres partes separadas que cuando se reunían daban forma a una fuerza enorme. El sistema se basaba en múltiplos de cinco, que era el número de soldados de la unidad más pequeña. A partir de ahí, se construía como se muestra en la tabla de abajo:

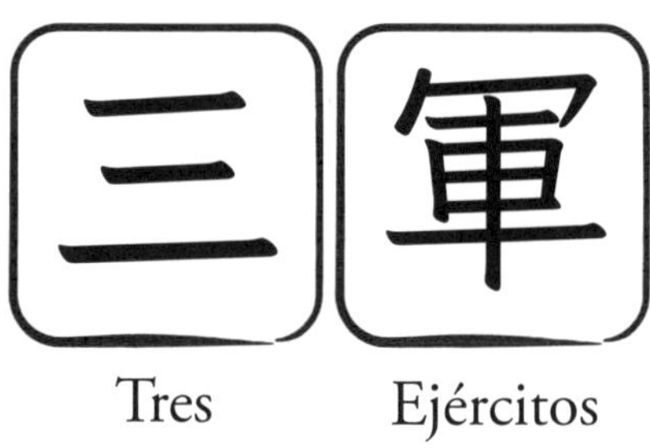

ARRIBA: Los ideogramas originales para «los tres ejércitos», es decir, una fuerza militar completa.

ESPAÑOL	CHINO	IDEOGRAMA	Número de soldados	Número de pelotones
Ejército	*Chun*	軍	12500	2500
Regimiento	*Shih*	師	2500	500
Batallón	*Lu*	旅	500	100
Compañía	*Tsu*	卒	100	20
Sección	*Liang*	両	25	5
Pelotón	*Wu*	伍	5	1

Para más información, véase *Seven Military Classics of Ancient China* de Ralph D. Sawyer.

EL YIN Y EL YANG Y LA PARADOJA EN LA CULTURA CHINA

A menudo, la sabiduría oriental parece mística y estar más allá de nuestra comprensión con sus aparentes paradojas como la forma sin forma, la lejanía en cercanía y otras cosas por el estilo. Las mentes occidentales ven estos conceptos como problemas a resolver, mientras que en la cultura oriental no se trata de resolver, sino de fusión y flujo. El yin y el yang no son estáticos, se forman en el otro. El yang se mueve hacia el yin y el yin hacia el yang en una relación perpetuamente productiva. En Occidente podemos señalar una caja cerrada y decir «¿Hay un gato o ningún gato en esa caja?», tras lo cual usamos la razón para decidir si ahí dentro hay un gato o no. En Oriente dirán que a veces habrá un gato en la caja y otras veces no, que todo depende de cuándo mires. Ese es el camino para comprender la paradoja oriental. Cada situación cambia y, por lo tanto, la forma se vuelve informe y después vuelve a formarse, y algo está cerca o lejos en función de la percepción del enemigo y de los movimientos que haga un ejército. Lo ortodoxo necesita lo heterodoxo para existir y ambos viven por fases dentro del otro. No se trata de paradojas de ningún tipo, aunque así es como se nos han presentado en el pasado. Por lo tanto, explorar el texto de Sun Tzu es enriquecerse con una comprensión de la antigua cultura china y de las escuelas de pensamiento de esa época.

DIFERENTES INTERPRETACIONES

Este libro aspira a ser la versión más comprensible y completa del texto original de Sun Tzu, construida sobre los grandes esfuerzos de los traductores de los últimos cien años y más, con referencias adicionales a comentaristas chinos viejos y nuevos. Sin embargo, a veces estos traductores y expertos no están de acuerdo sobre lo que Sun Tzu trataba de decir. A veces, los antiguos comentaristas chinos, algunos de los cuales fueron generales de éxito de su tiempo, pudieron llegar a usar sus palabras para apoyar su propia visión de la guerra. Por lo tanto, es difícil saber qué interpretaciones, si es que hay alguna, de un concepto en particular coincide con su intención original. Si Sun Tzu leyera este libro, sin duda habría algunas partes que no reconocería como propias. Espero que sí reconociera mi voluntad genuina de transmitir sus ideas con la mayor fidelidad posible.

EL ARTE DE LA GUERRA

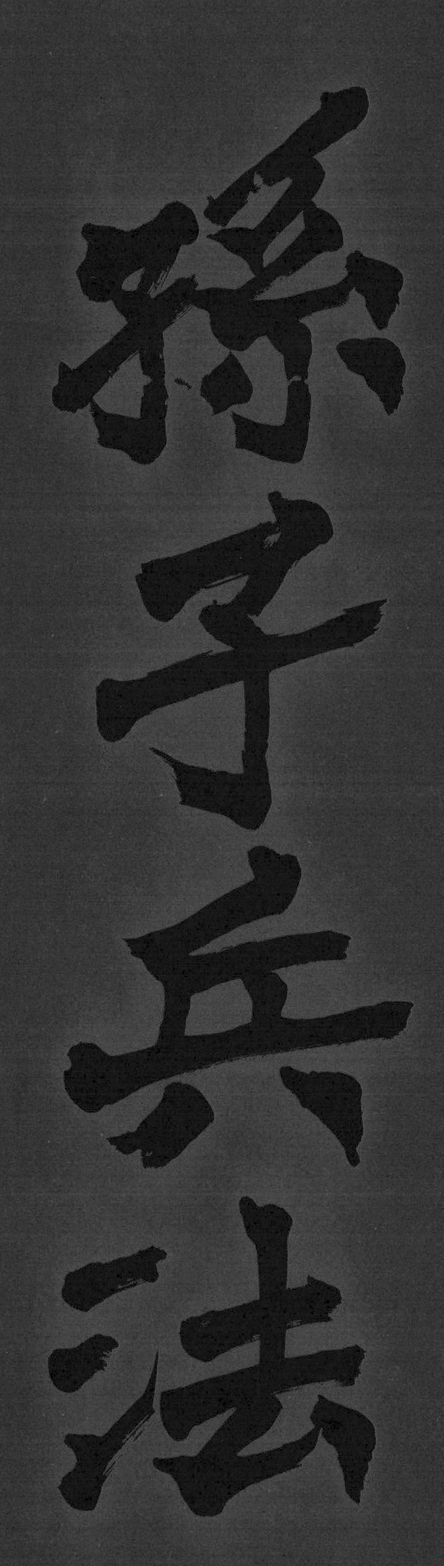
孫子兵法

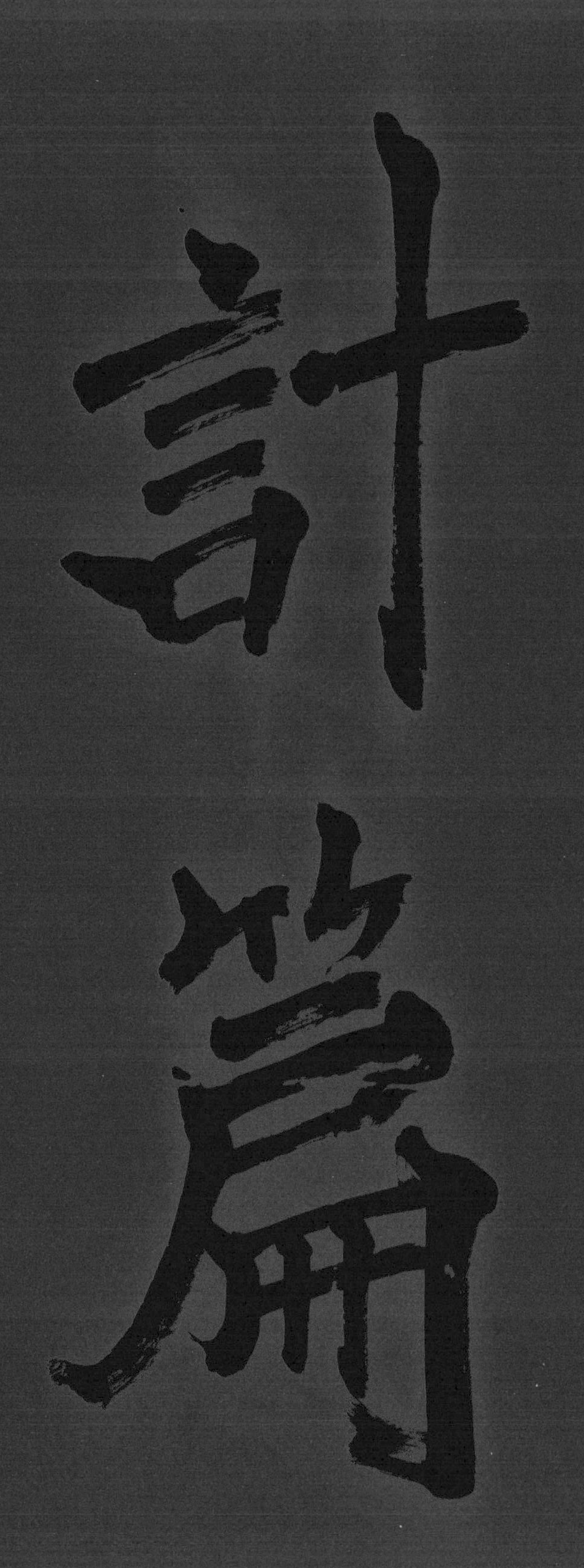
計篇

CAPÍTULO 1

SOBRE LOS PLANES Y LOS PREPARATIVOS

SOBRE LOS PLANES Y LOS PREPARATIVOS

El título del capítulo inicial de Sun Tzu presenta el ideograma 計, que significa «planes». El capítulo se divide en tres secciones principales:

1 Los cinco factores fundamentales
2 Las siete consideraciones
3 Las 14 formas del engaño

El capítulo comienza con una discusión sobre la importancia de la guerra y los elementos que deben considerarse antes de que esta empiece. Sun Tzu enumera cinco factores en los que los mandos militares deben centrarse al preparar un ejército. A esto le siguen siete puntos de comparación que los mandos deberían tener en cuenta para sopesar sus fuerzas frente a las del enemigo. La sección final consta de un conjunto de 14 tipos de engaño que un mando militar puede emplear para burlar al enemigo.

EN PALABRAS DE SUN TZU

El arte de la guerra es de vital importancia para el Estado. Es una cuestión de vida o muerte, un camino hacia la seguridad o la ruina. Por lo tanto, es un asunto de investigación que en ningún caso se puede descuidar. El arte de la guerra, pues, se rige por cinco factores fundamentales a tener en cuenta durante las deliberaciones para determinar las condiciones que se dan en el campo de batalla.

Estos son:

1 La ley moral
2 El cielo
3 La tierra
4 El mando
5 El método y la disciplina

- *La ley moral hace que la gente esté en armonía con su gobernante, de modo que lo seguirán sin temer por sus vidas y sin acobardarse ante ningún peligro.*
- *Cielo significa el día y la noche, el frío y el calor, los estados del tiempo y las estaciones.*
- *Tierra comprende distancias, grandes y pequeñas; peligro y seguridad; campo abierto y pasos estrechos; las posibilidades de vivir o morir.*
- *El mando representa las virtudes de la sabiduría, la sinceridad, la benevolencia, el coraje y el rigor.*
- *Por método y disciplina se entiende la ordenación del ejército en sus propias subdivisiones, las graduaciones de rango entre los oficiales, el mantenimiento de las rutas de suministros del ejército y el control del gasto militar.*

Todo general debe estar familiarizado con estos cinco factores fundamentales: quien los conoce, sale victorioso; quien no, es derrotado.

LECCIÓN 1

PIENSA BIEN ANTES DE IR A LA GUERRA

La guerra decide el futuro de naciones y pueblos enteros. De la guerra pueden depender sus medios de subsistencia e incluso su supervivencia. El objetivo del líder militar es lograr la victoria sin sufrir grandes bajas o un severo empobrecimiento. El Estado debe estar seguro de que puede permitirse una guerra y sostenerla hasta el final; también debe considerar si la guerra es justa. Los mejores líderes militares dedican sus vidas al estudio de la guerra y sus tácticas.

CONSEJO PARA LA GUERRA: Acércate al estudio de la guerra como una profesión, conviértete en un experto de todos sus matices y nunca vayas a la guerra sin tomar en consideración todos los aspectos del primero al último.

LECCIÓN 2

NUNCA DESCUIDES LOS CINCO FACTORES FUNDAMENTALES DE LA GUERRA

- El camino
- El cielo
- La tierra
- El mando
- El método y la disciplina

Los cinco factores fundamentales son el núcleo de las enseñanzas de Sun Tzu y, junto con las siete consideraciones, forman la columna vertebral de su trabajo. Siempre deben aplicarse los siguientes procesos a los cinco factores:

• EVALUACIÓN: Recopila y registra información relativa a todos los factores que afectan al enemigo y a las fuerzas aliadas.
• COMPARACIÓN: Decide quién tiene ventaja en todas las áreas sobre las que se ha recopilado información.
• DELIBERACIÓN: En base a esos factores, planea con consejeros militares.

Un mando militar no es digno de serlo si no tiene en cuenta los cinco factores fundamentales. Los líderes que realmente los entiendan lograrán la victoria en todos los conflictos; si no los estudian y asimilan sus enseñanzas, solo alcanzarán la derrota.

Los traductores y comentaristas chinos antiguos suelen estar de acuerdo en el esquema básico de los cinco factores fundamentales.

CONSEJO PARA LA GUERRA: Los cinco factores fundamentales son los componentes básicos de la guerra.

LECCIÓN 3

EL CAMINO

Este es el primero de los cinco factores fundamentales.

Camino

ARRIBA: El camino significa que tropas y mandos estarán de acuerdo y en armonía.

El ideograma para «camino» (道) se puede usar para representar el camino taoísta, la fuerza primaria del universo que mantiene unida la realidad, pero aquí sus connotaciones están más relacionadas con la moral, la armonía, la política, la unidad del Ejército y el Estado y la relación de las tropas y la población general con sus líderes. Giles traduce el término como «ley moral», que de alguna manera recoge estas ideas. Desde el punto de vista de un estudioso de la guerra, implica identificar la corrupción o la injusticia tanto en las fuerzas aliadas como en las enemigas, así como considerar si las leyes son correctas y hay verdadera justicia y bienestar en la sociedad en su conjunto, en la enemiga y en la aliada. Si los gobernantes son corruptos, injustos o inhumanos, el pueblo los odiará y su autoridad se verá debilitada. La mejor situación es comandar una fuerza que defiende una tierra donde reina la justicia y la armonía.

Resultados de la armonía moral:

- Las tropas estarán unidas y compartirán un mismo propósito.
- Las tropas apoyarán a sus gobernantes.
- Las tropas vivirán y morirán por el Estado.
- Las tropas se mantendrán firmes.

CONSEJO PARA LA GUERRA: Una fuerza bajo el mando de un mal gobernante se vendrá abajo. Por lo tanto, es prioritario mantener la armonía y la unidad.

LECCIÓN 4

EL CIELO

Este es el segundo de los cinco factores fundamentales.

Cielo

En *El arte de la guerra*, Sun Tzu utiliza el ideograma para «cielo» (天) en referencia al tiempo meteorológico y al clima; en otros contextos puede significar «orden divino». Un buen conocimiento de las técnicas de previsión del tiempo, así como la comprensión de sus efectos sobre el terreno y las tropas, son competencias básicas. El rendimiento de los soldados que tienen demasiado calor, demasiado frío o que están empapados es bajo. Demasiado calor puede significar falta de agua, un entorno helado puede inutilizar los equipos y demasiada lluvia puede llevar a quedar empantanado en terreno fangoso. Al entrar en territorio enemigo, un buen líder militar debe entender los patrones climáticos dominantes e ir equipado en consecuencia.

Cielo también puede significar:

- Yin y yang (considerados luz y oscuridad en este contexto)
- Calor y frío
- Cambio de estaciones

CONSEJO PARA LA GUERRA: Siempre debes estar atento a las condiciones climáticas en el área donde se encuentre el campo de batalla y debes aprender a predecir el tiempo con la mayor exactitud posible.

LECCIÓN 5

LA TIERRA

Este es el tercero de los cinco factores fundamentales.

Tierra

En *El arte de la guerra*, «tierra» (地) significa geografía y topografía. Sin información detallada sobre el campo de batalla, su área circundante y las posibles rutas de retirada, no se puede poner en marcha un plan de acción. Un mando militar debe conocer los diferentes tipos de terreno y el modo en que estos afectarán tanto a los aliados como a las fuerzas enemigas. Estos aspectos se abordan en detalle en los capítulos 10 y 11.

La tierra significa tener una comprensión y un conocimiento de lo siguiente:

- Las montañas más altas y los valles más bajos.
- Distancias, cortas y largas.
- El terreno ¿es fácil o difícil de recorrer? ¿Es abierto y despejado o estrecho e intrincado?

La tierra tiene las siguientes implicaciones:

- Es posible que las tropas tengan que subir por montañas empinadas.
- Las tropas pueden ser vulnerables en valles.
- Lejos del enemigo, las tropas están a salvo.
- Cerca del enemigo, las tropas están en peligro.
- Los terrenos difíciles detendrán a los vehículos, la caballería y los equipos.
- Los «lugares estrechos» aumentan el riesgo de emboscadas y restringen el paso de tropas.
- Las tropas que se encuentran en un terreno donde no pueden moverse o del que no pueden escapar están condenadas a la muerte o a la derrota.

CONSEJO PARA LA GUERRA: Obtén un mapa detallado del territorio enemigo y sé realista sobre la facilidad con que las tropas podrán maniobrar.

LECCIÓN 6

EL MANDO

Este es el cuarto de los cinco factores fundamentales.

Mando

Para lograr el éxito en la guerra, es clave contar con un jefe militar fuerte (將). Este deberá dominar el arte de la guerra por el bien del pueblo y de las tropas. Un auténtico líder militar hace gala de las cinco virtudes siguientes en todo momento con inquebrantable determinación:

- SABIDURÍA E INTELIGENCIA: Capacidad de hacer planes detallados y ser lo suficientemente flexible como para cambiarlos si es necesario.
- INTEGRIDAD Y CONFIANZA: Para que las tropas sepan que su líder es justo.
- COMPASIÓN: Comprensión de las dificultades de cada soldado; sensibilidad para ver cuándo las tropas sufren o están incómodas y actuar en consecuencia.
- CORAJE: Dominio del miedo para ser admirable.
- DISCIPLINA: Imposición de un código estricto pero justo que premia a los disciplinados y castiga a los indisciplinados sin ningún atisbo de favoritismo.

CONSEJO PARA LA GUERRA: Entrena la mente; actúa de manera que inspire confianza; comprende los sentimientos de los soldados; domina el miedo y trata a todos con justicia.

LECCIÓN 7

LA ORGANIZACIÓN

Este es el último de los cinco factores fundamentales.

El ideograma 法 suele traducirse por «organización», «disciplina», «rutina», «códigos», «leyes» o «modo de». El título original chino de *El arte de la guerra* utiliza los ideogramas 兵 y 法, que juntos significan «códigos, materias o modos de lo militar y de los soldados». En este texto, se refiere específicamente a los sistemas de castigo, recompensa y disciplina en el ámbito militar.

Organización

ARRIBA: El ideograma 法 es parte del título original de *El arte de la guerra:* 孫子兵法.

Disciplina significa tomar el control de lo siguiente:

- ORGANIZACIÓN: El ejército debe dividirse en secciones apropiadas con una posición y una lista detallada de tareas fáciles de entender para todos sus integrantes. Los soldados deben saber dónde tienen que estar, cuándo tienen que estar allí y qué tienen que hacer en su posición. Asimismo, deben saber adónde *no* tienen que ir y en qué actividades no tienen que involucrarse.
- CADENA DE MANDO: Debería haber una jerarquía militar definida con protocolos establecidos. Si hay un problema, cada soldado debe saber a quién informar y quienes reciben la información deben saber a quién consultar para resolverlo.
- LOGÍSTICA: El traslado de equipos y suministros debe ser fiable. Las tropas necesitan equipos y alimentos, por lo que debe existir un procedimiento adecuado para su obtención, cuidado, almacenamiento y reposición.

CONSEJO PARA LA GUERRA: Un campamento militar debe estar regido por un reglamento y todo el ejército debe conocer el protocolo correcto a seguir en todas las situaciones.

EN PALABRAS DE SUN TZU

En las deliberaciones, las condiciones militares deben determinarse por comparación, de esta manera:

1. *¿Cuál de los dos soberanos está imbuido de la ley moral?*
2. *¿Cuál de los dos generales es más hábil?*
3. *¿A quién favorecen el cielo y la tierra?*
4. *¿En qué ejército impera con más rigor la disciplina?*
5. *¿Qué ejército es más fuerte?*
6. *¿Qué ejército tiene oficiales y soldados mejor preparados?*
7. *¿En qué ejército se administra con más rigor la recompensa y el castigo?*

Con el análisis de estos siete factores, se puede pronosticar la victoria o la derrota.

El general que escuche mi consejo y actúe en consecuencia vencerá, ¡que ese esté al mando! El general que no escuche mi consejo ni actúe en consecuencia sufrirá la derrota, ¡que ese sea destituido! Además de tener en cuenta mis consejos, el general también debe aprovechar cualquier circunstancia útil que no esté incluida en las reglas ordinarias. Si las circunstancias son favorables, debe modificar sus planes.

LECCIÓN 8

SOPESA LAS SIETE CONSIDERACIONES ANTES DE IR A LA GUERRA

Para calcular las posibilidades de victoria, un líder militar tiene que comparar honestamente sus fuerzas con las del enemigo. A tal efecto, reunirá al grupo de mando para discutir y evaluar los siguientes puntos usando la información obtenida por su red de inteligencia.

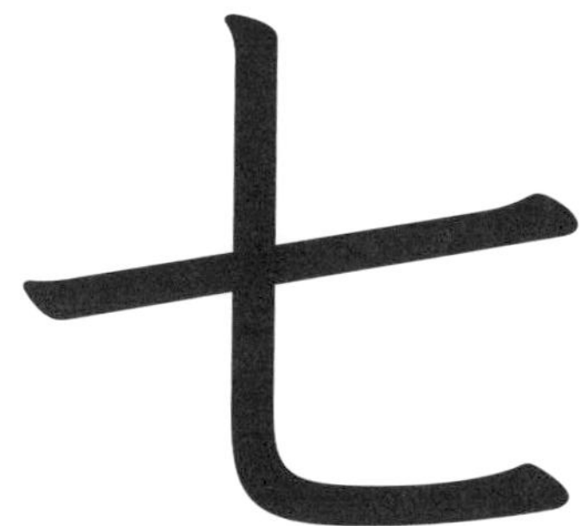

ARRIBA: El ideograma para «siete», en referencia a las siete consideraciones que se tienen en cuenta al comparar dos ejércitos que se enfrentan.

1 ¿Qué ejército tiene más elementos a favor y menos dificultades? El bando cuya población esté más satisfecha y disfrute de más salud, más riqueza y mejor ánimo, y cuya organización militar sea más armoniosa, sin rivalidades internas, tendrá una fuerza militar más eficiente.

2 ¿Qué ejército tiene mejores líderes? El bando donde el grupo de mando esté más cualificado y sea más profesional, y cuyo líder tenga más victorias, destrezas y habilidades en la guerra, tendrá más posibilidades cuando entre en combate.

3 ¿A qué ejército le beneficia la posición y las condiciones meteorológicas? Aquí, dos de los cinco factores fundamentales, el cielo (el tiempo) y la tierra (el terreno), se combinan. Deben compararse los terrenos para evaluar qué ejército es más vulnerable a obstáculos naturales (este aspecto se aborda en detalle en los capítulos 10 y 11). También deben compararse sus fuerzas en relación con las condiciones meteorológicas: qué ejército tiene el viento en contra, qué ejército tiene el sol de cara o qué ejército está

en un área que puede inundarse. Estos y otros factores inciden en las posibilidades de victoria.

4 ¿Qué ejército es más disciplinado? El bando con soldados más disciplinados —aquellos que siguen órdenes y reaccionan de forma más eficiente— podrá mover sus tropas con mayor velocidad y agilidad. También podrá montar y desmontar campamentos con poco esfuerzo, marchar en fila y recorrer grandes distancias porque sus hombres sabrán qué hacer y cuándo hacerlo.

5 ¿Qué ejército es más grande? La fuerza que expresan los números nunca debe subestimarse. No hay que dejarse seducir por historias de victorias heroicas ante enemigos superiores; en realidad, el ejército más grande suele ganar. Hay que evaluar qué bando cuenta con más soldados, mejor equipación y tecnología más avanzada. Ir a la guerra contra un ejército más fuerte en estos aspectos es una decisión que debe meditarse profundamente.

6 ¿Qué ejército está mejor entrenado? Soldados profesionales familiarizados con las técnicas militares más avanzadas rendirán mejor en el campo de batalla.

7 ¿Qué ejército tiene el mejor conjunto de reglas internas? El bando que cuente con el sistema de recompensa y castigo más claro, cuyas tropas sepan que sus esfuerzos serán reconocidos al igual que sus fechorías castigadas, tendrá ventaja.

Quienes no tengan en cuenta lo anterior no son verdaderos líderes y no deben ocupar una posición de mando.

CONSEJO PARA LA GUERRA: El bando que tenga la mayor parte de las siete consideraciones a su favor tendrá ventaja en la guerra. Eso significa un liderazgo político que permite a la población vivir una vida feliz con mayor igualdad ante la ley, una fuerza militar más grande, mejor entrenada y mejor dirigida que promueve a los dignos y expulsa a los indignos y una mejor posición en relación con el terreno y las condiciones meteorológicas.

LECCIÓN 9

ADÁPTATE A LA SITUACIÓN

Con una evaluación completa y ajustada de los cinco factores fundamentales y las siete consideraciones, un mando militar ya puede identificar las ventajas y desventajas con las que cuenta cada bando. Ahora está en disposición de desplegar un ejército de la forma más apropiada. Sin embargo, debe ser flexible. Un enfoque demasiado rígido facilitará que el enemigo lea sus intenciones, por lo que debe estar preparado para cambiar cualquier elemento en función de la situación.

CONSEJO PARA LA GUERRA: Una comprensión incorrecta de la situación conducirá a una mala estrategia, por lo que un buen mando militar debe ser capaz de hacer la lectura correcta y planificar o responder con base en ella. Uno nunca debe mentirse a sí mismo.

EN PALABRAS DE SUN TZU

Toda guerra se basa en el engaño. Por lo tanto, cuando somos capaces de atacar, debemos parecer incapaces; al usar nuestras fuerzas, debemos parecer inactivos; cuando estamos cerca, hagamos creer al enemigo que estamos lejos; cuando estamos lejos, hagámosle creer que estamos cerca. Pon cebos para atraer al enemigo. Finge desorden y aplástalo. Prepárate para él cuando es fuerte en todos los puntos. Si es superior en fuerza, evítalo. Si tu oponente tiene un temperamento colérico, busca irritarlo. Finge ser débil para que pueda volverse arrogante. Si está tomando un descanso, no le des respiro. Si sus fuerzas están unidas, siembra la discordia entre ellas. Atácalo donde no esté preparado; aparece donde no te espere. Estas estrategias militares, que llevan a la victoria, no deben divulgarse de antemano.

LECCIÓN 10

LA GUERRA SE BASA EN EL ENGAÑO

Una de las ideas más influyentes en *El arte de la guerra* es que la guerra es el camino del engaño. Los ideogramas utilizados son 詭 («engaño») y 道 («camino»). Algunos creen que la guerra debe librarse de manera digna y deportiva. Sin embargo, Sun Tzu cree que cada bando debe tratar de engañar al otro en pos de la victoria. Para ello enumera 14 tipos de engaño, que se explican en las lecciones restantes de este capítulo.

ARRIBA: Los ideogramas originales para «el camino del engaño», tal como se emplean en *El arte de la guerra*. Nótese el famoso carácter para «camino»: 道.

CONSEJO PARA LA GUERRA: La guerra no debe ser directa, honorable y sin engaño. A título individual, los soldados buscan reconocimiento por su honor y valor en el combate; los buenos jefes militares buscan la victoria por todos los medios.

LECCIÓN 11

FINGE SER INCOMPETENTE

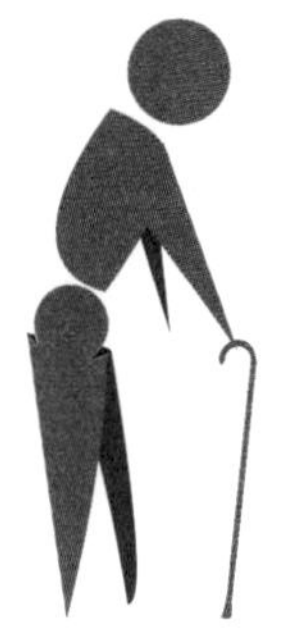

Este es el primero de los 14 engaños.

El enemigo siempre está observando, así que no debes «jugar tu mano» antes de que sea necesario. Hay que ocultar el hecho de que se está listo para entrar en combate y hacer que el enemigo piense que tus tropas no están preparadas. Si la percepción de tus fuerzas por parte del enemigo es incorrecta, su estrategia también lo será.

CONSEJO PARA LA GUERRA: Un ejército bien entrenado siempre estará listo, pero actuará como si no lo estuviera.

LECCIÓN 12

FINGE CUANDO LAS TROPAS ESTÉN A PUNTO DE DESPLEGARSE

Este es el segundo de los 14 engaños.

Antes de que un ejército parta hacia una nueva posición, hay ciertas rutinas que debe seguir, como el embalaje de los equipos, la concentración de tropas y el envío de exploradores. Una fuerza bien entrenada puede realizar tales actividades a gran velocidad y sin despertar sospechas. Si el enemigo observa su rutina, puede estimar dónde estará en cierto momento y anticiparse. Cuanta menos información tenga sobre el despliegue, mejor.

CONSEJO PARA LA GUERRA: Espías enemigos vigilarán nuestro campamento. No deben disponer de ninguna información hasta que sea demasiado tarde. También se les puede proporcionar información falsa.

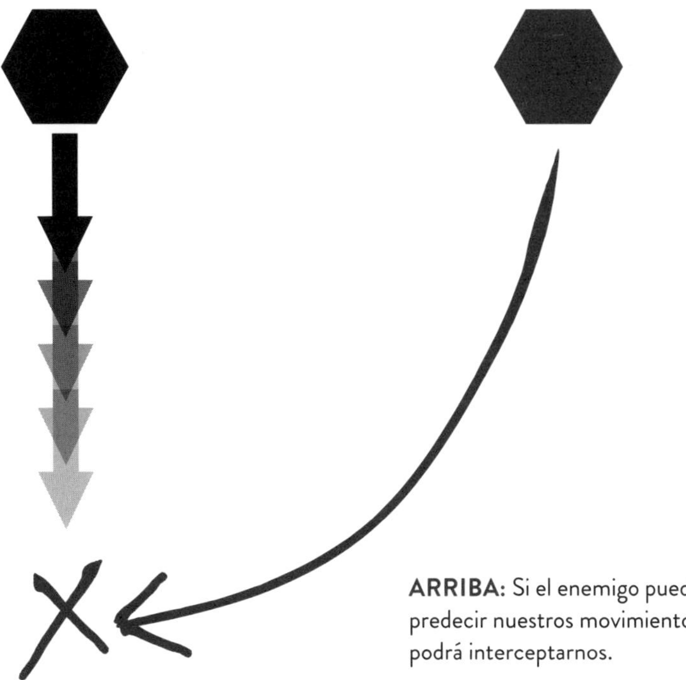

ARRIBA: Si el enemigo puede predecir nuestros movimientos, podrá interceptarnos.

LECCIÓN 13

CUANDO LO CERCANO PARECE LEJANO, CUANDO LO LEJANO PARECE CERCANO

Estos son el tercero y el cuarto de los 14 engaños.

La mayoría de los traductores entienden esta enseñanza en uno de estos dos sentidos: la habilidad de esconder tus tropas para que el enemigo piense que están lejos o la habilidad de estacionar una pequeña fuerza cerca de él y hacerle creer que todo tu ejército está ahí. Para ello, emplea espías para difundir el rumor de que tu ejército está cerca o lejos, según la trampa que tiendas. Si el enemigo piensa que tus fuerzas están más lejos o más cerca de lo que realmente están, cambiará de táctica en tu beneficio.

Sin embargo, Sawyer y Cleary creen que esta enseñanza tiene que ver con la *intención*. Así, cuando los mandos militares deseen alejar sus tropas, deben actuar como si fueran a enfrentarse contra el enemigo; y cuando quieran acercarse, deben actuar como si prepararan una retirada. Las misiones de exploradores, la difusión de rumores y las rutinas del ejército son tácticas útiles para esconder tus intenciones.

CONSEJO PARA LA GUERRA: Oculta tu ejército al enemigo o finge que te preparas para marcharte a cualquier lugar, ya sea más lejos o más cerca del enemigo de lo que realmente pretendes.

LECCIÓN 14

OFRECE AL ENEMIGO LO QUE QUIERE

Este es el quinto de los 14 engaños.

Descubre lo que el enemigo desea y ofréceselo. U ofrécele algo tentador para cualquiera. Cuando el enemigo se mueva para conseguirlo, un buen mando militar debe aprovechar las oportunidades fruto de ese movimiento.

He aquí algunos ejemplos corrientes de tentaciones:

- Dejar una posición sin defensa.
- Dejar una pequeña fuerza expuesta.
- Dejar riquezas a la vista.
- Simular una retirada.

CONSEJO PARA LA GUERRA: Induce al enemigo a moverse a una posición más débil para aprovechar el cambio de situación.

LECCIÓN 15

FOMENTA EL DESORDEN Y GOLPEA

Este es el sexto de los 14 engaños.

Realiza una acción que haga que el enemigo pase del orden al desorden. Eso puede ser consecuencia de su incompetencia o de acciones tomadas por un mando militar. Los traductores no se ponen de acuerdo sobre si esta lección debe combinarse con la anterior. Algunas traducciones hablan de «ofrecer un cebo y golpear en la confusión», lo que conecta ambas. El objetivo es aprovechar cualquier movimiento.

CONSEJO PARA LA GUERRA: Provoca movimiento en las fuerzas enemigas. Movimiento implica desorden, y desorden implica lagunas en la defensa.

LECCIÓN 16

CUANDO EL ENEMIGO ESTÉ PREPARADO PARA ATACAR, PREPÁRATE PARA DEFENDER

Este es el séptimo de los 14 engaños.

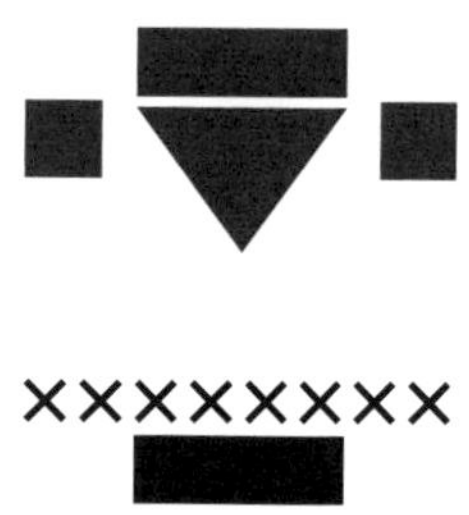

Cuando un enemigo es eficiente y disciplinado y no tiene lagunas en su defensa ni puntos débiles aparentes, no lances un ataque y prepárate para defenderte.

CONSEJO PARA LA GUERRA: No ataques cuando el enemigo está fuerte.

LECCIÓN 17

EVITA ENFRENTARTE A UN ENEMIGO QUE ES MÁS FUERTE QUE TÚ

Este es el octavo de los 14 engaños.

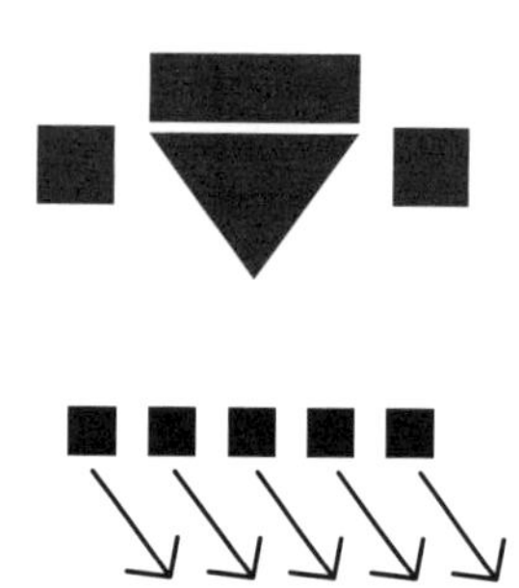

Una fuerza pequeña que es tácticamente débil y cuya tasa de eficiencia es baja siempre pierde. Por lo tanto, si te encuentras ante un enemigo más fuerte que tú, ya sea numérica, posicional o tácticamente, no te enfrentes a él. Si no es posible vencer al enemigo, mantente en movimiento y fuera de su alcance hasta que la situación cambie. Eso también se aplica al asalto de una ciudad: si está bien gobernada y tiene buenos sistemas de castigo y recompensa, retrocede y espera o provoca un cambio. Como alternativa, elige otro objetivo.

CONSEJO PARA LA GUERRA: Cuando te enfrentes a una fuerza más grande y mejor equipada, mantente en movimiento y evítala.

LECCIÓN 18

PROVOCA AL ENEMIGO PARA QUE COMETA ERRORES

Este es el noveno de los 14 engaños.

Si los mandos enemigos son propensos a dejarse llevar por las emociones —algo que puede saberse por enfrentamientos previos o informes de espías—, realiza acciones que les molesten y hagan que se irriten. El objetivo es provocar al enemigo para que se mueva guiado por la ira y no por la inteligencia. Un oponente enfurecido comete errores, y los errores te dan la oportunidad de atacar.

Esta lección trata sobre cómo crear puntos débiles en las fuerzas enemigas para que un mando militar pueda explotarlos. El plan consta de tres fases:

1 Ataca un objetivo enemigo de escasa importancia para molestarlo. El propósito de esta provocación es que haga un «movimiento de venganza».
2 Permite que el enemigo obtenga una pequeña victoria para que siga llevando la iniciativa.
3 Finalmente, busca el punto débil creado por ese movimiento del enemigo y asèstale ahí un golpe decisivo.

La clave es que esta acción provoque un movimiento no táctico del ejército enemigo. Eso puede significar el sacrificio de parte de tus tropas o de una posición, pero el resultado final será la victoria. Hay otras formas de provocar a los mandos enemigos. Por ejemplo, se puede difundir un rumor vergonzoso sobre ellos para que se sientan atacados en su ego.

CONSEJO PARA LA GUERRA: Un enemigo que calcula muchos movimientos por adelantado es peligroso. Sácalo de esa forma paciente de pensar para que tome represalias de ojo por ojo.

LECCIÓN 19

FINGE INACTIVIDAD PARA QUE EL ENEMIGO BAJE LA GUARDIA

Este es el décimo de los 14 engaños.

En lugar de mostrar fuerza, finge inactividad o debilidad. Permite que el enemigo te ataque y ponga a prueba tus fuerzas sin reaccionar; eso hará que desarrolle una falsa sensación de seguridad y se convenza de que no vas a responder. Ese es el momento de cambiar y pasar a la ofensiva.

Otra forma de interpretar esta enseñanza es en términos de humildad y arrogancia: cuando el enemigo es humilde, necesitas fomentar su arrogancia.

CONSEJO PARA LA GUERRA: Del mismo modo que intentas suscitar una reacción en el enemigo, asegúrate de que este no consigue provocarte. Deja que piense que eres débil y se volverá confiado… y vulnerable.

LECCIÓN 20

CUANDO EL ENEMIGO ESTÁ FUERTE, HAZ QUE SE CANSE

Este es el décimo primero de los 14 engaños.

Si las fuerzas enemigas están relajadas, bien alimentadas, bien preparadas y cómodas, haz que se muevan de un punto a otro para que tengan que recorrer largas distancias y se cansen. Cuando intenten moverse en una dirección, dales una razón para ir en sentido opuesto. Por ejemplo, amenaza a uno de sus aliados u otra de sus posiciones, o provócalas con una maniobra de hostigamiento. Haz eso hasta que estén cansadas y su moral, raciones, equipo y salud se agoten. Entonces es el momento de atacar.

CONSEJO PARA LA GUERRA: Mantén al enemigo en movimiento para cansarlo y agotar sus recursos.

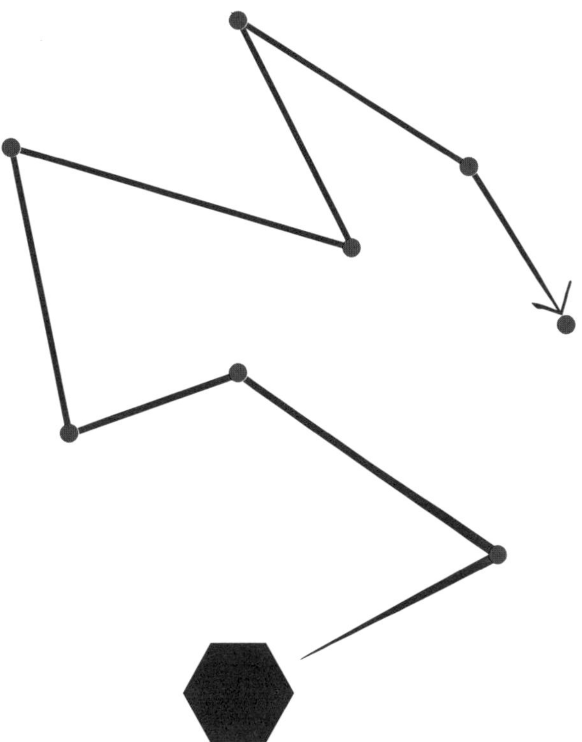

LECCIÓN 21

DONDE HAYA UNIDAD, SIEMBRA LA DISCORDIA

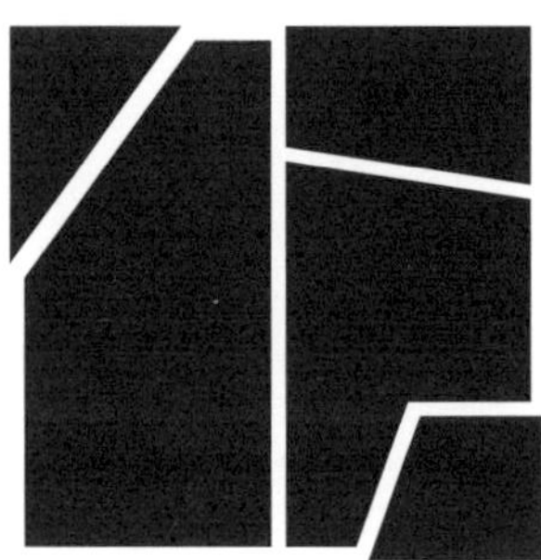

Este es el décimo segundo de los 14 engaños.

Un enemigo puede parecer unido, pero estará formado por diferentes facciones o clanes que se pueden dividir. También hay que intentar alejar al pueblo de sus líderes para socavar el apoyo popular a la guerra y hacer que la tropa odie a sus superiores. Los líderes civiles no siempre están de acuerdo con los líderes militares: encuentra formas de explotar esas rivalidades.

Formas de lograr la división:

- Sobornar a miembros maleables del enemigo.
- Difundir rumores negativos sobre figuras enemigas clave.
- Enviar cartas secretas con información falsa sobre la deserción de un general enemigo.
- Desplegar agentes infiltrados para que se conviertan en amigos cercanos de figuras enemigas clave.
- Convencer a las tropas enemigas de que tu causa es superior y tus soldados son más felices.

CONSEJO PARA LA GUERRA: Un enemigo unido es un enemigo fuerte. Un buen líder militar debe usar el engaño para difundir sentimientos negativos en las filas enemigas.

LECCIÓN 22

ATACA DONDE EL ENEMIGO NO ESTÉ PREPARADO

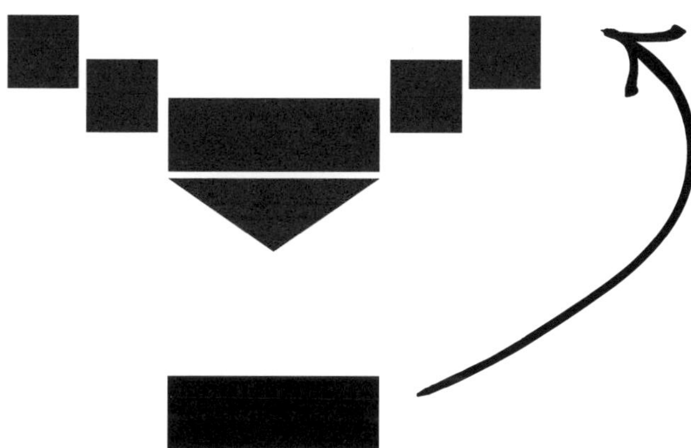

Este es el décimo tercero de los 14 engaños.

Una gran fuerza militar puede defender una gran extensión de tierra por medio de múltiples posiciones, fortificaciones o divisiones, pero incluso el ejército más poderoso tendrá sus puntos débiles. No importa si el teatro de operaciones es un campo de batalla concreto o un país entero; utiliza tu red de inteligencia para identificar un objetivo que el enemigo no espere que ataques. Lo más probable es que no sea un objetivo demasiado importante, pero te apuntarás una victoria y le obligarás a moverse o repensar. Golpear esos puntos puede tener más impacto que atacar un objetivo obvio.

CONSEJO PARA LA GUERRA: El enemigo defenderá donde espere que tú ataques; por lo tanto, ataca donde no esté preparado.

LECCIÓN 23

APARECE DONDE Y CUANDO NO TE ESPEREN

Este es el último de los 14 engaños.

La diferencia entre la lección anterior y esta es sutil. Si en la anterior se aconseja atacar donde el enemigo *no está preparado*, aquí se aconseja hacerlo donde el enemigo *no espera* encontrar una fuerza enemiga. El elemento sorpresa puede consistir en aparecer por un lugar inesperado (por ejemplo, lo alto de una montaña) o en un mal momento para que un ejército se mueva (por ejemplo, durante el invierno). En pocas palabras: sorprende al enemigo cuando esté desprevenido; eso lo desequilibrará y hará que se replantee sus planes. Sin embargo, hay motivos por los que uno no espera un ataque desde ciertas posiciones y en ciertos momentos: al intentar sorprender al enemigo, no sitúes a tus fuerzas en una posición de debilidad.

CONSEJO PARA LA GUERRA: Mueve tu ejército a una posición y en un momento que el enemigo no espere.

LECCIÓN 24

NUNCA DIVULGUES TUS ENGAÑOS

Esta lección marca el final de los 14 engaños en la guerra. En la traducción de Giles se lee: «Estos dispositivos militares [...] no deben divulgarse de antemano». Está claro que tiene sentido mantener tus planes en secreto. Sin embargo, la segunda parte de la oración también se puede traducir por «es imposible planear tus engaños completamente de antemano», lo cual es otra interpretación plausible: dado que todos los factores que inciden en una situación no pueden conocerse con anterioridad, hay que ser flexible y capaz de «pensar sobre la marcha» para que los engaños funcionen.

CONSEJO PARA LA GUERRA: Cuando hayas hecho planes para engañar al enemigo, mantén esos planes en secreto y sé capaz de adaptarlos.

EN PALABRAS DE SUN TZU

El general que gana una batalla hace muchos cálculos en su templo antes de que esta se libre. El general que pierde una batalla hace pocos cálculos de antemano. Así, muchos cálculos conducen a la victoria y pocos cálculos a la derrota, ¡cuánto más ningún cálculo en absoluto! Si presto atención a este punto, puedo prever quién es probable que gane o pierda.

LECCIÓN 25

ESTABLECE UN CENTRO DE MANDO

En la antigua China, las planas mayores se reunían en lugares religiosos o cerca de ellos, ya que la guerra y la religión estaban estrechamente relacionadas.

Hay opiniones distintas respecto a cómo se presentaban los cálculos de los mandos militares. Muchos comentaristas dicen que los aliados, las fuerzas enemigas y el desarrollo de los acontecimientos en el campo de batalla se representaban con piezas que se movían como si se tratara de un juego de mesa. Sin embargo, otros, como Clements y el Grupo Denma, creen que el proceso consistía en contabilizar los puntos fuertes de cada bando poniendo fichas o varillas en dos montones, uno para los aliados y el otro para el enemigo. Se consideraba que el bando con la pila más grande tenía ventaja y, de acuerdo con la lógica de Sun Tzu, iba a ser el vencedor.

CONSEJO PARA LA GUERRA: Establece un centro de mando donde reunirte con tus asesores de confianza para planificar la próxima guerra o batalla.

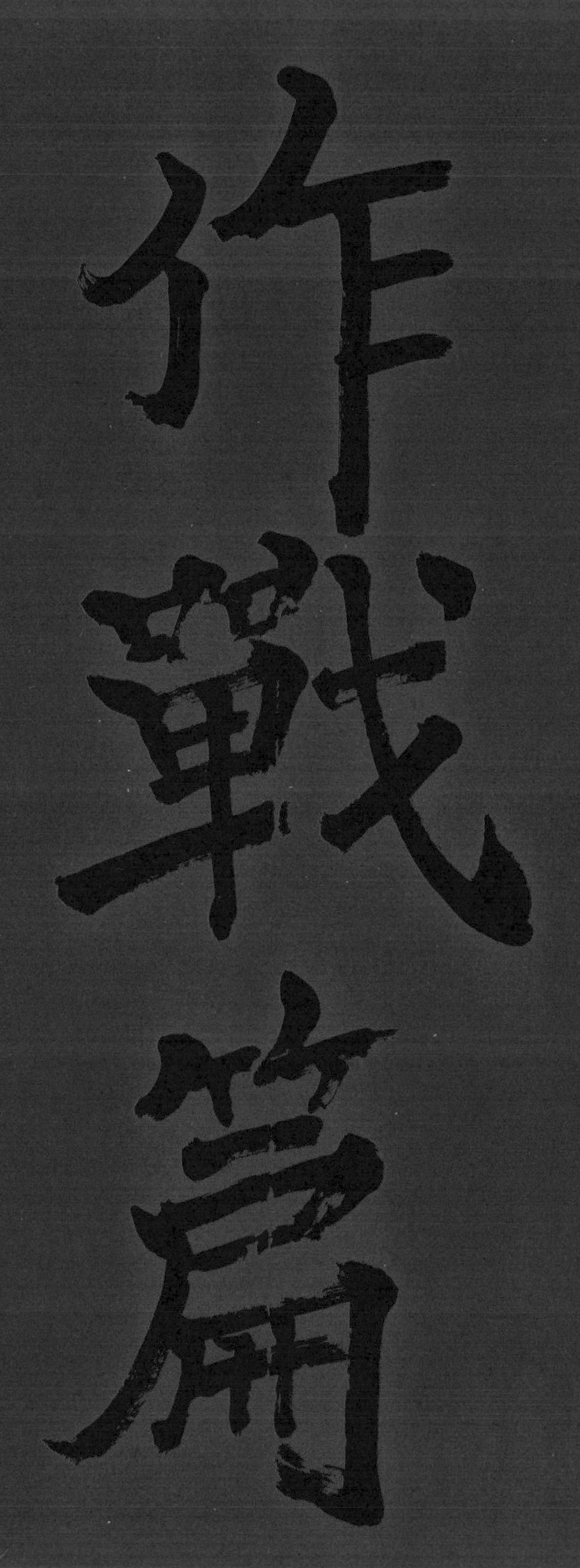
作戰篇

CAPÍTULO 2

SOBRE LOS PREPARATIVOS PARA LA BATALLA

SOBRE LOS PREPARATIVOS PARA LA BATALLA

El título del segundo capítulo de Sun Tzu incluye los ideogramas 作, que significa «hacer», y 戦, que significa «batalla» o «conflicto», que juntos representan la idea de «planificación estratégica del ejército». El capítulo trata tres asuntos principales:

1 El establecimiento de un ejército y sus efectos.
2 El coste de llevar un ejército a la guerra.
3 Comportamientos, perspectiva y mentalidad.

El primer punto aborda el enorme gasto y esfuerzo que implica formar un ejército y analiza cómo eso afecta no solo a los soldados que luchan en la guerra, sino también a las personas que quedan atrás y tienen que compensar la pérdida de trabajadores. Asimismo, considera el caos que crea un ejército en movimiento cuando pasa por lugares habitados. El segundo punto examina el coste de mantener un ejército durante un período prolongado de guerra y llama la atención sobre el enorme alcance de las operaciones militares. El punto final se centra en las tropas, en cómo se debe tratar a los soldados enemigos, cómo se puede atraer tropas enemigas al bando aliado y cómo capturar equipos y provisiones. También presenta la idea de que el líder militar supremo es un «maestro del destino».

Por encima de todo, este capítulo invita a los mandos militares a considerar si su nación tiene el dinero y el resto de los recursos necesarios para financiar y soportar una guerra.

EN PALABRAS DE SUN TZU

En las operaciones militares, cuando hay en el campo mil carros ligeros, otros tantos carros pesados y cien mil soldados vestidos con cotas de malla con provisiones suficientes para avanzar mil li *[400 km], el gasto en casa y en el frente, incluido el entretenimiento de los invitados, pequeños artículos como pegamento y pintura y las sumas invertidas en carros y armaduras, alcanzará un total de mil onzas de plata diarias. Tal es el coste de formar un ejército de cien mil hombres.*

Cuando entras en batalla, si la victoria tarda en llegar, las armas de los hombres se embotan y su ardor se apaga. Si sitias una ciudad, agotas tus fuerzas.

De nuevo, si la campaña se prolonga, los recursos del Estado no serán iguales a las cargas.

Cuando tus armas estén embotadas, tu ardor apagado, tu fuerza agotada y tu tesoro gastado, otros jefes surgirán para aprovecharse de tu debilidad. Entonces ningún hombre, por sabio que sea, podrá evitar las consecuencias de todo ello.

Así, aunque hemos oído hablar de la estúpida prisa en la guerra, la astucia nunca ha estado asociada con largas demoras. No hay ningún caso de un país que se haya beneficiado de una guerra prolongada. Solo aquel que está completamente familiarizado con los males de la guerra conoce el mejor modo de llevarla adelante.

LECCIÓN 26

REÚNE VEHÍCULOS

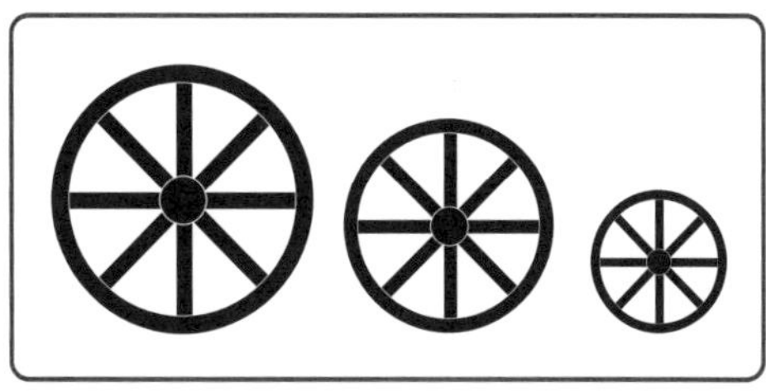

En esta lección, Sun Tzu alude brevemente a distintos tipos de carros, pero el alcance del asunto es mucho mayor. Los antiguos ejércitos chinos estaban rigurosamente organizados en pelotones, compañías y divisiones, y cada tipo de carro iba acompañado por un número específico de soldados. El texto original de *El arte de la guerra* da los números siguientes:

- 100 000 soldados
- 1000 carros de ataque de cuatro caballos
- 1000 carros blindados

Según análisis históricos, cada vehículo iba acompañado por:

- 3 oficiales
- 72 soldados de a pie
- 5 mozos de cuadra
- 5 ayudantes
- 10 cocineros
- 5 trabajadores

Esta lección enseña que un ejército debe contar con vehículos de distinto tipo, ligeros y pesados, para satisfacer sus múltiples necesidades, tanto de ataque y defensa como de movimiento de tropas y suministros. También debe contar con mecánicos para su mantenimiento.

CONSEJO PARA LA GUERRA: Un ejército debe disponer de un buen conjunto de vehículos con tropas de apoyo para realizar múltiples tareas.

LECCIÓN 27

CUENTA CON PERSONAL DE APOYO

Recuerda que todo ejército se compone de personal no combatiente y de soldados. Algunos ejércitos incluso tienen más de los primeros que de los segundos. Cocineros, administrativos, conductores, médicos, enfermeros, etc., son necesarios para mantener un ejército funcionando sin problemas.

Nótese que de las 100 personas que aparecen como acompañantes de un vehículo en la lección anterior, 25 eran personal auxiliar.

CONSEJO PARA LA GUERRA: Siempre debe haber personal de apoyo para ayudar a los soldados moviéndose con el cuerpo principal del ejército.

LECCIÓN 28

LA GUERRA SIEMPRE ES CARA

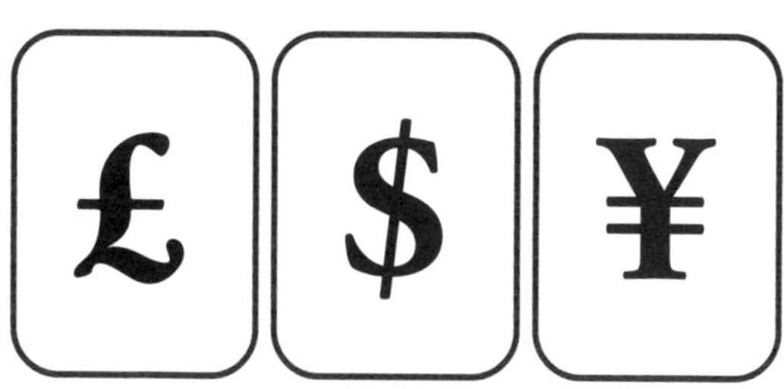

Sun Tzu alude a varios gastos en los que incurrirá un país en guerra, que se pueden concretar en:

- Aumento de los gastos en los hogares y en el frente: destrucción de las ciudades y escasez de alimentos.
- Recepción de invitados reales, enviados y otros dignatarios. A menudo supone grandes desembolsos.
- Adquisición de equipos y vehículos. Además de su elevado coste, se necesitan talleres para su mantenimiento.

La versión de Giles cifra el coste de poner en marcha un ejército de 100 000 soldados en mil onzas de plata diarias, lo que parece estar en línea con los costes colosales de la guerra en tiempos modernos. Otras versiones hablan de «oro», pero en todos los casos se refieren a monedas de metal precioso.

CONSEJO PARA LA GUERRA: Mantener una campaña militar es muy costoso, y cuanto más dura la guerra, más cara se vuelve. Calcula si puedes permitirte el lujo de combatir.

LECCIÓN 29

PLANEA UNA VICTORIA TAN RÁPIDA COMO SEA POSIBLE

Buscar una victoria rápida no significa precipitarse sin planear las tácticas con todo cuidado. Se trata de usar la información facilitada por espías, exploradores y traidores para evaluar en cuánto tiempo se puede alcanzar. No hay una escala temporal estándar, pero una guerra no debe prolongarse más de lo necesario.

CONSEJO PARA LA GUERRA: Sé siempre realista en el cálculo de la duración de una guerra. Usa buenas tácticas para intentar vencer antes de la fecha límite que has establecido, pero nunca te apresures.

LECCIÓN 30

UNA VICTORIA LENTA SE TRADUCE EN PROBLEMAS

Si la guerra dura más de lo previsto, las provisiones y el presupuesto asignado comenzarán a agotarse y sucederá lo siguiente:

- El equipo sufrirá graves desperfectos.
- Los soldados desfallecerán.
- Tu provincia natal correrá el riesgo de sufrir un ataque.
- La moral de la tropa caerá.
- Se realizarán asedios y tus fuerzas disminuirán.
- El ejército se debilitará.
- El país tendrá que aportar más dinero.
- El pueblo se empobrecerá.

Evita que esto suceda preparándote para derrotar rápidamente al enemigo por medio de tácticas, inteligencia y propaganda. De lo contrario, será como si la fuerza vital del ejército se agotara.

CONSEJO PARA LA GUERRA: Si subestimas la duración de una campaña militar, pronto tendrás problemas y tus fuerzas comenzarán a flaquear.

LECCIÓN 31

PREPÁRATE PARA SUFRIR UN ATAQUE CUANDO ESTÉS AGOTADO

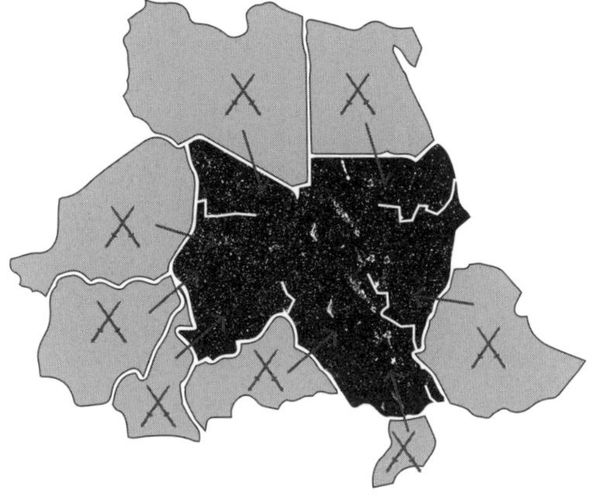

Cuando un ejército entra en acción, hay poderes y Estados neutrales que observan. Si la energía de tu Estado se agota, tus tropas se debilitan y tus equipos se dañan, esos Estados vecinos pueden aprovecharse de ti. Un líder militar debe tener en cuenta que la fuerza de la nación y del Ejército será mucho menor al final de un conflicto y prepararse para eso. Si no lo hace, puede llevar a sus tropas demasiado lejos y lograr la victoria pero terminar perdiendo la patria.

CONSEJO PARA LA GUERRA: Evalúa las intenciones, los estados y las capacidades de terceros y considéralos amenazas. Mantén suficientes tropas en la reserva para defender la patria. No te excedas en el uso de tus recursos.

LECCIÓN 32

SÉ RÁPIDO SIN PRECIPITARTE

Hay una diferencia entre ser rápido y precipitarse. Una acción rápida es un movimiento calculado hecho con velocidad, mientras que una acción precipitada no está calculada.

Las acciones precipitadas a menudo salen mal, pero aun así no son peores que las acciones prolongadas o estancadas. Actuar muy presionado por el tiempo hará que cometas errores. Evita someterte a ese tipo de presión anticipándote al peligro.

CONSEJO PARA LA GUERRA: Las acciones decisivas son beneficiosas siempre que uno se tome el tiempo de meditarlas. Piensa primero y luego muévete con rapidez; nunca te muevas de forma apresurada o reactiva.

LECCIÓN 33

UNA GUERRA QUE SE PROLONGA SIEMPRE ES MALA

Nunca es buena idea entrar de forma deliberada en un conflicto bélico largo. Tu objetivo como mando militar es obligar al enemigo a someterse sin luchar o lograr una posición tan ventajosa que una victoria rápida sea inevitable.

CONSEJO PARA LA GUERRA: Una estrategia basada en aguantar más que el enemigo nunca funciona.

LECCIÓN 34

RECUERDA QUE LA GUERRA ES HORRIBLE

Esta lección es algo ambigua. Algunas traducciones transmiten la idea de que un líder no puede aprovechar las ventajas de las diferentes armas, tácticas y formaciones si no conoce sus desventajas. En otras traducciones, la idea es que un mando militar no puede obtener un resultado positivo de la guerra sin haber experimentado antes sus horrores.

Cabe recordar que la guerra es solo un medio para un fin. Es cara y destructiva y tiene efectos negativos en el Estado. Por lo tanto, no debe promoverse como un esfuerzo glorioso, sino tener en cuenta la carnicería que conlleva y conducirla con inteligencia y velocidad.

CONSEJO PARA LA GUERRA: Sé plenamente consciente de la naturaleza horrible de la guerra y de sus consecuencias, pero entiende también que los mandos que la hayan experimentado estarán bien informados y sabrán cómo usar las armas y las tácticas más recientes.

EN PALABRAS DE SUN TZU

El mando habilidoso no recluta una segunda leva ni carga sus carros de provisiones más de dos veces. Lleva consigo el material de guerra, pero le quita los alimentos al enemigo. Así, el ejército tiene comida suficiente para cubrir sus necesidades.

Mantener un ejército a distancia hace que la hacienda del Estado se empobrezca. Si se transportan provisiones a distancia, el pueblo se empobrecerá. Por otra parte, la cercanía de un ejército hace que suban los precios, y los altos precios afectan a los recursos de la gente. Cuando los recursos de los campesinos se agotan, los impuestos se recaudan bajo fuerte presión.

Con esta pérdida de recursos y el agotamiento de las fuerzas, el pueblo sufre privaciones y se disipan las tres décimas partes de sus ingresos. Al mismo tiempo, los gastos del Gobierno por carros rotos, caballos agotados, corazas y yelmos, arcos y flechas, lanzas y escudos, protecciones, bueyes de tiro y vagones pesados supondrán cuatro décimas partes de todo su presupuesto.

Por lo tanto, un general sabio se esfuerza por aprovisionarse en territorio enemigo. Una carreta de provisiones del enemigo equivale a veinte de las propias, e igualmente un solo picul *[carga al hombro] de su comida equivale a veinte de los propios.*

LECCIÓN 35

NO RECLUTES MÁS DE UNA VEZ

Se cree que, en tiempos de guerra, en la antigua China se reclutaba a los hijos de una de cada ocho familias para servir en el ejército junto con el personal militar permanente. Un Estado debe hacer una estimación correcta de

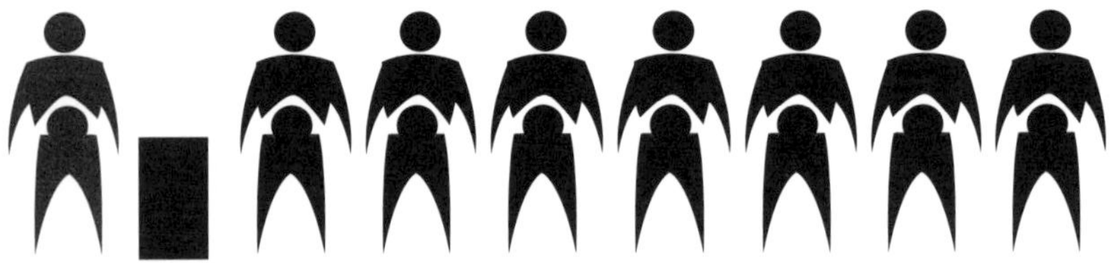

cuántos soldados necesitará en una guerra, lo que significa que, si realiza una segunda leva, sus cálculos iniciales eran erróneos.

CONSEJO PARA LA GUERRA: Envía el número correcto de soldados a la guerra en la primera oleada. Tener que enviar refuerzos para terminar la tarea es sinónimo de mala gestión.

LECCIÓN 36

ENVÍA PROVISIONES SOLO DOS VECES

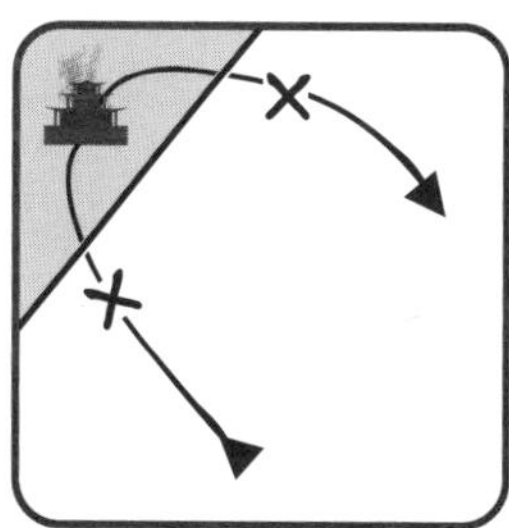

Un ejército debe aprovisionarse solo dos veces: en el momento de partir y una vez de regreso a casa. En territorio enemigo, un mando militar hará que sus tropas se hagan con provisiones y equipos del enemigo mediante los más diversos métodos, entre los que se cuentan el robo, el saqueo de ciudades, depósitos militares y fábricas y, cuando sea necesario, su compra a la población enemiga.

Existen numerosas razones para no enviar suministros a territorio enemigo, entre ellas las siguientes:

- Se gasta dinero del Estado, lo que empobrece a la población.
- Se deja sin comida a la población.
- Hay que proteger las líneas de suministro.
- Proporciona al enemigo un blanco fácil.
- Las provisiones podrían caer en manos enemigas.

Es mucho mejor hacerse con los recursos del enemigo, lo que agota sus reservas y fortalece las tuyas.

CONSEJO PARA LA GUERRA: Proporciona todo tipo de provisiones a un ejército que abandona su país. En territorio enemigo, aprovisiónate por medios pacíficos u hostiles, y reabastece a tus tropas cuando vuelvan a casa.

LECCIÓN 37

COMPRENDE CÓMO AFECTA LA PRESENCIA DE UN EJÉRCITO EN UN ÁREA

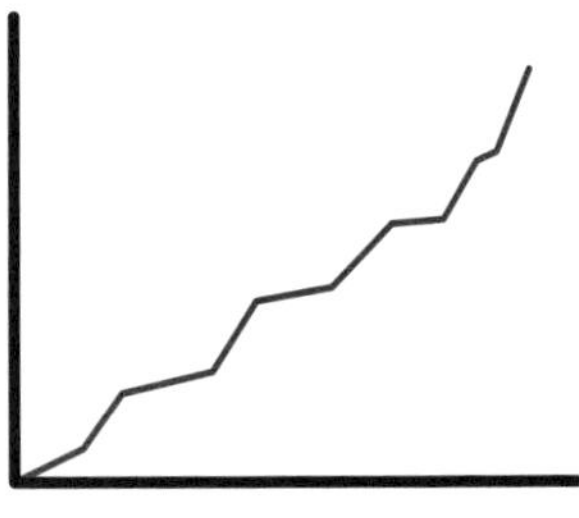

Un ejército es como el fuego: si no se alimenta constantemente, se extingue. Dondequiera que un ejército se posiciona, consume recursos locales. La demanda supera a la oferta; eso provoca un aumento de los precios y escasez entre la población local. Aunque algunos comerciantes se benefician de que un ejército acampe cerca, el efecto general es la interrupción de la vida normal. El área se ve alterada durante un tiempo, incluso después de que el ejército se haya ido.

Si un ejército aliado está cerca:

- Subirán los precios.
- La población tendrá que gastar sus ahorros en alimentos caros.
- Será difícil cumplir con los impuestos y las obligaciones con el Gobierno.
- La población puede empobrecerse.
- La vida de todos se verá afectada.

CONSEJO PARA LA GUERRA: Allí donde tus fuerzas se estacionen, provocarán cambios y problemas en la comunidad local. Calcula el aumento de precios y el efecto de la presencia del ejército en esa área.

LECCIÓN 38

REPARA Y REEMPLAZA EL EQUIPO

Un ejército verá cómo se estropean sus armas, se dañan sus equipos de protección y se averían sus vehículos. Un mando militar debe entender que un ejército necesita contar con personal capacitado para realizar las reparaciones, y que eso supondrá tiempo, dinero y esfuerzo. Ten en cuenta esos trabajos de mantenimiento cuando diseñes tu presupuesto y calendario. Siempre que sea posible, captura vehículos y equipos enemigos para reemplazar los tuyos.

CONSEJO PARA LA GUERRA: A menudo se pasa por alto el mantenimiento. Asegúrate de tener en cuenta el coste de los equipos de reemplazo y de las reparaciones necesarias durante una campaña.

LECCIÓN 39

UNA UNIDAD DE PROVISIONES ENEMIGAS VALE VEINTE DE LAS TUYAS

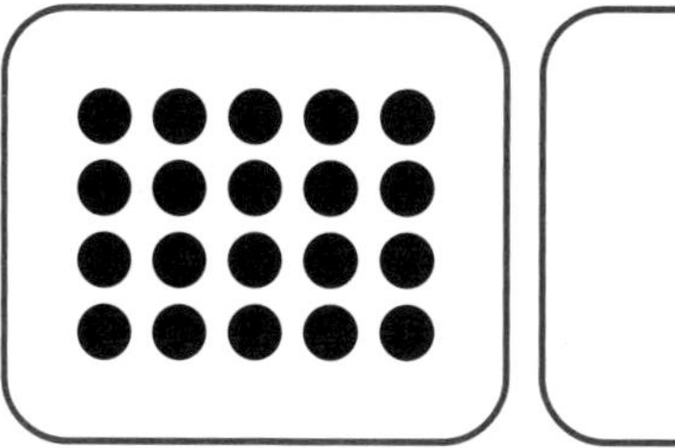

Esta lección trata sobre la logística invisible. Para enviar suministros a territorio enemigo, primero estos se tienen que recoger, embalar, procesar y cargar en vehículos. A continuación, se tienen que transportar acompañando o siguiendo al ejército, para lo que se necesita tiempo, combustible, vehículos y personal. Eso significa que la recolección, procesamiento y transporte de una sola unidad de alimentos o equipos equivale a veinte veces su valor real, de ahí que sea tan importante hacerse con recursos del enemigo. Nunca olvides que casi todas las cosas tienen costes ocultos.

CONSEJO PARA LA GUERRA: Transportar provisiones a tierras enemigas es costoso; quitárselas al enemigo es mucho más económico.

EN PALABRAS DE SUN TZU

Para acabar con el enemigo, hay que espolear a nuestros hombres: su derrota debe tener recompensa. Por lo tanto, en la batalla de carros, cuando se han capturado diez o más carros, debe premiarse a quien capturó el primero. Nuestras propias banderas deben sustituir a las del enemigo, y sus carros mezclarse y usarse conjuntamente con los nuestros. Los soldados capturados deben ser bien tratados y sumados a nuestras fuerzas. A esto se le llama usar al enemigo conquistado para aumentar la propia fuerza.

Entonces, tu gran objetivo en la guerra debe ser la victoria, no largas campañas. Sabemos que el líder de los ejércitos es el árbitro del destino del pueblo, el hombre de quien depende que la nación esté en paz o en peligro.

LECCIÓN 40

IRA Y RECOMPENSA

Si las tropas odian al enemigo, de buena gana lo matarán. Por lo tanto, encuentra formas de demonizarlo y de que parezca infrahumano. Los soldados que sienten compasión por el enemigo se debilitan y carecen de determinación en la lucha.

Cuando exista la perspectiva de una recompensa, los soldados también lucharán por la ambición de obtener un beneficio económico. Y cuanto mayor sea la recompensa, más se arriesgarán. Por lo tanto, las recompensas más generosas deben recaer en aquellos que se expongan a mayores peligros y lleven la iniciativa para lograr grandes objetivos (capturar carros, por ejemplo) antes que sus camaradas. Esas recompensas no pueden darse a todos los soldados que capturan un carro porque no hay riquezas suficientes para todos. Al premiar a los primeros que lo logren, se alienta a todos los demás a seguir su ejemplo.

CONSEJO PARA LA GUERRA: Un ejército compasivo es un ejército débil; los soldados deben odiar al enemigo. Recompensa a los soldados que alcancen objetivos antes que los demás para que todos se sientan empujados a actuar.

LECCIÓN 41

CAPTURA Y EMPLEA LOS VEHÍCULOS DEL ENEMIGO

Cuando captures un cierto número de vehículos enemigos, comprueba su estado, repáralos e incorpóralos a tus propias fuerzas. Elimina todos los símbolos enemigos y reemplázalos por símbolos aliados. Realizada esa transformación, mézclalos con tus propios vehículos para que no parezcan una fuerza al margen.

CONSEJO PARA LA GUERRA: Captura vehículos enemigos intactos, mantenlos, cambia sus insignias y mézclalos con tus propios vehículos.

LECCIÓN 42

TRATA A LOS PRISIONEROS CON RESPETO

Los soldados enemigos deben saber que si los capturas los tratarás bien y que incluso pueden beneficiarse de cambiar de bando. Trata a los soldados enemigos con respeto y aliméntalos al tiempo que les prometes un futuro mejor. Los soldados enemigos suelen ser reclutas que se han visto obligados a enrolarse, por lo que puede comprarse su lealtad. Si a las filas enemigas llega la noticia de que sus camaradas capturados han recibido un buen trato, otros soldados pueden sentirse tentados de unirse a tu bando. Ofréceles una posición relacionada con la que tenían o con sus aptitudes naturales y súmale a eso las posibles recompensas por futuros logros.

Tanto esta lección como la anterior sobre la captura de vehículos pueden verse como formas de ampliar tus propias fuerzas a costa del enemigo.

CONSEJO PARA LA GUERRA: Gánate una buena reputación por tu trato justo a los prisioneros de guerra y por recompensar los logros de tus soldados. Eso ayudará a debilitar la unidad de las filas enemigas y aumentará tus propios efectivos a un coste reducido.

LECCIÓN 43

EL LÍDER MILITAR DIRIGE EL DESTINO DEL PUEBLO

Un líder militar no solo tiene el control sobre la vida de los soldados, sino también sobre las vidas de toda la población. El futuro de su país puede depender de la estrategia que adopte. Un fracaso militar puede significar un fracaso nacional.

Las tácticas que llevan a una victoria rápida son de gran beneficio para tu país.

CONSEJO PARA LA GUERRA: Ten en cuenta que tus decisiones militares tienen efectos más allá del campo de batalla. Planifica siempre la victoria más rápida posible.

謀攻篇

CAPÍTULO 3

SOBRE LAS ESTRATEGIAS DE ATAQUE

SOBRE LAS ESTRATEGIAS DE ATAQUE

El título del tercer capítulo de Sun Tzu incluye los ideogramas 謀, que significa «tramas» o «estrategia», y 攻, que significa «ataque». El capítulo trata sobre:

1 La importancia de planificar pensando en la victoria y no en la destrucción.
2 Diferentes estrategias en función del tamaño relativo de las fuerzas enemigas.
3 El papel del líder militar.

En el primer punto se insta a los comandantes a pensar en términos de victoria, no de destrucción. La victoria es diferente a la destrucción y hay muchas maneras de someter a un enemigo; entre todas ellas, la destrucción es un método menor.

El segundo punto analiza estrategias en función del número de tropas y establece las mejores formas de actuar cuando tus fuerzas superan en número, igualan o son inferiores a las del enemigo.

El punto final aborda el papel del líder del ejército en contextos militares y civiles. Aquí se aprende a evitar los «tres caminos de la desgracia» y a valerse de los «cinco elementos esenciales de la victoria».

El capítulo también cubre el uso de trampas, trucos y estratagemas.

EN PALABRAS DE SUN TZU

En el arte práctico de la guerra, lo mejor es tomar el país enemigo entero e intacto; destruirlo no es igual de bueno. También es mejor capturar un ejército entero que destruirlo, capturar un regimiento, un destacamento o una compañía enteros que destruirlos. Por lo tanto, luchar y vencer en todas las batallas no es la excelencia suprema: la excelencia suprema consiste en quebrar la resistencia del enemigo sin luchar.

Así, la forma más alta del generalato es frustrar los planes del enemigo; la siguiente es impedir la unión de las fuerzas enemigas; la siguiente es atacar al ejército enemigo en el campo; y la peor política de todas es sitiar ciudades amuralladas. La regla es no asediar ciudades amuralladas si es posible evitarlo. Poner a punto plúteos, refugios móviles y otros instrumentos de guerra ocupará tres meses enteros, y levantar montículos frente a las murallas llevará tres meses más. El general, incapaz de controlar su irritación, lanzará a sus hombres al asalto como un enjambre de hormigas, con el resultado de que un tercio de estos morirán sin que se haya logrado tomar la ciudad. Tales son los efectos desastrosos de un asedio.

Por lo tanto, el líder hábil somete a las tropas enemigas sin pelear, captura sus ciudades sin asediarlas, derriba su reino sin largas operaciones en el campo. Con sus fuerzas intactas disputará el dominio del Imperio, y así, sin perder un hombre, su triunfo será completo. Este es el método de atacar por estratagema.

LECCIÓN 44

CONSERVAR ES MEJOR QUE DESTRUIR

Ganar cien batallas de cien no es un gran logro; frustrar los planes del enemigo antes de que comience la contienda es una habilidad superior. El objetivo de un líder militar debe ser tomar el territorio enemigo intacto. Es mucho mejor valerse de movimientos e influencias políticos para hacer que el enemigo se rinda que buscar su destrucción. Si destruyes, tienes que reconstruir; si las tropas mueren, tienes que reemplazarlas.

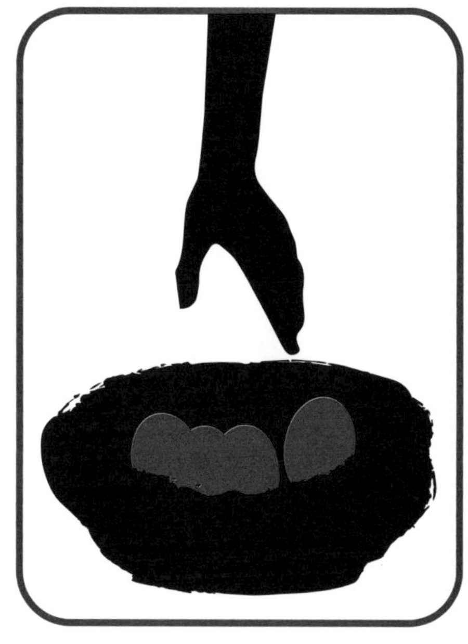

Ames, junto con algunos comentaristas chinos antiguos, cree que Sun Tzu se refiere en realidad a la preservación de su propio estado. Sin embargo, la mayoría de los traductores interpretan que se refiere a la preservación del estado enemigo.

CONSEJO PARA LA GUERRA: Usar la política, la táctica y la estrategia para someter y derrotar al enemigo en lugar de combatir es la máxima expresión del arte de la guerra. Si conservas las posesiones del enemigo en lugar de destruirlas, te enriqueces con su captura.

LECCIÓN 45

NIVELES DE GUERRA

- Destruye los planes del enemigo
- Destruye las alianzas del enemigo
- Destruye el ejército enemigo
- Destruye las ciudades del enemigo

Como se explica en la lección anterior, lo mejor es una victoria sin derramamiento de sangre, pero si eso no es posible, entonces los tipos de guerra se clasifican tal como sigue:

1. Dejar al enemigo sin aliados ni apoyos.
2. Entrar en combate abierto con el enemigo.
3. Sitiar una ciudad fortificada.

CONSEJO PARA LA GUERRA: Algunos tipos de guerra son preferibles a otros. El asedio debe usarse solo como último recurso.

LECCIÓN 46

POR QUÉ DEBE EVITARSE LA GUERRA DE ASEDIO

La guerra de asedio debe evitarse porque es cara y requiere mucho tiempo. Sun Tzu advierte de que se necesitan tres meses para estar listo. La traducción de Clements estipula que para llegar a las almenas hacen falta tres meses de trabajos. No está claro a qué se refiere exactamente esta última cifra y si eso significa que todo el proceso de asedio se alarga un total de seis meses, tres para prepararse y otros tres para avanzar, o si ambas etapas se desarrollan de forma simultánea. Sin embargo, la idea principal de que se trata de un proceso largo no varía.

Prepararse para un asedio incluye lo siguiente:

PAREDES MÓVILES

La guerra de asedio consiste en crear un muro temporal alrededor de un lugar habitado, ya sea un «muro» de tropas o un muro físico. Estas paredes son bastante sólidas y además pueden avanzar y estrechar el cerco hasta dejar al enemigo totalmente aislado.

ESCUDOS

Los escudos se pueden sostener con los brazos o apoyarse en el terreno. Los primeros se pueden juntar para formar una línea; los segundos se pueden juntar para formar una pared.

EQUIPO DE ASEDIO

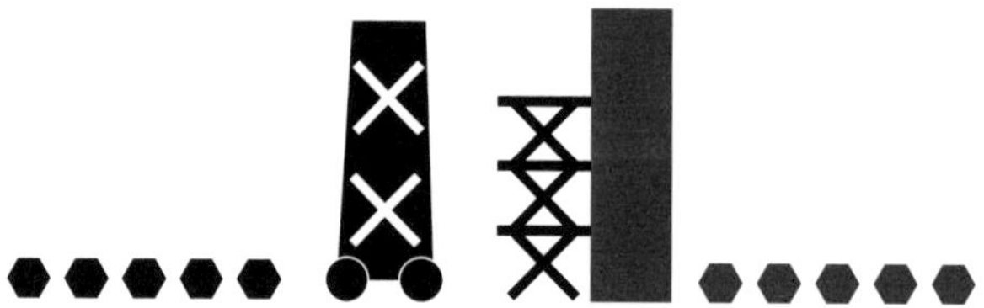

El equipo de asedio ha evolucionado con el tiempo, pero los conceptos básicos siguen siendo los mismos. Se necesitan escaleras, torres, andamios, vehículos blindados de transporte de tropas, aparatos de minería, etc. Reunir el equipo de asedio requiere tiempo y recursos, a lo que hay que añadir los trabajadores necesarios para mantenerlo.

MOVIMIENTO DE TIERRAS

Al asediar, crea una red de estructuras defensivas hechas de tierra compactada para protegerte del enemigo que te dispara desde la ciudad. Estas pueden incluir trincheras, montículos de observación, muros y defensas contra las incursiones.

CONSEJO PARA LA GUERRA: Si otras estrategias no han dado resultado y tienes que optar por un asedio, reúne suficiente tiempo y dinero para preparar el equipo y las fortificaciones.

LECCIÓN 47

NUNCA SEAS IMPACIENTE DURANTE UN ASEDIO

Asediar es frustrante. Se necesita mucho tiempo, cuesta mucho dinero y puede que no dé resultado. Un líder militar que pierda la paciencia puede ordenar cargar contra las murallas para salir del punto muerto. Sin embargo, actuar así es un inmenso error: un tercio de las tropas perecerá, las fortificaciones resistirán y el ejército atacante quedará en peor posición.

CONSEJO PARA LA GUERRA: Nunca te dejes llevar por la ira o la impaciencia durante un asedio. Si envías tropas a que asalten las murallas de una ciudad en el momento equivocado, sembrarás el campo de muertos.

LECCIÓN 48

LIBRA LA GUERRA PERFECTA

La guerra perfecta es un ideal que consiste en:

- Movimientos políticos perfectos.
- Excelentes alianzas.
- Planificación adecuada.
- Captura del enemigo sin acciones hostiles.
- Destrucción de otros Estados.
- Toma de otras ciudades.

- Conservación de tus tropas.
- Conservación e integración de tropas enemigas.
- Conservación y uso de tierras y equipos del enemigo.
- Victoria en todos los frentes.

CONSEJO PARA LA GUERRA: Persigue la guerra perfecta, pero sé realista. Cuanto más arriba estés en la escala de perfección, mayores serán tus posibilidades de victoria. Recuerda que las peleas justas no existen: asegúrate de que las condiciones te favorecen.

EN PALABRAS DE SUN TZU

La regla en la guerra es la siguiente: si tus fuerzas son de diez por una del enemigo, rodéalo; si son de cinco por una, atácalo; si son de dos por una, divide tu ejército en dos. Si tus fuerzas son iguales a las del enemigo, puedes luchar; si son ligeramente inferiores en número, puedes evitar al enemigo; si son inferiores en todos los sentidos, huye de él. Aunque una fuerza pequeña puede luchar ferozmente, al final la fuerza más grande la capturará.

LECCIÓN 49

ENSEÑANZAS PARA CUANDO SE SUPERA EN NÚMERO AL ENEMIGO

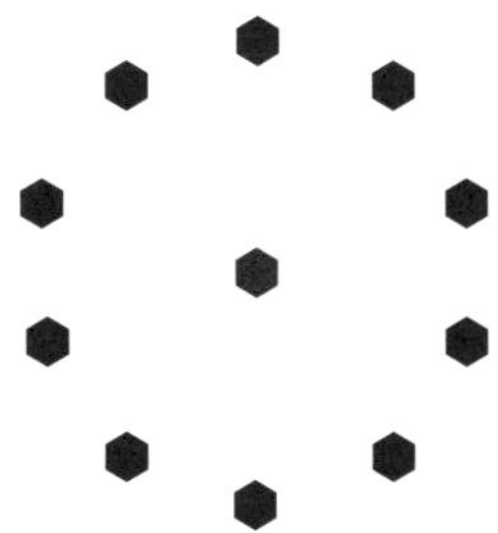

Si tus fuerzas superan a las del enemigo en una relación de diez a uno, podrás rodearlas. Luego, en función de la situación, del tipo de tropa y de la geografía, deberías poder moverte y derrotarlas.

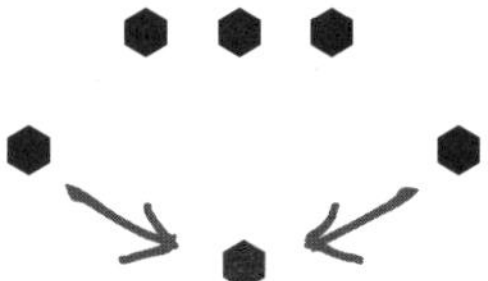

Si superas al enemigo en una relación de cinco a uno, puedes atacarlo con todas tus fuerzas con la seguridad de que tu superioridad numérica es garantía de victoria. Algunos comentaristas chinos defienden que tu fuerza debería dividirse en cinco partes, tres para ataques frontales y dos para operaciones por los flancos o contra los puntos débiles del enemigo.

Si tus fuerzas duplican a las del enemigo, divídelas para poder atacarlo en dos o más frentes. Tendrá que responder a tus movimientos y eso debilitará sus formaciones. Cuenta con tropas de hostigamiento o ataque por los flancos para ayudar a ponerlo en desventaja.

El comentarista chino Chen Hao afirma que estas directrices solo se refieren al ataque a una ciudad fortificada. Casi todos los demás traductores y comentaristas las ven como un conjunto de reglas para la batalla en campo abierto. Sin embargo, hay algunas diferencias. Clements, por ejemplo, las traduce como:

- Diez a uno: rodea al enemigo.
- Cinco a uno: invade al enemigo.
- Dos a uno: ataca al enemigo.

Trapp y Ames dicen que, en el caso de dividir, el verdadero significado del texto es «dividir las fuerzas enemigas», no las tuyas. En conclusión, hay distintas maneras igualmente válidas de entender esta lección.

CONSEJO PARA LA GUERRA: Si superas las fuerzas del enemigo en una relación de diez a uno, rodéalas. Si las superas en cinco a uno, atácalas por distintos frentes. Si las duplicas, atácalas por los flancos.

LECCIÓN 50

ENSEÑANZAS PARA CUANDO EL ENEMIGO IGUALA TUS FUERZAS O LAS SUPERA

Atacar

Si el enemigo iguala tus fuerzas, puedes entrar en batalla. El vencedor será quien se haya preparado más a fondo para la guerra, tenga una mejor posición y disponga del mejor plan.

Si el enemigo te supera en número pero no lo suficiente como para derrotarte, concéntrate en tu defensa, movilidad, ubicación, vías de escape y estrategia. Una fuerza militar puede derrotar a otra más grande, pero es una tarea difícil. Por lo tanto, enfócate en defender el centro y en la maniobrabilidad. Prepárate para hacer frente al enemigo, usa el engaño y pasa de la defensa a la retirada con rapidez.

Defender

Si te superan tanto en número que no hay posibilidad de victoria, retírate y no entres en combate. Muévete con agilidad usando el terreno a tu favor para mantenerte fuera del alcance del enemigo. Según Sun Tzu, lo peor que puedes hacer es intentar conservar tu posición. Un ejército que espera a un ejército mucho más grande será aniquilado. Nunca defiendas una posición hasta las últimas consecuencias ni ataques a la desesperada cuando te superen claramente en número. En lugar de eso, centra todos tus esfuerzos en ver cómo escapar.

Retirarse

CONSEJO PARA LA GUERRA: Si igualas en número al enemigo, enfréntate a él valiéndote de la táctica. Si tus fuerzas son algo menores, adopta una posición defensiva. Si te supera totalmente, retírate.

EN PALABRAS DE SUN TZU

El general es el baluarte del Estado. Cuando el baluarte es competente en todos los puntos, el Estado es fuerte; cuando el baluarte es defectuoso, el Estado es débil.

Un gobernante puede traer la desgracia a su ejército de tres formas:

1. *Al ordenar avanzar o retroceder ignorando el hecho de que el ejército no puede obedecer. Esto se llama inmovilizar al ejército.*
2. *Al intentar dirigir un ejército de la misma manera que administra un reino pero desconociendo las condiciones que se dan en un ejército. Esto causa inquietud en la mente de los soldados.*
3. *Al emplear a los oficiales sin seleccionarlos por ignorancia del principio militar de adaptación a las circunstancias. Esto afecta a la confianza de los soldados.*

Cuando el ejército se siente inquieto y desconfía, es seguro que aparecerán problemas con los demás príncipes feudales. Esto es simplemente llevar la anarquía al ejército y alejarse de la victoria.

Así, podemos saber que hay cinco elementos esenciales para la victoria:

1. *Ganará quien sepa cuándo luchar y cuándo no luchar.*
2. *Ganará quien sepa luchar con fuerzas superiores e inferiores.*
3. *Ganará aquel cuyo ejército esté animado por el mismo espíritu en todos sus rangos.*
4. *Ganará quien, estando preparado, espera hasta sorprender al enemigo desprevenido.*
5. *Ganará quien tenga capacidad militar y no se vea interferido por su soberano.*

De ahí el dicho: Si conoces al enemigo y te conoces a ti mismo, no debes temer por el resultado de cien batallas. Si te conoces a ti mismo pero no al enemigo, por cada victoria obtenida también sufrirás una derrota. Si no conoces al enemigo ni a ti mismo, sucumbirás en todas las batallas.

LECCIÓN 51

EL LÍDER MILITAR ES EL BALUARTE DE LA NACIÓN

Un líder militar tiene que ser tanto un experto como un innovador. Necesita estar bien versado en los principios antiguos, pero construir sobre ellos para no volverse predecible; de lo contrario, quedará atrapado en el pasado. Los líderes militares tienen que ganarse el mando gracias a su comprensión del complejo asunto de la guerra, no ejercerlo por disfrutar de una posición basada en conexiones familiares o privilegios. Un autor interpreta el ideograma aquí empleado como un madero sobre el que descansa la estructura de un carro, lo que implica que, al igual que el vehículo necesita un armazón fuerte, un Estado necesita un buen general para no hundirse. Solo aquellas personas del más alto calibre deben tenerse en cuenta para ocupar esa posición. Según Sun Tzu, hay tres formas en las que una persona inadecuada puede hundir un país si se le da por error el mando del ejército. Se abordan en la lección siguiente.

CONSEJO PARA LA GUERRA: Nunca pongas a personas incompetentes al mando de un ejército.

LECCIÓN 52

LAS TRES FALTAS DE UN LÍDER INCOMPETENTE

1 AVANCES Y RETIRADAS A DESTIEMPO

Si un líder militar no sabe cuándo avanzar o retroceder, entonces la derrota es inevitable. Ejércitos de todos los tamaños se enfrentarán a determinadas situaciones donde la retirada es la mejor opción. Ser superado en número no es la única razón; pueden influir otros factores, como el terreno, el tiempo, cambios políticos o el espionaje. Un buen líder militar es capaz de asimilar toda la información que recibe y utilizarla para identificar el

momento adecuado para avanzar o retirarse. Sin esa habilidad, limitará las capacidades de su ejército.

Muchas traducciones usan aquí el término «cojear» porque Sun Tzu usa un ideograma que se refiere a «atar una pata de un buey» para que este deje de deambular. El sentido es que, si el mando no sabe cuándo avanzar o retroceder, el ejército quedará inmovilizado como un gran buey atado a una estaca.

2 DIRIGIR UN EJÉRCITO COMO SI FUERA UN ESTADO

Las victorias militares dan lugar a dinastías reales, las dinastías reales dan lugar a ejércitos profesionales y los ejércitos profesionales dan lugar a mandos militares profesionales. Esta división entre Estado y Ejército se establece por edicto. Si un líder civil o real es nombrado mando militar y ejerce su cargo con mentalidad de civil, o si los líderes civiles interfieren en los asuntos de las fuerzas armadas, el Ejército se confundirá. Por lo tanto, un mando militar debe ser un soldado profesional y un civil nunca debe ostentar ese cargo.

3 PONER A FUNCIONARIOS CIVILES A CARGO DE ASUNTOS MILITARES

Los funcionarios civiles que ocupan cargos en el Ejército desconocen los protocolos militares, lo que les lleva a confundir los asuntos y entorpecer las tareas en las que participan.

Cualquiera de estas tres faltas puede llevar al fracaso del ejército aliado.

CONSEJO PARA LA GUERRA: Designa solo personal militar para ejercer el mando. Asegúrate de que todos los oficiales sean profesionales con formación militar y no permitas que los líderes civiles interfieran en el funcionamiento diario del Ejército.

LECCIÓN 53

UTILIZA LA FUERZA DE FORMA DISUASORIA

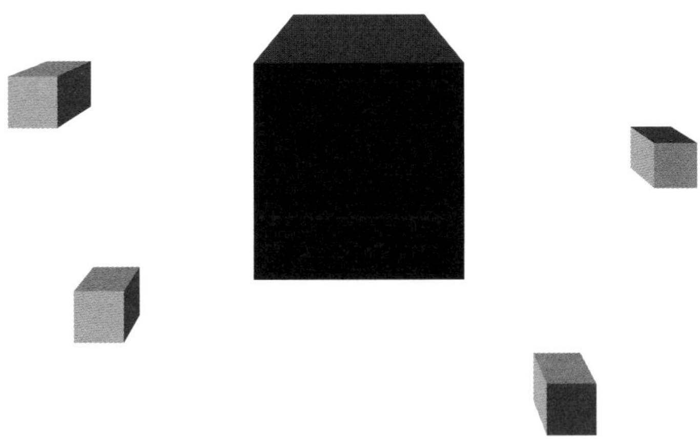

Es tan importante tener un ejército fuerte en tiempo de guerra como en tiempo de paz. Si una o más de las tres faltas descritas en la lección anterior provocan el desorden en su seno, los Estados rivales se moverán para aprovecharse de esa debilidad. Un ejército fuerte es un elemento de disuasión poderoso sin el cual un país corre el riesgo de sufrir una invasión.

CONSEJO PARA LA GUERRA: En tiempos de paz, debes mantener un ejército fuerte para que otras naciones no tengan la oportunidad de atacar y conquistar tus tierras.

LECCIÓN 54

LOS CINCO PRINCIPIOS DE LA VICTORIA

Los siguientes puntos son los cimientos sobre los que se construye la victoria:

- Control de los tiempos
- Tamaño
- Armonía
- Preparación
- Liderazgo

1 SABER CUÁNDO LUCHAR Y CUÁNDO NO LUCHAR

Si se entra en combate cada vez que se sufre una provocación, la derrota en ciertas situaciones está asegurada. Por lo tanto, debe saberse que hay momentos en los que esperar, retirarse o maniobrar son las mejores opciones.

2 RECONOCER CUÁNDO ES MEJOR USAR UNA FUERZA PEQUEÑA

La regla general básica es que la fuerza más grande se impondrá a la más pequeña. Sin embargo, hay ciertas situaciones en las que esta regla no se aplica. Por ejemplo, en terrenos difíciles, en un entorno urbano o con unas condiciones meteorológicas adversas, una gran fuerza puede quedar atrapada y ser vulnerable a una fuerza más pequeña, astuta y móvil. Evalúa las condiciones y utiliza el número correcto de soldados en cada situación.

3 ESTABLECER UN ESPÍRITU DE CUERPO

Debe haber armonía entre oficiales y rangos inferiores. Todos deben tener la misma hambre de victoria y creer en los objetivos propuestos. Hay que asegurarse de que se explica claramente a los soldados el propósito de la guerra en la que entran para que todos luchen por un mismo objetivo. Si todas las personas saben que se beneficiarán de la victoria, la tropa se unirá.

4 ESTAR SIEMPRE PREPARADO Y ATACAR A AQUELLOS QUE NO LO ESTÁN

Las traducciones de este punto difieren ligeramente, pero todas las versiones enfatizan la importancia de la preparación y recogen que aquellos que están preparados vencerán a los que no lo estén. Sin embargo, algunas versiones se inclinan más hacia la idea de la preparación constante, mientras que otras lo hacen hacia la de la preparación durante una campaña. La enseñanza central es válida en todas las versiones: siempre hay que estar listo para pasar a la acción y atacar a aquellos que no lo estén.

5 TENER EL MANDO ABSOLUTO Y NO PERMITIR INJERENCIAS

La decisión de ir a la guerra la toman los líderes políticos, pero, una vez iniciada, estos deben hacerse a un lado y dejar que el Ejército haga su trabajo sin sufrir interferencias. Ahora es el momento de que el mando militar use su vasta formación para lograr la victoria.

CONSEJO PARA LA GUERRA: Hay que saber cuándo luchar y cuántos efectivos emplear, asegurarse de que haya armonía entre todos los rangos y que estos compartan el mismo objetivo. Cuando se está preparado, el mundo de la política debe quedar al margen. Ir a la guerra y llevar a casa la victoria es asunto exclusivo del Ejército.

LECCIÓN 55

ALCANZA EL NIVEL MÁS ALTO COMO LÍDER MILITAR

Según Sun Tzu, un líder del más alto nivel obtendrá la victoria en todos los enfrentamientos, un líder de nivel medio ganará la mitad de las veces y un líder de nivel bajo nunca conocerá la victoria. Sun Tzu define estos niveles en términos de conocimiento de las propias fuerzas y conocimiento del enemigo. Los líderes del más alto nivel tienen un conocimiento profundo de ambos aspectos; los líderes de nivel medio conocen las propias fuerzas, pero no las del enemigo; los líderes de bajo nivel muestran poca o ninguna comprensión de ambos aspectos.

El conocimiento de las propias fuerzas incluye los siguientes factores:

- Conocer las capacidades de tus soldados para no desperdiciar sus talentos.
- Juzgar cuánto pueden soportar tus soldados para llevarlos al límite pero no más allá.
- Comprender y abordar los problemas que enfrentan todos los rangos, del más bajo al más alto.

El conocimiento del enemigo y del territorio enemigo se obtiene a través de la exploración y del espionaje. El objetivo es poder leer la mente del líder enemigo. Sin esa información, se conduce a las tropas a ciegas hacia una situación hostil. No deben cometerse los errores de los mandos del nivel más bajo, que solo confían en lo que pueden ver con sus propios ojos.

CONSEJO PARA LA GUERRA: Para lograr el más alto nivel de liderazgo, asegúrate de que en el cuartel general se reciba un flujo constante de información, incluso en tiempos de paz. Desecha y actualiza datos antiguos para que una forma de «conocimiento vivo» llegue a todo el equipo de mando. Entonces estarás preparado para cualquier conflicto en cualquier momento.

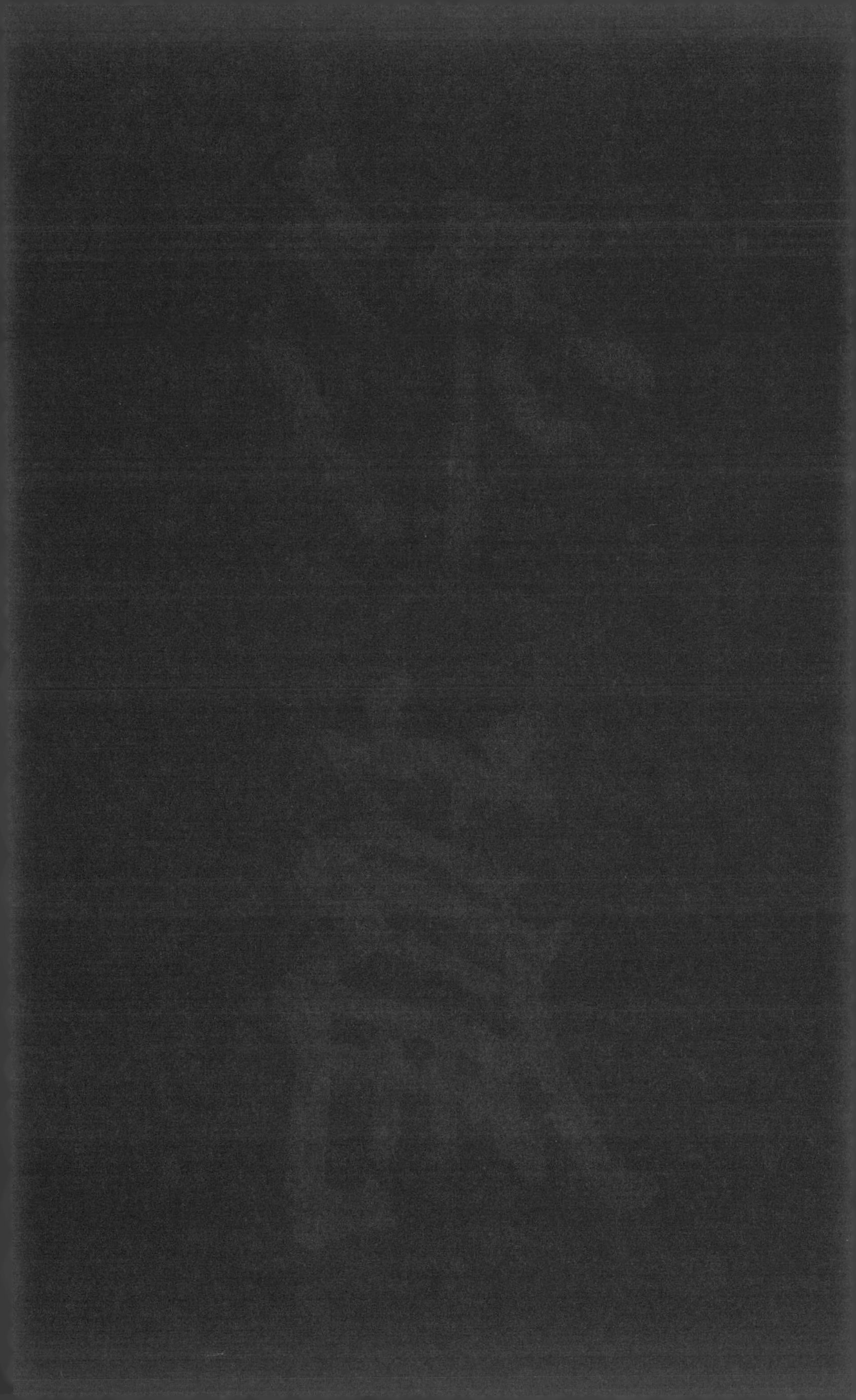

形篇

CAPÍTULO 4

SOBRE LOS PATRONES DE OBSERVACIÓN

SOBRE LOS PATRONES DE OBSERVACIÓN

El título del cuarto capítulo de Sun Tzu usa el ideograma 形, que significa «formas» o «patrones», en el sentido de observar una situación a medida que toma forma para predecir el resultado. El capítulo analiza tres áreas principales:

1 La esencia y el fundamento de la defensa.
2 Los valores morales de un líder.
3 El posicionamiento del ejército y el uso de la fuerza.

Para empezar, Sun Tzu aborda cómo los grandes líderes militares de antaño podían ver más allá de lo superficial y detectar los signos iniciales de hostilidad enemiga. A continuación, resalta la necesidad de que un líder siga un código moral y aplique estrictamente la disciplina militar. Finaliza explicando cómo todos los movimientos políticos secretos previos al conflicto y las maniobras militares son la base de una sola acción poderosa capaz de derrotar al enemigo.

En términos generales, este capítulo trata sobre cómo adelantarse a los acontecimientos con el análisis de pequeños elementos y cómo se relacionan. Gracias a eso, es posible ganar una guerra incluso antes de que comience.

EN PALABRAS DE SUN TZU

Los buenos guerreros de antaño primero se alejaban de la posibilidad de la derrota y luego esperaban la oportunidad de derrotar al enemigo. Prevenir la derrota está en nuestras manos, pero la oportunidad de derrotar al enemigo la proporciona el enemigo mismo. Así, el buen guerrero es capaz de protegerse de la derrota, pero no puede estar seguro de vencer al enemigo. De ahí el dicho: «Se puede saber conquistar sin poder hacerlo».

Protegerse de la derrota implica tácticas defensivas; la habilidad para derrotar al enemigo significa llevar la iniciativa. Defenderse indica fuerza insuficiente; atacar, sobreabundancia de fuerza. El general experto en la defensa se esconde en los lugares más recónditos de la tierra; el diestro en el ataque resplandece desde las alturas más elevadas del cielo. Así, por un lado, tenemos la capacidad de protegernos a nosotros mismos; por el otro, la de lograr una victoria completa.

Anticipar la victoria cuando cualquiera la puede ver no es la cima de la excelencia. Tampoco es el colmo de la excelencia si luchas y conquistas y todo el Imperio dice: «¡Bien hecho!». Levantar un pelo de otoño no es signo de una gran fuerza; ver el sol y la luna no es signo de una vista aguda; escuchar el retumbar del trueno no es signo de un buen oído.

Lo que los antiguos llamaban un guerrero inteligente es aquel que no solo gana, sino que sobresale por ganar con facilidad. De ahí que sus victorias no le den reputación de sabio ni crédito de valeroso. Él gana sus batallas sin cometer errores. No cometer errores es lo que establece la certeza de la victoria, porque significa conquistar a un enemigo que ya está derrotado. Por lo tanto, el guerrero hábil se pone a sí mismo en una posición que hace imposible la derrota y no desaprovecha la oportunidad de derrotar al enemigo. En la guerra, el estratega victorioso solo busca la batalla después de asegurarse la victoria, mientras que aquel que está destinado a la derrota primero pelea y después busca la victoria.

LECCIÓN 56

LA ESENCIA DE SER UN CONQUISTADOR

Un ejército enemigo nunca es invencible, pasa por fases de solidez y debilidad. Cualquier movimiento que realiza provoca grietas que solo pueden cerrarse con un nivel alto de disciplina. Cuando las grietas comienzan a aparecer en la formación enemiga, uno sabe que puede alcanzar la victoria.

Un buen mando puede crear una fuerza de combate sólida y armoniosa que no dé pistas al enemigo sobre su funcionamiento interno y cuya formación defensiva no tenga lagunas. Una unidad así de fuerte que esté unida se volverá invencible porque el enemigo no encontrará ningún punto débil que explotar. Sin embargo, si la fuerza se mueve o por alguna razón está debilitada, aparecerán grietas en su defensa y se presentarán oportunidades para atacar.

Por lo tanto, los buenos líderes militares primero aseguran sus propias fuerzas y luego usan todas sus artes para provocar alguna reacción en el enemigo y aprovechar cualquier oportunidad que se dé. A esto se refiere Sun Tzu cuando dice: «Prevenir la derrota está en nuestras manos, pero la oportunidad de derrotar al enemigo la proporciona el enemigo mismo».

Un buen mando puede mantener a raya a un enemigo sin abandonar una posición defensiva, pero siempre dependerá de que el enemigo tome una decisión que provoque la aparición de una grieta, ya que estas son puntos débiles y los puntos débiles son oportunidades. Un plan perfecto no funcionará a menos que el enemigo haga un movimiento equivocado.

CONSEJO PARA LA GUERRA: Tras asegurar tu defensa, usa todo tu arsenal de estrategias para provocar un cambio en el enemigo, y cuando aparezcan grietas en su fuerza, atácalas. Si generas las condiciones adecuadas, el enemigo cometerá un error que te dará la victoria.

LECCIÓN 57

CONOCE LA PROPORCIÓN CORRECTA DE ATAQUE Y DEFENSA

Un líder militar debe atacar si existen posibilidades significativas de éxito, pero defender cuando las posibilidades son limitadas. Esto abunda en la idea de la lección anterior de saber esperar a la aparición de grietas en el ejército enemigo. Sin embargo, el simple hecho de identificar una no es suficiente: un líder debe saber cuándo estas ofrecen una gran oportunidad de victoria.

Este punto es uno de los más discutidos por los comentaristas de *El arte de la guerra*, quienes sostienen dos interpretaciones principales.

Según la primera interpretación, defendida por el comentarista chino Zhang Yu, entre otros, se debe comenzar defendiendo. Pasadas las primeras escaramuzas, cuando uno ya tiene su estrategia definida, hay que esperar a que el enemigo se mueva de manera que se genere un punto débil en sus fuerzas. Cuando esto suceda, hay que evaluar si se trata de un verdadero punto débil o de una trampa. Si juzgas que se trata de lo primero, golpea al enemigo para hacerte con la victoria.

La segunda interpretación, muy criticada por Zhang Yu, sostiene que, cuando tu ejército es más débil y no tiene capacidad suficiente para hacerse con la victoria, debe permanecer a la defensiva aunque aparezcan puntos débiles en las líneas enemigas. Así, hay que pasar a la ofensiva y atacar los puntos débiles del enemigo solo cuando uno es capaz de alzarse con la victoria.

CONSEJO PARA LA GUERRA: Si aparece un punto débil en el ejército enemigo, asegúrate de que es real y no una trampa, y toma la iniciativa para obtener la victoria solo si tienes los recursos necesarios para lanzar un ataque definitivo.

LECCIÓN 58

ESCÓNDETE EN TERRENO LLANO Y ATACA EN TERRENO ELEVADO

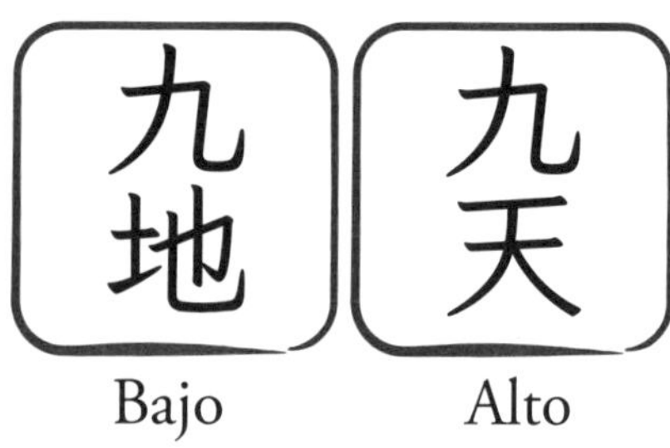

ARRIBA: Estos son los ideogramas originales para las «nueve tierras» y los «nueve cielos», que representan las partes más profundas de la tierra y las alturas más elevadas del cielo respectivamente.

En esta lección, Sun Tzu enseña tácticas de defensa y ataque. La traducción literal de los ideogramas del texto original es «esconderse en los nueve mundos» (九地), que Giles reformula como «los recovecos más secretos de la tierra», y «golpear desde los nueve cielos» (九天), que Giles traduce por «ataques desde las alturas más elevadas de los cielos». Todos los traductores coinciden en la idea básica de que uno debe esconderse en terreno llano y atacar desde zonas elevadas. Sin embargo, los antiguos comentaristas chinos añaden tres capas interpretativas adicionales:

- Aprovechar las ventajas del entorno y de las condiciones meteorológicas. En defensa, eso implica esconderse en las montañas, vadear ríos y usar las características naturales del terreno como defensas. En ataque significa aprovechar los cambios bruscos del tiempo para atacar con velocidad.
- Practicar la guerra de guerrillas. En defensa, eso significa ser «fantasmagórico» y silencioso, moverse sin que el enemigo sepa dónde estás, que no pueda verte ni oírte. En ataque hay que dejar que el enemigo te vea, pero realizar movimientos rápidos e impredecibles para que no pueda seguir el ritmo de los cambios.
- Adoptar una actitud de defensa o ataque. Cuando te defiendas, haz que tu ejército sea visible para el enemigo, pero adopta una actitud totalmente defensiva. Aquí, el texto se convierte en una enseñanza poética sobre mantener una posición inamovible en lugar de esconderse. Cuando ataques, haz que tu ejército sea completamente visible pero mantente activo y preparado para aprovechar cualquier punto débil en las líneas enemigas.

CONSEJO PARA LA GUERRA: Usa el terreno y las condiciones meteorológicas en tu favor, esconde tu ejército si es necesario y ataca desde lugares ocultos, pero conoce también la diferencia entre defensa total y ataque total en una guerra abierta.

LECCIÓN 59

PIENSA Y PLANIFICA MUCHOS MOVIMIENTOS POR ADELANTADO

Los tácticos, estrategas y pensadores más importantes no entienden los acontecimientos como hechos autónomos, sino como una acumulación de fragmentos. El líder militar del más alto nivel se distingue por su capacidad para identificar distintos aspectos de áreas aparentemente no relacionadas y predecir el resultado de su combinación. Aquellos cuyos logros derivan de ver lo obvio no demuestran ninguna excelencia. El verdadero estándar de excelencia lo establecen quienes ven las distintas partes de un problema en desarrollo y son capaces de evitarlo antes de que otros se den cuenta de que existe. Por lo tanto, es absurdo alabar a un general que regresa victorioso de una dura campaña porque, como general, debería haber encontrado la manera de evitar una contienda tan difícil.

Sun Tzu ofrece cinco analogías para resaltar la idea de que los logros básicos no deben confundirse con la excelencia:

- Ver una victoria clara en el presente no significa prever acontecimientos futuros.
- Lograr la victoria en una batalla desigual no es una muestra de excelente estrategia.
- Levantar algo que es muy ligero (un «pelo de otoño», expresión cuyo significado exacto se desconoce) no es una muestra de fuerza.
- Ver el sol y la luna no es signo de una vista aguda.
- Escuchar el retumbar del trueno no es signo de un buen oído.

Los líderes más importantes adquieren poca fama porque no acaban enredados en grandes batallas. Hacen planes impecables que evitan situaciones peligrosas antes de que surjan. Según Sun Tzu, ese tipo de líder militar experto se podía encontrar en tiempos antiguos.

CONSEJO PARA LA GUERRA: Analiza las distintas partes que componen una situación a medida que esta surge para poder abordarla antes de que se vuelva problemática.

LECCIÓN 60

ESTABLECE UNA POSICIÓN TOTALMENTE DEFENSIVA Y DESPUÉS ATACA

Con base en la idea de anticiparse a los conflictos, los buenos líderes militares tienen que posicionarse en el lugar y momento adecuados antes de que un problema se manifieste. Si la situación no se puede resolver antes de haber encajado todas las piezas, debe encontrarse el mejor campo de actuación, ya sea este físico, táctico o político. Hay que golpear fuerte y derrotar al enemigo antes de que tenga tiempo de convertirse en una amenaza real.

CONSEJO PARA LA GUERRA: Identifica los movimientos hostiles del enemigo, colócate en el mejor lugar y golpea su punto más débil.

EN PALABRAS DE SUN TZU

El líder consumado cultiva la ley moral y sigue estrictamente el método y la disciplina; por lo tanto, el éxito está en su mano.

Con respecto al método militar, tenemos, en primer lugar, la medición; en segundo lugar, la estimación de la cantidad; en tercer lugar, el cálculo; en cuarto lugar, la comparación de posibilidades; en quinto lugar, la victoria. La medición debe su existencia a la tierra, la estimación de la cantidad a la medición, el cálculo a la estimación de la cantidad, la comparación de posibilidades al cálculo y la victoria a la comparación de posibilidades.

LECCIÓN 61

SIGUE EL CAMINO Y MANTÉN LA DISCIPLINA

Sun Tzu nos recuerda aquí dos de los cinco factores fundamentales: el camino y la organización militar (ver lecciones 3 y 7). Su idea es que la capacidad de anticipación de un líder militar de poco vale si este carece de la habilidad para mantener la armonía en sus filas mediante códigos de conducta adecuados y un sistema de castigos y recompensas justo.

Camino Organización

ARRIBA: Los ideogramas originales para «camino» y «organización», dos de los cinco factores fundamentales.

Según el comentarista chino Li Quan, el camino significa atacar solo a enemigos reales y dejar en paz a quienes no constituyen una amenaza. Asimismo, señala que las tropas victoriosas deben comportarse correctamente y no atacar a la población ni destruir las pertenencias de una tierra conquistada. Sun Tzu termina afirmando que los líderes militares que siguen estos caminos son capaces de controlar cómo se comportan sus soldados en la victoria.

CONSEJO PARA LA GUERRA: Mantén una moralidad positiva, armonía en la tropa y una disciplina justa antes y después de la victoria.

LECCIÓN 62

PLANIFICA UNA CAMPAÑA MILITAR CON BASE EN LOS CINCO PASOS

La planificación de una campaña militar es un proceso que se puede resumir en cinco pasos (nótese que no son los mismos que los cinco factores fundamentales):

1 Medir el terreno.
2 Estimar qué tipos de fuerzas deben utilizarse en función del terreno.
3 Calcular el número de tropas disponibles.
4 Comparar ambos ejércitos.
5 Valorar las probabilidades de victoria con base en los cuatro pasos anteriores.

La medición del terreno permite conocer su tamaño y sus características. El conocimiento del terreno permite deducir qué tipos de tropas usará el enemigo. Saber qué tipo de tropas usará el enemigo permite calcular cuántos soldados tendrá o necesitará, lo que permite establecer una comparación con las propias fuerzas. Esa última comparación indicará si se puede obtener la victoria.

El texto original no entra en detalles y simplemente enumera los pasos, por lo que algunas traducciones difieren en el segundo punto. En lugar de la estimación de qué tipo de tropas usará el enemigo en un terreno en particular, algunas versiones interpretan ese paso como la estimación de la cantidad de material que se puede suministrar en esa área y tipo de terreno. Eso sigue llevando al tercer paso: calcular cuántas tropas tendrá el enemigo a su disposición.

CONSEJO PARA LA GUERRA: Mide el terreno, usa esa información para estimar las fuerzas enemigas, su tipo y número, compara ambos ejércitos y determina si puedes ganar.

EN PALABRAS DE SUN TZU

Un ejército victorioso comparado con un ejército derrotado es como un kilo comparado con un gramo. La embestida de una fuerza conquistadora es como la caída de aguas embalsadas en un abismo de mil brazas de profundidad.

LECCIÓN 63

DESATA LA FUERZA

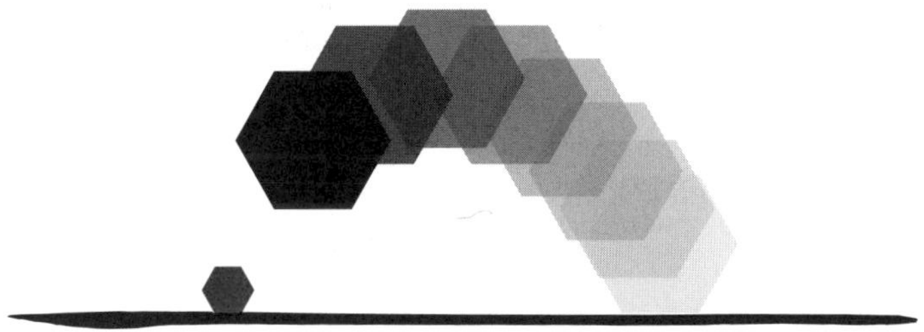

Quien haya seguido las lecciones anteriores, habrá podido identificar todas las eventualidades, planear las acciones correctas, posicionar sus fuerzas e identificar las debilidades del enemigo.

Ahora es el momento de desencadenar el ataque que se ha preparado.

Sun Tzu describe este choque de fuerzas desiguales en términos metafóricos. En función de la traducción que se consulte, compara el peso de un kilo con el de un gramo, se refiere a una pluma golpeada en un yunque o hace mención a un torrente de agua que se precipita desde una gran altura. En cuanto el enemigo se mueva, se verá sobrepasado por un contraataque tan feroz e inesperado por su poder estratégico que será incapaz de comprender lo que sucede.

CONSEJO PARA LA GUERRA: Comienza por el principio y realiza todos los análisis y cálculos necesarios. Haz que todos los factores estén a tu favor y, cuando no haya ninguna posibilidad de derrota, aplasta a las fuerzas enemigas antes de que se den cuenta de que las has golpeado.

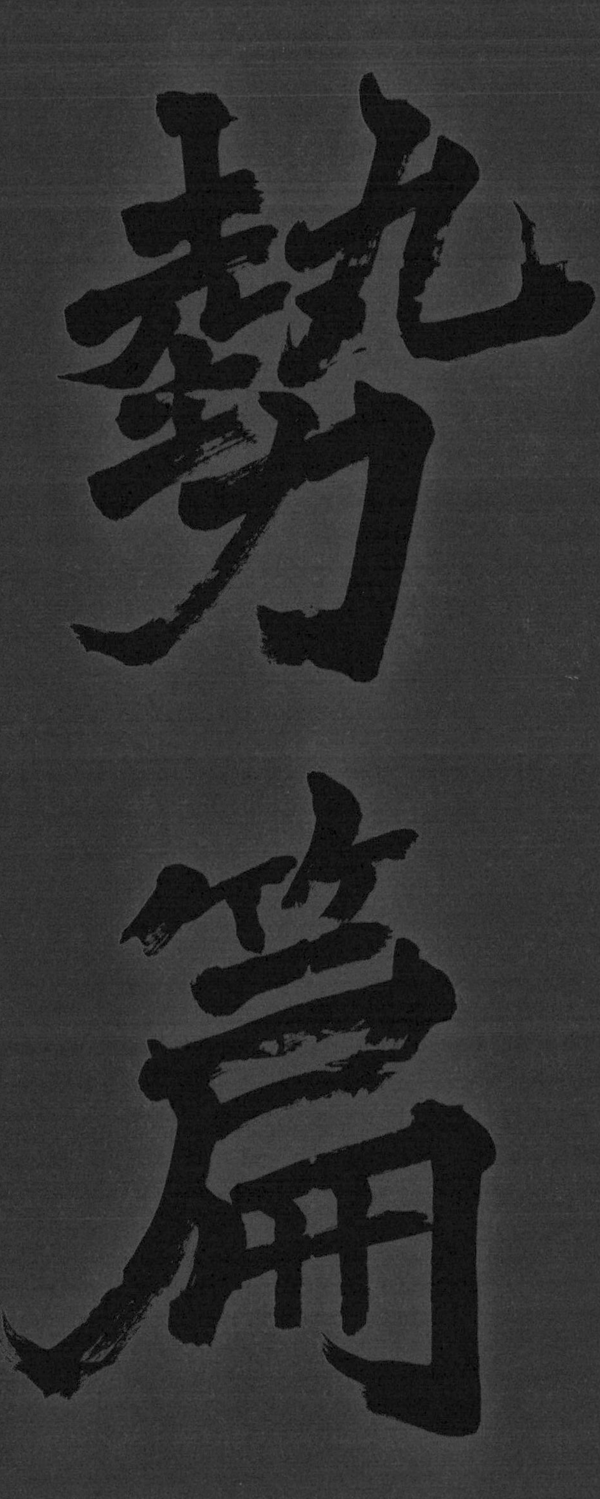
勢篇

CAPÍTULO 5

SOBRE EL PODER

SOBRE EL PODER

El título del quinto capítulo de Sun Tzu usa el ideograma 勢, que significa «poder» o «energía», en referencia a «fuerza militar». El capítulo se divide en cuatro áreas principales:

1 El tamaño del ejército no afecta al modo en que se dirige.
2 La diferencia entre directo e indirecto.
3 La capacidad de ocultar el desorden.
4 La energía de las tropas.

La primera parte explica que no importa cuán grande o pequeño sea un ejército porque los sistemas que se emplean para dirigirlo siguen siendo los mismos. La segunda presenta los conceptos de directo e indirecto: una fuerza debe tener tropas y métodos directos sólidos, pero también tropas y métodos indirectos. La tercera muestra cómo un líder militar puede ocultar el orden en el interior de un desorden fingido para confundir al enemigo. El capítulo concluye con una sección sobre cómo usar soldados con características distintas para organizar fuerzas con capacidades también distintas.

En general, este capítulo trata sobre la «sensación» y la energía de las tropas.

EN PALABRAS DE SUN TZU

El gobierno de una gran fuerza sigue el mismo principio que el gobierno de unos pocos hombres: solo es cuestión de dividirla en grupos. Luchar con un gran ejército bajo tu mando no es diferente a luchar con uno pequeño: solo es cuestión de establecer signos y señales.

LECCIÓN 64

DIRIGE UNA FUERZA GRANDE IGUAL QUE UNA PEQUEÑA

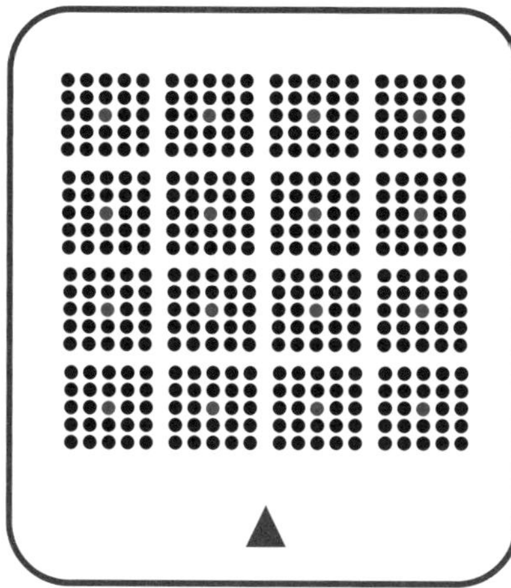

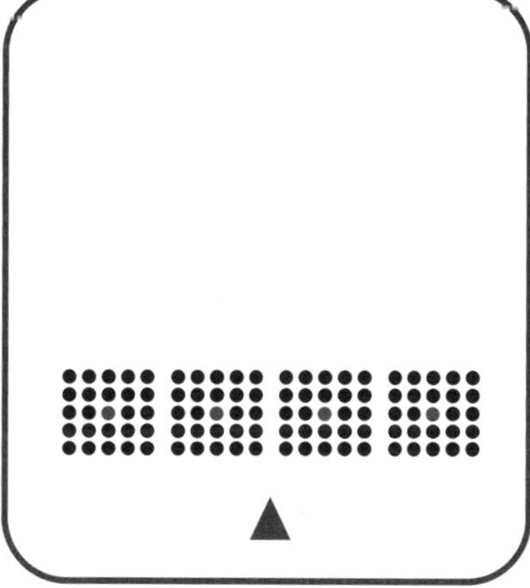

Ya se esté al mando de una pequeña tropa o de un gran ejército, siempre se aplica el mismo principio: toda la fuerza se divide en unidades divisibles entre cinco, con pelotones de cinco soldados como base sobre la que se construye el conjunto del ejército. Cada unidad tendrá su propio nombre, sus banderas y símbolos de identificación, y se dirigirá con cuernos, gongs y tambores. Todas las unidades conocerán la estructura militar general y su lugar dentro de ella, y sabrán cómo adaptarse a un cambio si se añaden o pierden efectivos. No importa si son 50 o 50 000 soldados, el principio de cinco como unidad básica sigue siendo el mismo. La comunicación y la división son de una importancia primordial.

CONSEJO PARA LA GUERRA: Forma un ejército con base en unidades de cinco soldados para que no importe si su número aumenta o disminuye. Todos entenderán cómo ajustarse a los cambios.

EN PALABRAS DE SUN TZU

Para asegurarte de que el conjunto de tus huestes pueden resistir lo más duro del ataque del enemigo y permanecer imperturbables, efectúa maniobras directas e indirectas. Que el impacto de tu ejército sea como el de una piedra de afilar arrojada contra un huevo es consecuencia de la ciencia de los puntos débiles y fuertes. En todos los combates puede usarse el método directo para iniciar la batalla, pero se necesitarán métodos indirectos para asegurar la victoria. Las tácticas indirectas, aplicadas eficientemente, son inagotables como el cielo y la tierra, interminables como la corriente de ríos y arroyos; como el sol y la luna, terminan y vuelven a comenzar; como las cuatro estaciones, regresan una vez más.

No hay más que cinco notas musicales, pero sus combinaciones dan lugar a más melodías de las que jamás se podrán escuchar. No hay más que cinco colores primarios (azul, amarillo, rojo, blanco y negro), pero combinados producen más matices de los que se pueden ver. No hay más que cinco sabores cardinales (agrio, acre, salado, dulce y amargo), pero combinados generan más sabores de los que nunca se podrán probar. En la batalla, no hay más que dos métodos de ataque, el directo y el indirecto; sin embargo, estos dos métodos combinados dan lugar a una serie interminable de maniobras. El directo y el indirecto llevan el uno al otro. Es como moverse en círculos, nunca se llega a un final. ¿Quién puede agotar las posibilidades de su combinación?

La energía de las tropas es como el curso de un torrente, que incluso hará rodar piedras a su paso. La cualidad de la precisión es como el vuelo habilidoso de un halcón, que le permite atacar y matar a su víctima. Por lo tanto, el buen guerrero será terrible en su embestida y certero en su definición. La energía puede compararse con el disparo de una ballesta; la precisión, con accionar un gatillo y dar en el objetivo.

LECCIÓN 65

LOGRA LA VICTORIA MEZCLANDO LO SUSTANCIAL Y LO INSUSTANCIAL

Esta enseñanza ocupa la mayor parte de este capítulo y las lecciones siguientes están vinculadas a este tema fundamental. Sun Tzu usa conjuntos de opuestos para exponer un concepto militar que se traduce de distintas maneras (más al respecto en el capítulo 6). Debe entenderse que hay un movimiento entre lo directo y lo indirecto, lo sustancial y lo insustancial, lo ortodoxo y lo heterodoxo, la verdad y la ilusión. Esto incluye presentar al enemigo lo sustancial como insustancial y viceversa. Un buen mando militar debe poder moverse entre dos modos de guerra o valerse de ambos simultáneamente.

ARRIBA: El símbolo del yin y el yang representa dos movimientos opuestos en equilibrio, una idea que se encuentra en la enseñanza de Sun Tzu sobre la relación entre tácticas ortodoxas y heterodoxas.

CONSEJO PARA LA GUERRA: Muévete entre formas estándar de guerra y tácticas especiales combinando lo ortodoxo y lo heterodoxo.

LECCIÓN 66

EMPIEZA CON LO DIRECTO, PERO OBTÉN LA VICTORIA CON LO INDIRECTO

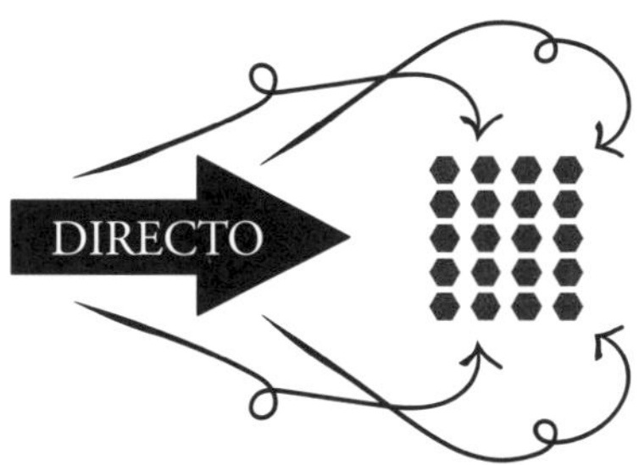

Una batalla debe iniciarse con lo sustancial, es decir, con tácticas convencionales y directas, pero la victoria debe asegurarse recurriendo a la sorpresa, al engaño o a tácticas no ortodoxas. Sin embargo, eso no significa que uno deba actuar con base en la norma hasta que llegue el momento de cambiar: el engaño, la táctica, la presentación de lo sustancial como insustancial, el espionaje, la exploración, etc., son medidas a utilizar antes de la batalla. Cuando se inicie el combate, el primer movimiento puede ser una ofensiva directa con una fuerza sustancial, pero la victoria final llega por medio de las tácticas indirectas que empiezan a desarrollarse al comienzo del conflicto y se consuman al final.

CONSEJO PARA LA GUERRA: Ten un plan para toda la batalla: usa fuerzas directas al inicio del combate y acaba con el enemigo con trucos, trampas y ataques por sorpresa.

LECCIÓN 67

ENTIENDE EL ALCANCE DE LA GUERRA

Sun Tzu comienza ahora a desarrollar el concepto que presentó en las lecciones anteriores en preparación del capítulo 6. Refuerza la idea de los dos opuestos, con el uso de lo ortodoxo y lo heterodoxo o de lo directo y lo indirecto en un movimiento fluido, pero también destaca sus muchas aplicaciones. Dice que el alcance de la guerra es ilimitado e interminable, al igual que el cielo, la tierra, el flujo de los ríos, las mareas de los océanos, el cambio de las estaciones y la salida y la puesta del sol y de la luna.

CONSEJO PARA LA GUERRA: El único límite de tus tácticas es tu mente. Mezcla lo directo con lo indirecto para crear innumerables planes que te permitan adaptarte a cualquier situación.

LECCIÓN 68

PIENSA EN MÚLTIPLOS DE CINCO

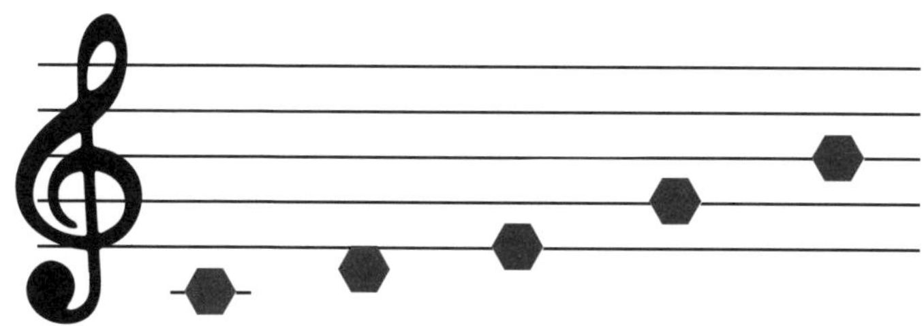

Los chinos suelen utilizar el número cinco como base, también de una escala musical de cinco notas. Sun Tzu construye su argumento sobre la idea de combinar un número limitado de elementos para obtener un número infinito de variaciones. Así como solo hay cinco notas musicales pero un sinfín de canciones, y cinco sabores pero un sinfín de platos, las tácticas de guerra se pueden combinar en infinitas permutaciones.

Las cinco notas musicales	Los cinco sabores	Los cinco castigos	Los cinco colores
宫 *Gong*	酸 agrio	墨 tatuar	黑 negro
商 *Shang*	辛 picante	劓 arrancar la nariz	青 azul
角 *Jue*	鹹 salado	刖 romper las piernas	赤 rojo
徵 *Zhi*	甘 dulce	宫 castrar	白 blanco
羽 *Yu*	苦 amargo	大辟 muerte/destierro	黄 amarillo

CONSEJO PARA LA GUERRA: La guerra se compone de un número finito de elementos que dan pie a infinitas combinaciones.

LECCIÓN 69

LIBERA LA ENERGÍA DE TUS TROPAS PARA LOGRAR EL MÁXIMO EFECTO

Aquí hay dos puntos principales:

- Un ejército bien construido cuenta con una enorme cantidad de energía contenida, como una presa llena, una ballesta tensada o una catapulta cargada.
- El modo de aprovechar al máximo esa energía es dirigiéndola contra el objetivo correcto y liberándola en el momento adecuado.

El poder del ejército se incrementa por medio del posicionamiento, la disciplina y el aprovechamiento del terreno, y se libera como si se tratara de un peso. Hay que apuntar al punto más débil del enemigo con la precisión de un arquero experto o un halcón.

CONSEJO PARA LA GUERRA: No golpees con fuerza cuando hayas perdido de vista el blanco o el momento haya pasado.

EN PALABRAS DE SUN TZU

En medio de la confusión y del tumulto de la batalla, puede haber un aparente desorden y, sin embargo, ningún desorden real en absoluto; en medio de la confusión y del caos, tu formación puede haber perdido la cabeza o la cola, y aun así estar protegida contra la derrota. El desorden fingido requiere una disciplina perfecta; el miedo fingido requiere coraje; la debilidad fingida requiere fuerza.

Ocultar el orden bajo el manto del desorden es solo una cuestión de subdivisión; ocultar el coraje bajo una apariencia de cobardía presupone un fondo de energía latente; enmascarar la fuerza de debilidad debe efectuarse mediante disposiciones tácticas.

Así, la habilidad de mantener al enemigo en movimiento se basa en apariencias engañosas. Se sacrifica algo para que el enemigo pueda arrebatártelo. Ese cebo lo mantiene en marcha; luego, con un cuerpo de hombres escogidos, se le tiende una emboscada.

LECCIÓN 70

EL CICLO DE LA ORTODOXIA Y LA HETERODOXIA

La mayoría de los traductores entienden esto como una discusión del ciclo de la ortodoxia (正) y la heterodoxia (奇), tal como se menciona en muchas otras lecciones del texto. Según esta interpretación, Sun Tzu aboga por incorporar elementos de ambos tipos en nuestros planes para generar infinitas variaciones tácticas.

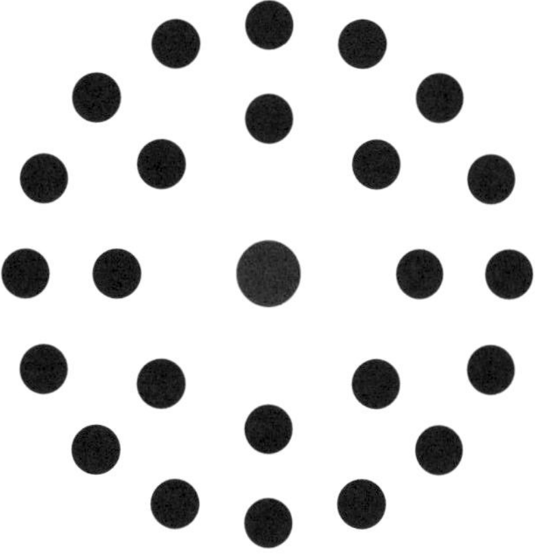

ARRIBA: Una formación circular es una disposición fluida sin cabeza ni cola.

Sin embargo, Sawyer y Giles difieren del resto de los traductores.

No ven un ciclo abstracto sino físico, es decir, una formación circular. Instruir a tu ejército en el arte de la formación sin forma significa que incluso en el caos de la batalla rápidamente podrás reorganizarlo y dirigirlo hacia cualquier objetivo. La formación circular también es defensiva y proporciona una base sobre la cual construir una ofensiva.

CONSEJO PARA LA GUERRA: Alterna entre tácticas ortodoxas y heterodoxas o combínalas. Además, entrena a tus tropas para que actúen sin mantener ninguna formación pero puedan adoptar una y abordar el objetivo que elijas cuando lo necesites.

LECCIÓN 71

OBTÉN ORDEN DEL DESORDEN

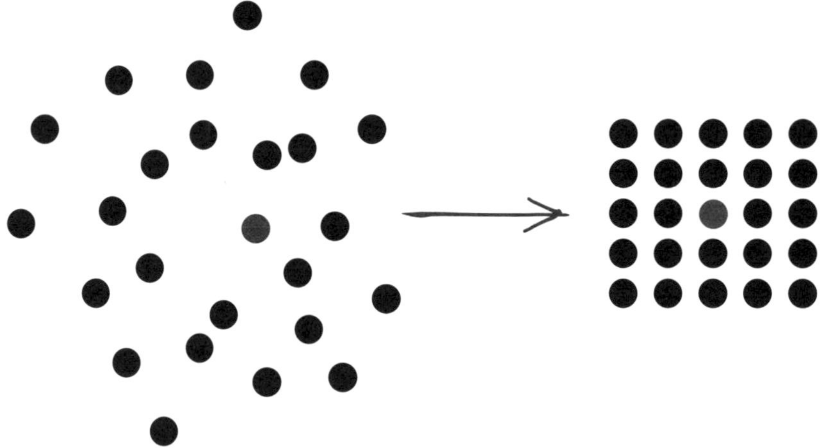

Este punto es uno de los más enigmáticos de *El arte de la guerra*. Las distintas traducciones difieren bastante, aunque todas se centran en el concepto de orden y desorden en la batalla. La lista siguiente recoge el repertorio completo de interpretaciones:

- El desorden emerge del orden.
- Si esperas orden de tropas indisciplinadas, obtendrás desorden.
- Si asumes que las personas serán fuertes y valientes, serán débiles.

- Si se está bien organizado, se obtiene orden; si no, se obtiene desorden.
- Engañar al enemigo para que piense que hay desorden en tus filas requiere muy buena organización. El desorden fingido se basa en un orden perfecto.
- Muévete con lentitud para que el enemigo piense que te has acobardado. O esconde parte de tus fuerzas para parecer más débil. O dispón tus tropas de tal manera que parezca que estás cometiendo un error. Usa tácticas como estas para llevar al enemigo a una trampa y atácalo con fuerza y velocidad cuando se dé la señal.
- El orden y el desorden se basan en normas.
- La iniciativa genera coraje. Si tu ejército está en una fase impetuosa, incluso los débiles se unirán y actuarán con entusiasmo.
- Si el gobierno de un Estado o un ejército no se hace con autoridad, los gobernados caerán en el desorden.

De estas interpretaciones se desprenden tres ideas principales:

1 Para fingir desorden, tus fuerzas deben ser extremadamente disciplinadas.
2 Para fingir cobardía, tus fuerzas deben ser extremadamente valientes.
3 Si no tienes orden, tendrás desorden.

El secreto está en el engaño. Para que lo fingido parezca real, las tropas deben ser lo contrario de lo que dan a entender.

CONSEJO PARA LA GUERRA: Haz que el enemigo piense que tus tropas están desorganizadas, pero ten señales listas para que vuelvan a formar cuando sea necesario. Ese es el camino del orden desde el desorden, del coraje desde el miedo y de la fuerza desde la debilidad.

LECCIÓN 72

OFRECE UN CEBO AL ENEMIGO

Un buen líder militar tiende trampas al enemigo, ya sea en todo el teatro de operaciones o en un solo campo de batalla. De forma deliberada, se puede disponer a las tropas de un modo aparentemente equivocado, hacer que su número parezca escaso o dar la impresión de que están acorraladas. En cada situación debe encontrarse algo que tiente al enemigo a actuar y morder el anzuelo, y en ese momento aprovechar los puntos débiles que aparezcan como resultado de su movimiento.

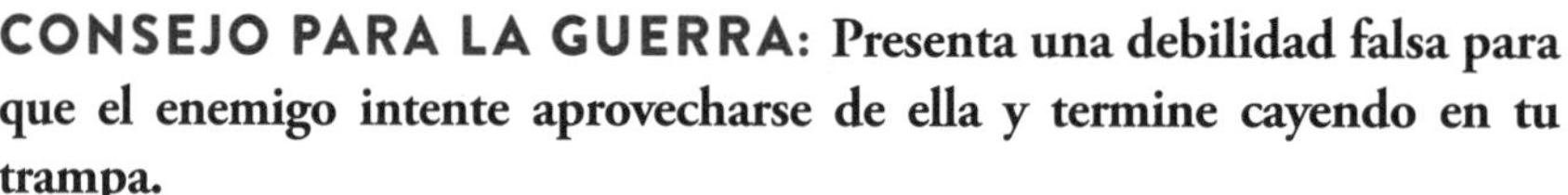

CONSEJO PARA LA GUERRA: Presenta una debilidad falsa para que el enemigo intente aprovecharse de ella y termine cayendo en tu trampa.

LECCIÓN 73

ATRAE AL ENEMIGO A UNA POSICIÓN O SITUACIÓN VENTAJOSA

Cuando el enemigo está quieto, tiene una buena posición defensiva; solo el movimiento proporciona oportunidades. Recuerda que un buen líder militar puede planificar un ataque perfecto, pero si el enemigo no se mueve, el plan no funcionará. Utiliza el tipo de cebo descrito en la lección anterior —algo lo bastante tentador como para que el enemigo olvide las precauciones— en un área en la que la situación, el terreno y el momento te favorezcan. El objetivo es que el enemigo se sitúe en un lugar donde puedas darle un golpe decisivo.

CONSEJO PARA LA GUERRA: Atrae al enemigo a la ubicación que te convenga y aplástalo con una fuerza poderosa.

EN PALABRAS DE SUN TZU

El líder inteligente busca el efecto de las fuerzas combinadas y no exige demasiado a cada individuo. Su habilidad consiste en elegir a los hombres adecuados y utilizar sus capacidades combinadas. Cuando así lo hace, sus guerreros se vuelven como troncos o piedras que ruedan. La naturaleza de un tronco o piedra es permanecer inmóvil en un terreno llano y moverse en una pendiente: si tiene cuatro esquinas, se detendrá, pero si su forma es redonda, irá cuesta abajo.

Del mismo modo, la energía desarrollada por los buenos combatientes es como el impulso de una piedra redonda que cae por una montaña de miles de metros de altura. Esa fuerza conduce a la victoria.

LECCIÓN 74

APRENDE A MEZCLAR SOLDADOS CON BASE EN SUS CARACTERÍSTICAS

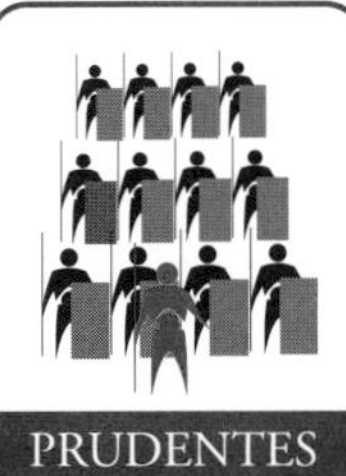

En esta lección se ponen en juego dos principios opuestos: en unidades estándar se deben combinar soldados con diferentes talentos y niveles de habilidad; pero, al formar unidades, especializadas se deben seleccionar soldados con un temperamento y un conjunto de habilidades similares. Por ejemplo, los escuadrones de asalto deben integrarlos los hombres más rápidos y valientes para que su determinación aumente al estar juntos: su energía combinada dará pie a una potencia mayor que la suma de sus individualidades. Las palabras «potencia» e «impulso» se refieren aquí a la energía conjunta de tropas con habilidades similares. Por el contrario, si se mezcla al valiente con el precavido o al impetuoso con el contemplativo, se genera discordia.

CONSEJO PARA LA GUERRA: Elige soldados con las mismas características en las unidades especializadas, pero mézclalos en las estándar.

LECCIÓN 75

GENERA UN IMPULSO IMPARABLE

Un buen líder militar asignará sus soldados a las unidades adecuadas, que oficiales competentes se encargarán de dirigir, y la energía y el entusiasmo animarán a todo el ejército. Las recompensas y los castigos deben estar claramente definidos y el objetivo de la campaña ser un sueño compartido por todos. Con estos elementos en su lugar, la sensación de invulnerabilidad se adueñará del ejército y su impulso se volverá imparable, como una roca redonda cayendo por la ladera de una montaña.

CONSEJO PARA LA GUERRA: Diseña tu ejército de modo que lo anime una energía incontenible, y lánzalo contra el enemigo con toda su fuerza.

虛寶篇

CAPÍTULO 6

SOBRE EL ENGAÑO

SOBRE EL ENGAÑO

El título del sexto capítulo de Sun Tzu usa los ideogramas 虚, que significa «insustancial», y 実, que significa «sustancial». Juntos transmiten una idea dualista de falsedad y verdad. El capítulo trata dos asuntos principales:

1. Ocupar una posición mejor que la del enemigo.
2. Ser informe e impredecible para el enemigo.

Todo el capítulo está dedicado al arte del engaño, a presentar lo verdadero como falso y lo falso como verdadero, a mostrarle al enemigo que eres fuerte donde eres débil y débil donde eres fuerte. El enemigo estará observándote, así que darle una imagen falsa hará que actúe incorrectamente. Cuando esté en desventaja, deben usarse otras formas de engaño para confundirlo aún más.

EN PALABRAS DE SUN TZU

Quien llegue primero al campo de batalla y espere la llegada del enemigo estará fresco para la lucha; quien llegue el último al campo de batalla y tenga que apresurarse combatirá agotado. Por lo tanto, el guerrero inteligente impone su voluntad al enemigo y no permite que se le imponga la voluntad del enemigo. Al ocupar la posición más ventajosa, puede hacer que el enemigo tenga que acercarse, o infligirle daño para que le sea imposible avanzar. Si el enemigo está descansando, puede hostigarlo; si está bien provisto de comida, puede matarlo de hambre; si acampa tranquilamente, puede obligarlo a moverse.

Aparece en puntos que el enemigo deba apresurarse a defender; dirígete rápidamente a lugares donde no te esperan. Un ejército puede recorrer grandes distancias sin cansarse si marcha por territorios donde el enemigo no está. Puedes estar seguro de tener éxito en tus ataques si solo atacas lugares que no están defendidos. Puedes garantizar la seguridad de tu defensa si solo ocupas posiciones inatacables. Por lo tanto, el general hábil en el ataque es aquel cuyo oponente no saber qué defender, y el hábil en la defensa es aquel cuyo oponente no saber qué atacar.

¡Oh, arte divino de la sutileza y del secreto! A través de ti aprendemos a ser invisibles, a través de ti, inaudibles, y así podemos tener el destino del enemigo

en nuestras manos. Puedes avanzar y ser absolutamente incontenible si te diriges a los puntos débiles del enemigo. Puedes retirarte y ponerte a salvo si tus movimientos son más rápidos que los del enemigo.

Si deseamos luchar, se puede forzar al enemigo al enfrentamiento aunque se resguarde tras un alto terraplén y un foso profundo. Todo lo que necesitamos hacer es atacar algún otro lugar que se vea obligado a defender. Si no deseamos luchar, podemos evitar que el enemigo nos ataque a pesar de que las líneas de nuestro campamento estén simplemente trazadas en el suelo. Todo lo que tenemos que hacer es lanzar algo extraño e inexplicable en su camino.

Si conocemos las posiciones del enemigo y nosotros permanecemos invisibles, podemos concentrar nuestras fuerzas, mientras que las del enemigo tendrán que dispersarse. Podemos formar un solo cuerpo unido, mientras que el enemigo tendrá que dividirse en fracciones. Por eso habrá un todo enfrentado a partes separadas de un todo, lo que significa que seremos muchos contra unos pocos. Y si así somos capaces de atacar una fuerza inferior con una superior, nuestros oponentes estarán en una situación desesperada.

No se debe revelar el lugar donde pretendemos combatir; así, el enemigo tendrá que prepararse contra un posible ataque por varios puntos diferentes, y al estar sus fuerzas repartidas por muchos lugares, los soldados a los que tendremos que enfrentarnos en un momento dado serán proporcionalmente pocos. Porque si el enemigo fortalece su vanguardia, debilitará su retaguardia, y si fortalece su retaguardia, debilitará su vanguardia. Si fortalece su flanco izquierdo, debilitará el derecho, y si fortalece el flanco derecho, debilitará el izquierdo. Si manda refuerzos a todas partes, en todas partes será débil. La debilidad numérica proviene de tener que prepararse ante posibles ataques; la fuerza numérica, de obligar a nuestro adversario a hacer esos preparativos.

Si conocemos el lugar y la hora de la próxima batalla, podemos concentrar fuerzas para luchar aunque estemos a una gran distancia. Pero si desconocemos el tiempo y el lugar, entonces el ala izquierda no podrá socorrer a la derecha, y la derecha será igualmente impotente para socorrer a la izquierda; la vanguardia será incapaz de auxiliar a la retaguardia, o la retaguardia de apoyar a la vanguardia. ¡Cuánto más si las secciones más alejadas del ejército están a no menos de cien li *de distancia e incluso las más cercanas están a varios* li*!*

> *Aunque según mis cálculos los soldados de Yue superan en número a los nuestros, eso no les beneficiará en nada para lograr la victoria. Afirmo pues que se puede lograr la victoria. Aunque el enemigo sea superior en número, podemos evitar que luche. Por lo tanto, hay que estudiarlo para descubrir sus planes y sus probabilidades de éxito.*

LECCIÓN 76

ADUÉÑATE DEL CAMPO DE BATALLA

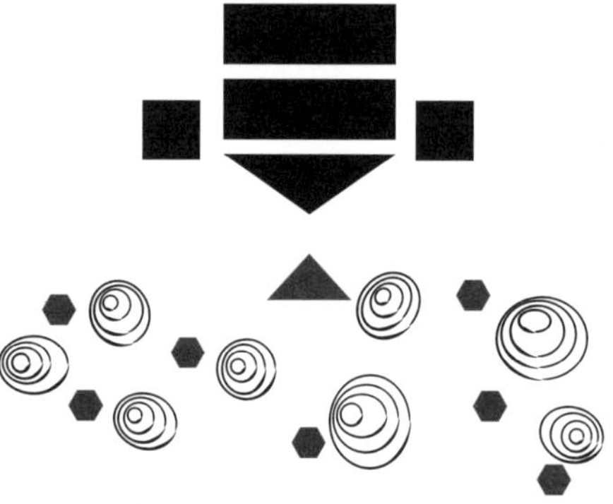

El ejército que llegue primero al campo de batalla tendrá las ventajas siguientes sobre el enemigo:

- Tiempo para descansar y ocupar posiciones.
- Ubicación.
- Dominio del terreno.
- Control de la vía de salida.
- Tiempo para tender emboscadas.
- Tiempo para instalar sistemas o dispositivos mecánicos.
- Oportunidad de hostigar al enemigo antes de que esté preparado.

Si el enemigo llega antes que tú, retrocede para que se vea obligado a ir hacia ti.

CONSEJO PARA LA GUERRA: Sé siempre quien decide el campo de batalla y sé el primero en estar listo para entrar en combate.

LECCIÓN 77

USA EL PALO Y LA ZANAHORIA

Una forma de manipular al enemigo es por medio de la recompensa y del castigo. En este caso no hay una verdadera recompensa, solo la ilusión de una posible victoria que se utiliza para tender una trampa. El castigo consiste en atacar rápidamente a cualquiera de sus avanzadillas o grupos de exploradores que se aventuren en tierra de nadie, lo que sirve para mantenerlo a raya. Otras formas de «castigo» son tener el control de carreteras o puntos de acceso estratégicos para limitar sus movimientos, o enviar tropas a lugares importantes para que tenga que defenderlos.

Por un lado, atrae al enemigo para que se mueva; por el otro, golpéalo para detenerlo.

CONSEJO PARA LA GUERRA: Mueve al enemigo ofreciéndole recompensas y detenlo atacándolo.

LECCIÓN 78

HAZ QUE EL ENEMIGO SE SIENTA INCÓMODO

Esta sección consta de una serie de máximas sobre cómo alterar el estado del enemigo.

SI ESTÁ DESCANSADO, HAZ QUE SE CANSE

Si el enemigo está descansado, cuenta con buenos sistemas de vigilancia y sus soldados pueden dormir con regularidad, encuentra una manera de hacer que se mueva: falsas incursiones nocturnas, ataques simulados, información falsa, etc., cualquier cosa que rompa su rutina y le cause estrés. La clave es llevar a sus tropas al límite y hacer que trabajen más y duerman menos.

SI ESTÁ BIEN ALIMENTADO, HAZ QUE PASE HAMBRE

Si el enemigo tiene provisiones, destrúyelas, quema el terreno que lo rodea y envenena el agua y los pozos. La mayoría de los ejércitos parten con víveres y luego obtienen alimentos de la tierra o en los pueblos que encuentran a su paso. Destrúyelo todo para que no tengan nada para comer ni beber.

El comentarista chino Du Mu detalla un ejemplo de esta estrategia: un general negoció un tratado de paz; los líderes enemigos se sintieron aliviados por haber evitado la guerra y permitieron que las tiendas de la ciudad abrieran para alimentar a la población; el general esperó a que sus reservas disminuyeran, rompió el tratado y emprendió la guerra contra una población que apenas tenía grano y estaba a un paso de sufrir hambre.

SI ESTÁ QUIETO, HAZ QUE SE MUEVA

Si el enemigo se ha instalado en un lugar, provoca una situación que lo obligue a ponerse en movimiento. Eso lo perturbará y abrirá brechas en su defensa.

VE A LUGARES ADONDE TENGA QUE SEGUIRTE O NO ESPERE QUE APAREZCAS

Este último apartado plantea problemas porque las distintas traducciones del texto ofrecen interpretaciones diferentes. Algunas, como la versión de Giles, señalan que hay que ir adonde el enemigo tenga que seguirte; otras que hay que ir adonde no pueda seguirte. No todas las traducciones mencionan ir a lugares a los que el enemigo no espera que vayas, aunque esa idea se ha convertido en una de las máximas más famosas de Sun Tzu: «Ataca donde el enemigo no te espera».

La idea general es que se debe obligar al enemigo a seguirte a lugares adonde no quiere ir pero sabe que debe hacerlo, ya sea porque es una ubicación que debe defenderse o porque no hacerlo te daría una gran ventaja.

CONSEJO PARA LA GUERRA: Cuando el enemigo esté en un estado positivo, haz todo lo posible para convertirlo en negativo. Cánsalo, haz que pase hambre, mantenlo en movimiento, oblígalo a seguirte o a estar en lugares donde sea difícil llegar y aparece donde no te espera.

LECCIÓN 79

VIAJA POR TERRITORIO NO OCUPADO

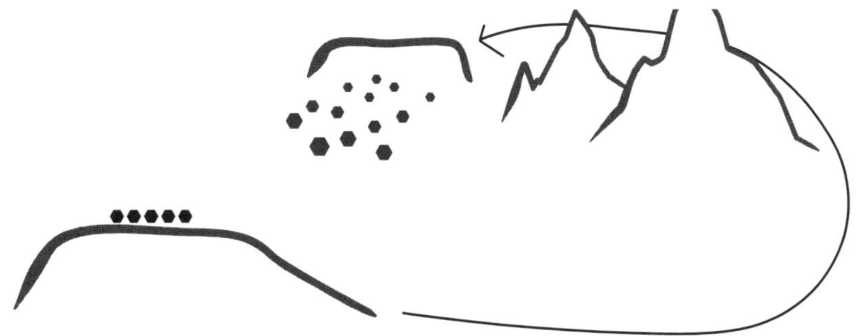

Es mejor tomar una ruta indirecta por un área que ofrece poca o ninguna resistencia que tomar un camino más directo por un área bien defendida. Aunque esa área esté cerca del objetivo, el viaje puede ser mucho más difícil; por lo tanto, encuentra un camino más fácil hacia el objetivo, aunque sea más largo.

CONSEJO PARA LA GUERRA: Tomar un camino más largo que pase por un territorio sin defender es mejor que luchar a lo largo de una ruta más corta pero vigilada.

LECCIÓN 80

ATACA LOS PUNTOS DÉBILES

El mensaje de esta lección es que se debe atacar el punto peor defendido del enemigo. Ya sea un castillo o una ciudad, el principio es el mismo: identificar dónde ha concentrado menos tropas y atacar ahí.

Suele asumirse que hay que atacar al enemigo allí donde se ha instalado y que una batalla involucra a dos bandos frente a frente, como si fueran dos ciervos en época de celo. Sin embargo, un buen líder militar irá unos pasos por delante y atacará donde el enemigo disponga de menos tropas o de tropas menos capaces. De esa manera, se le puede asestar un golpe y capturar tiendas y equipos sin sufrir grandes pérdidas uno mismo antes de pasar al siguiente escenario. Esa estrategia dará pie a una cadena de acontecimientos a los que el enemigo tendrá que reaccionar, lo que poco a poco minará su fuerza.

CONSEJO PARA LA GUERRA: En lugar de atacar donde el enemigo tiene previsto que ataques, busca un objetivo en el que haya puesto menos esfuerzo en la defensa.

LECCIÓN 81

HAZ QUE TU FORTALEZA SEA INEXPUGNABLE

Sitúa tu fortaleza en lo más profundo de tu territorio, donde sea peligroso intentar acercarse y extremadamente difícil retirarse después de atacar. Y pensando en tus propias tropas, es mejor tener que recorrer una distancia mayor para encontrarse con el enemigo pero disfrutar de una mayor seguridad. Si no compensa correr el riesgo, el enemigo se olvidará de tu base de operaciones e intentará tentarte para que salgas de ella.

CONSEJO PARA LA GUERRA: Establece tu base en un lugar remoto y difícil para disuadir a los atacantes.

LECCIÓN 82

SÉ UN MAESTRO DEL ATAQUE Y DE LA DEFENSA

Intentar defenderse de un verdadero maestro de la guerra es como buscar una flecha que emerge de la niebla espesa. Y tratar de atacarlo es como buscar una aguja en un pajar. Por lo tanto, nunca elijas objetivos evidentes ni dejes que el enemigo sepa dónde encontrarte. Para sobresalir en la guerra hay que ser «invisible» en todo lo que se hace; así, tus movimientos serán siempre impredecibles.

CONSEJO PARA LA GUERRA: Evita la previsibilidad a toda costa y mantén al enemigo en constante tensión.

LECCIÓN 83

¡SÉ SUTIL! ¡SÉ SUTIL!

微哉微哉

Para decidir el resultado de un enfrentamiento, sé tan sutil que nadie pueda identificar lo que estés haciendo. Eso significa eliminar cualquier patrón en tu estrategia que permita predecir tu próximo movimiento.

ARRIBA: Los ideogramas del título de esta lección se componen de 微, «sutil», y 乎, que es un signo de exclamación. Se repiten para enfatizar la importancia de la enseñanza.

Las distintas traducciones de esta lección, una de las más citadas de Sun Tzu, la formulan de diferentes maneras:

- ¡Sé sutil! ¡Sé sutil!
- No tengas forma.
- ¡Sé espiritual! ¡Sé espiritual!
- No hagas ningún ruido.

- Sutil más allá de lo sutil.
- Espiritual más allá de lo espiritual.
- Distintos niveles de sutileza.
- Misterio de misterios.

Todas ellas transmiten una idea similar: sé un misterio para que el enemigo no pueda reconocer tus intenciones. Una variación de esta enseñanza aparece en el capítulo 13 (lección 228).

CONSEJO PARA LA GUERRA: Finge ante el enemigo y desoriéntalo para que no pueda descubrir tus planes.

LECCIÓN 84

ORGANIZA UN ATAQUE Y UNA RETIRADA PERFECTOS

Esta lección repasa algunas de las ideas anteriores sobre atacar allí donde el enemigo es vulnerable y retirarse con velocidad. Hay que asegurarse de que incluso tus tropas más lentas son más rápidas que las suyas, identificar sus puntos débiles y atacar solo cuando eres más fuerte.

CONSEJO PARA LA GUERRA: Ataca la posición más débil del enemigo y asegúrate de que tus tropas son más rápidas que las suyas para que puedas retirarte con seguridad.

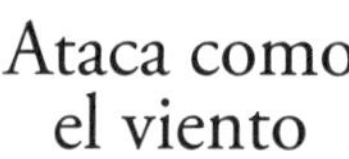

Retírate como
un relámpago

ARRIBA: Comentaristas chinos usan el dicho «Ataca como el viento y retírate como un relámpago».

LECCIÓN 85

FUERZA AL ENEMIGO A SALIR DE SU FORTALEZA

Si el enemigo está en una fortaleza inexpugnable u ocupa cualquier otro tipo de posición defensiva fortificada, hay que eliminar su ventaja obligándole a salir. Para eso, ataca un lugar que no quiera que captures. Eso puede significar destruir poblaciones bajo su protección o atacar un sitio sagrado: cualquier cosa que lo obligue a abandonar su posición.

CONSEJO PARA LA GUERRA: Si el enemigo está en un lugar inexpugnable, ataca un objetivo que lo obligue a salir.

LECCIÓN 86

ALEJA AL ENEMIGO DE TU FORTALEZA

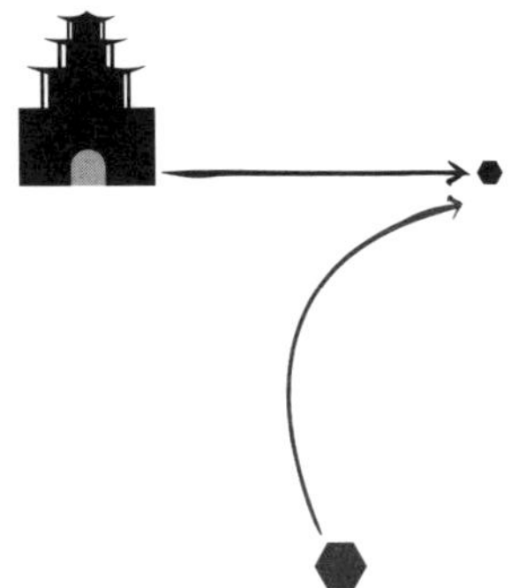

Si resulta evidente que las defensas de tu fortaleza no aguantarán, lleva al enemigo hasta un nuevo objetivo para no tener que defender una posición que no puedes mantener. Empújalo a una persecución absurda que acabe por agotarlo.

Diferentes comentaristas chinos hacen su propia interpretación de esta lección; entre ellas, una que señala el uso de una estrategia de doble farol para que el enemigo sospeche de la existencia de una trampa donde no la hay y cambie sus planes por miedo. La idea fundamental es dirigir la atención del enemigo lejos de tu base o de cualquier otra posición vital. Según Sun Tzu, si puedes hacer algo así, todo lo que necesitas para defender tu posición es una línea dibujada en el suelo: no hay necesidad de una defensa física porque nadie te atacará.

CONSEJO PARA LA GUERRA: Si sabes que no puedes mantener una posición, dirige la atención del enemigo a otro lugar.

LECCIÓN 87

DIVIDE Y VENCERÁS

La legendaria máxima de divide y vencerás. Sé invisible, o al menos haz que tus intenciones lo sean para obligar al enemigo a defender todas sus bases, o usa trucos para que vaya adonde quieras que esté. Si tienes el control de la situación, puedes atacar una tras otra las distintas partes de su ejército dividido.

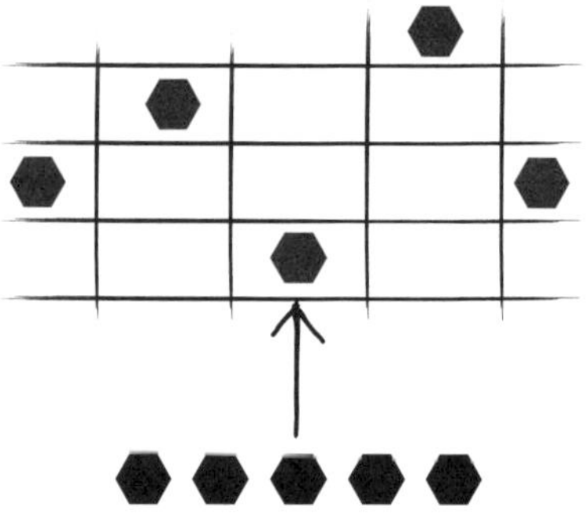

ARRIBA: Sun Tzu habla de una proporción de diez a uno, pero lo más probable es que se trate de un término genérico para referirse a «superar claramente en número».

El comentarista chino Chang Yu vuelve a la idea de «insustancial y sustancial», que es el asunto de todo el capítulo. Nos recuerda la táctica de hacer creer que eres insustancial donde eres sustancial y viceversa. Utiliza todas las formas de engaño e inteligencia para hacer que el enemigo ataque donde eres fuerte y atacarlo donde es débil.

CONSEJO PARA LA GUERRA: Engaña al enemigo para que te ataque donde eres más fuerte, divide su fuerza y destrúyelo sección por sección.

LECCIÓN 88

OCULTA TU FORMACIÓN

El texto original abunda en lo dicho en las lecciones previas y recuerda que el enemigo nunca debe saber dónde estás. Los comentaristas chinos señalan que uno debe ocultar su formación para que el enemigo tenga que dividir sus fuerzas porque no sabe por dónde lo atacarás. Eso no solo significa esconderse físicamente; también se puede difundir información falsa a través de agentes dobles y propagandistas, colocando pistas falsas o actuando de modo que parezca que tienes unos planes distintos a los verdaderos.

CONSEJO PARA LA GUERRA: Presenta al enemigo una «verdad alternativa». Crea una historia que le haga dar pasos equivocados.

LECCIÓN 89

AMENAZA UN FLANCO PARA DEBILITAR EL OTRO

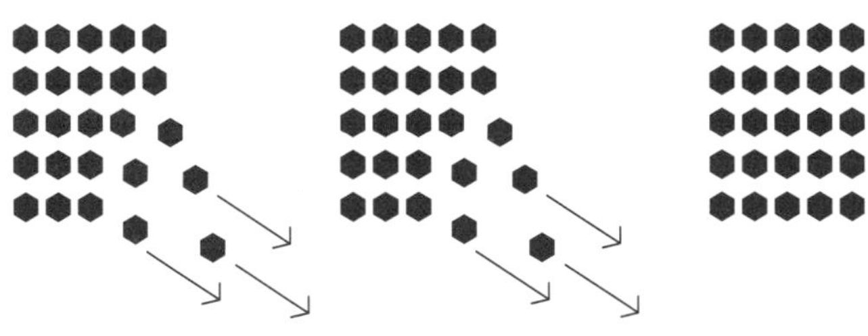

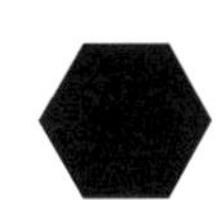

Si el enemigo está bien posicionado, emplea parte de tus tropas para atacar uno de sus flancos y obligarlo a reforzarlo. Eso debilitará su otro flanco, que podrás atacar con el resto de tus efectivos. El truco consiste en hacerle creer que el ataque inicial es sustancial cuando, de hecho, es insustancial. Hay distintos métodos para lograrlo:

- Ordena a tus agentes dobles que difundan información falsa o pasa información falsa a espías enemigos.
- Iza banderas de más.
- Enciende hogueras de más.
- Levanta nubes de polvo.
- Mueve tropas de un lugar a otro.

Una vez engañado, el enemigo se sentirá obligado a hacer un movimiento para proteger el flanco atacado.

CONSEJO PARA LA GUERRA: Hostiga uno de los flancos del enemigo, pero ten tropas preparadas para atacar el otro.

LECCIÓN 90

SÉ EL TITIRITERO, NO LA MARIONETA

Del mismo modo que intentarás dividir las fuerzas del enemigo, este intentará hacer lo mismo con las tuyas. No importa lo agresivos que sean sus intentos: no te dejes manipular. Dividir tus tropas en respuesta a un movimiento enemigo es signo de mal mando y mala estrategia.

CONSEJO PARA LA GUERRA: Nunca dejes que el enemigo te manipule y divida tus tropas. Ten siempre el control de la situación.

LECCIÓN 91

CONOCE DÓNDE TENDRÁ LUGAR LA BATALLA

Un ejército no siempre marcha como una sola unidad. Los chinos organizaban tradicionalmente sus ejércitos en tres divisiones, que a su vez contaban con subdivisiones. Esas divisiones podían estar separadas por muchos kilómetros de distancia y seguir rutas diferentes, pero aun así se comunicaban entre ellas por medio de banderas, señales y mensajeros.

Para estar al mando de un sistema tan vasto y complejo, a menudo integrado por decenas de miles de soldados, uno debe ser capaz de leer las intenciones del enemigo para deducir dónde tendrá lugar la batalla. Con esa información, se envían señales a todas las secciones del ejército para que aparezcan en el lugar, momento y de la manera correctos. Asimismo, si solo una sección del ejército va a entrar en combate, se pueden mandar señales para pedir refuerzos a otra.

Según Sun Tzu, es mejor limitar la distancia que separa las divisiones a unos pocos kilómetros para asegurar que los refuerzos lleguen a tiempo. No se trata de responder a los movimientos del enemigo, algo que va en contra de la lección anterior sobre la manipulación, sino de ser capaz de mover las divisiones con rapidez para implementar el propio plan de ataque y luchar con ventaja.

CONSEJO PARA LA GUERRA: Con profesionalidad, buena comunicación y agilidad de movimientos, las divisiones de tu ejército pueden unirse rápidamente a la batalla.

LECCIÓN 92

RECUERDA QUE UNA FUERZA SUPERIOR PUEDE CAER DERROTADA

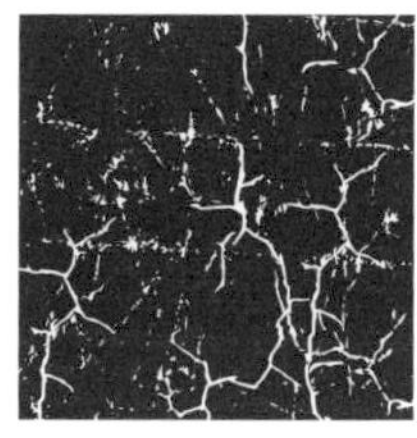

Esta es una de las pocas ocasiones en que Sun Tzu habla sobre la política y la historia militar de su tiempo. Utiliza el conflicto que enfrentó a su Estado natal, Wu, contra el vecino Yue para ilustrar su idea. El ejército de Yue era mayor que el de Wu, pero aun así fue derrotado. Las fuerzas más grandes y mejor entrenadas y armadas suelen imponerse, pero un mando militar sobresaliente puede doblegarlas.

CONSEJO PARA LA GUERRA: Cuando te enfrentes a un enemigo más grande, usa la astucia para dividir sus fuerzas en secciones más pequeñas y fáciles de derrotar.

LECCIÓN 93

COMPARAR Y VOLVER A COMPARAR

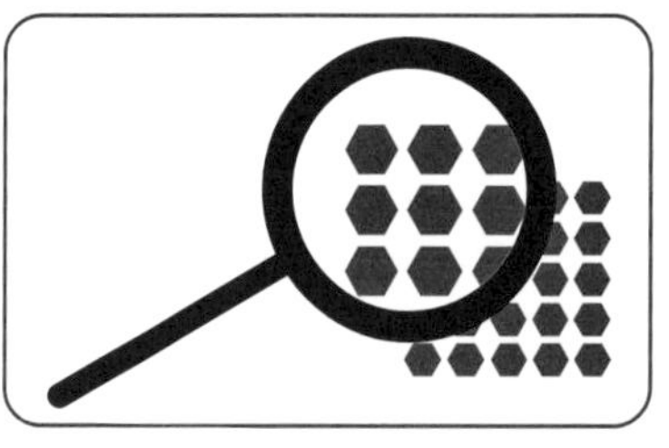

Los cinco factores fundamentales (lecciones 2 a 7) y las siete consideraciones (lección 8) no se tienen en cuenta solo en los preparativos para la guerra. Cuando las tropas han ocupado sus posiciones y están a punto de enfrentarse al enemigo, estas herramientas sirven para reevaluar los pros y los contras de la situación y las fuerzas de los contendientes.

CONSEJO PARA LA GUERRA: Antes de lanzar un ataque, vuelve a comparar los dos ejércitos para asegurarte de que aún estás en ventaja.

EN PALABRAS DE SUN TZU

Provoca [al enemigo] y descubre cómo se comporta en ataque o en defensa. Oblígalo a revelar sus puntos vulnerables. Compara cuidadosamente el ejército enemigo con el tuyo para saber dónde están sus puntos fuertes y débiles.

Al hacer disposiciones tácticas, la máxima destreza que se puede alcanzar es ocultárselas al enemigo: oculta tus disposiciones y estarás a salvo de las insinuaciones de los espías más sutiles y de las maquinaciones de los cerebros más sabios. Alcanzar la victoria a partir de las tácticas del enemigo es algo que la mayoría no puede comprender. Todos los hombres pueden ver las tácticas con las que conquisto, pero lo que nadie puede ver es la estrategia a partir de la cual se desarrolla la victoria. No repitas las tácticas que te han dado una victoria; deja que tus métodos sean regulados por la variedad infinita de circunstancias.

Las tácticas militares son como el agua: en su curso natural, el agua escapa de lugares altos y se precipita hacia abajo. Del mismo modo, en la guerra, el camino es evitar lo fuerte y atacar lo débil. El agua dibuja su curso según la naturaleza del terreno sobre el que fluye; el soldado trabaja su victoria en función del enemigo al que se enfrenta. Por lo tanto, así como el agua no mantiene una forma constante, tampoco en la guerra hay condiciones constantes.

Aquel capaz de modificar sus tácticas en función de su oponente y alzarse con la victoria puede ser llamado un capitán nacido en el cielo. Los cinco elementos (agua, fuego, madera, metal y tierra) no siempre se muestran igual: las cuatro estaciones se dan paso las unas a las otras; hay días cortos y largos; la luna tiene fases crecientes y decrecientes.

LECCIÓN 94

LANZA UN FALSO ATAQUE Y COMPRUEBA LA REACCIÓN DEL ENEMIGO

Toma unos soldados y simula un ataque contra el enemigo. Dispón observadores en el lugar para entender sus protocolos y forma de respuesta. A continuación, retírate y reevalúa el conocimiento que tienes de él.

Las tropas que emplees no deben entrar en combate, solo representar una amenaza lo bastante real como para provocar una reacción. De esta manera sabrás si el enemigo se pondrá a la defensiva o lanzará un ataque.

El comentarista chino Du Mu señala que esas tropas pueden retirarse sin temor a las represalias del enemigo, algo que no es habitual. Eso revela que se trata de tropas especializadas en golpear y huir. Si el enemigo no avanza, se puede asumir que su comandante es hábil y no se dejará engañar; si responde, que muestra temeridad en su liderazgo.

CONSEJO PARA LA GUERRA: Organiza un falso ataque en campo enemigo para observar su respuesta.

LECCIÓN 95

OBLIGA AL ENEMIGO A ADOPTAR UNA FORMACIÓN

Después de poner a prueba las reacciones y los protocolos del enemigo para medir la habilidad y el temperamento de su líder, llega el momento de ir más allá. El objetivo es descubrir cómo hará formar a sus tropas y las tácticas que empleará en el combate real. Para lograrlo, hay que valerse de varios trucos que le hagan creer que estás a punto de entrar en el campo de batalla y lanzar un ataque. El comentarista chino Li Quan sugiere hacer lo opuesto: organizar una falsa retirada y encender fogatas que den a entender un cambio de posición.

Cualesquiera que sean los trucos que se empleen para hacer que el enemigo adopte una formación ofensiva, hay que asegurarse de tener observadores en el lugar. Aquí es donde se pueden comparar las propias fortalezas y debilidades con las del enemigo y ajustar el plan de batalla en función del tipo de movimientos que realice.

CONSEJO PARA LA GUERRA: Haz creer al enemigo que la batalla está a punto de comenzar y observa cómo se prepara para el combate. Esa información te dirá cómo derrotarlo.

LECCIÓN 96

NO RESPONDAS A PROVOCACIONES

El comandante enemigo intentará hacer las mismas jugadas. Por lo tanto, debes permanecer sin formar para no mostrar tu «mano» cuando realice pequeños movimientos para provocarte. Oculta tus intenciones para que ni el mejor de los espías pueda descubrir lo que piensas. El mayor truco de todos es permanecer sin forma a ojos del enemigo al tiempo que lo manipulas para que lo muestre todo de sí mismo.

CONSEJO PARA LA GUERRA: Nunca reacciones a las provocaciones. Solo reacciona si realmente tienes que hacerlo.

LECCIÓN 97

IDENTIFICA LOS SIGNOS DE LA GUERRA

Aquí Sun Tzu vuelve a una idea expresada con anterioridad: la gente puede ver, oler y oír lo que es obvio, pero la victoria se obtiene identificando elementos abstractos y diminutos antes de que se combinen. Muy pocas personas son capaces de reconocer esos elementos ocultos y en constante evolución. Aquellos que tengan esa habilidad contarán con ventaja porque sabrán antes que nadie que la guerra se acerca. Asimilar las lecciones de este libro te ayudará a formar parte de ese grupo selecto.

CONSEJO PARA LA GUERRA: Interpreta las señales más pequeñas procedentes del enemigo para idear un plan mucho antes de tener que entrar en acción.

LECCIÓN 98

NUNCA TE REPITAS

El hecho de que una estrategia haya funcionado una vez no significa que vuelva a hacerlo. De hecho, será menos probable que lo haga porque el enemigo la reconocerá. Usa los principios de la guerra para entender qué es lo mejor para derrotar al enemigo en cada momento, que inevitablemente será diferente a cualquier situación anterior.

CONSEJO PARA LA GUERRA: No recurras a una estrategia anterior exitosa. Observa los cambios en el enemigo e idea un nuevo plan.

LECCIÓN 99

FLUYE COMO EL AGUA

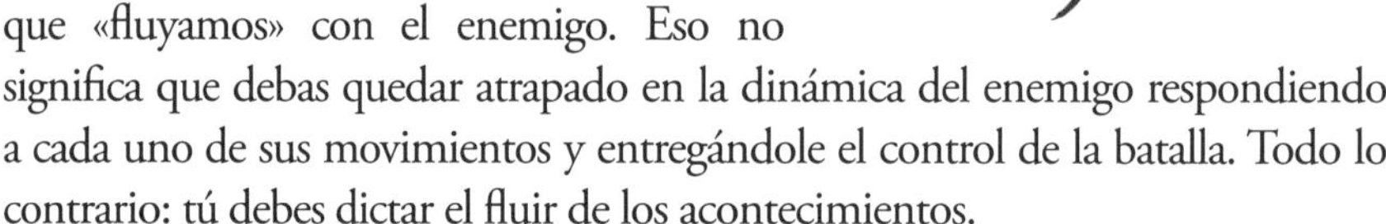

El agua sigue el camino más fácil por la ladera de una montaña. Aunque evita las zonas difíciles, al final la destruye.

Sun Tzu nos dice que seamos como el agua, que «fluyamos» con el enemigo. Eso no significa que debas quedar atrapado en la dinámica del enemigo respondiendo a cada uno de sus movimientos y entregándole el control de la batalla. Todo lo contrario: tú debes dictar el fluir de los acontecimientos.

Como el agua, no intentes pasar por un lugar difícil ni trates de ir cuesta arriba. Identifica los puntos débiles del enemigo y atácalos, del mismo modo que el agua siempre encuentra la forma más fácil de bajar por una montaña formando arroyos antes de convertirse en un río estruendoso. Y cuando el enemigo cambie de alguna manera, observa las nuevas vulnerabilidades que muestre y atácalas. Sé proactivo, no reactivo.

CONSEJO PARA LA GUERRA: Sé como el agua: fluye hacia los puntos débiles del enemigo y, cuando este cambie, descubre sus nuevos puntos débiles.

LECCIÓN 100

LOS CINCO ELEMENTOS

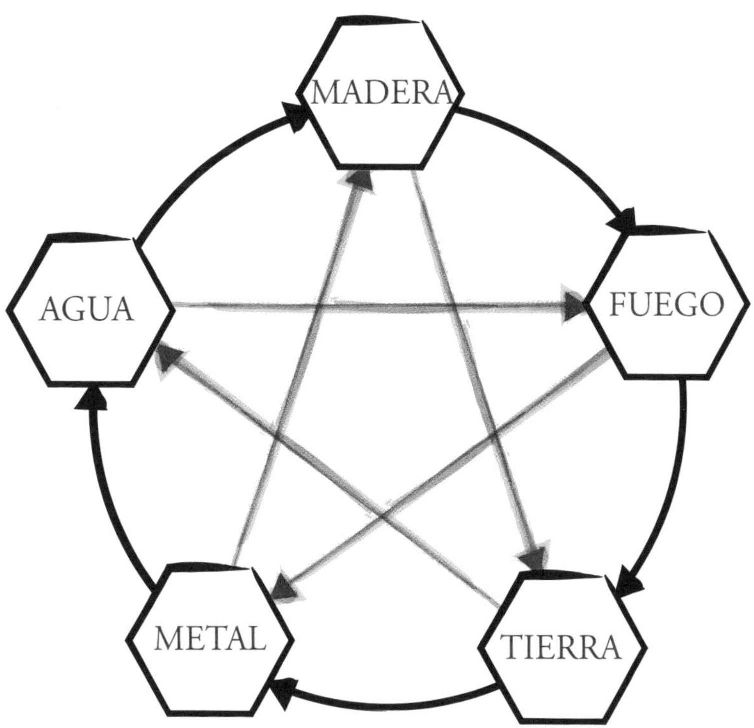

ARRIBA: Los cinco elementos chinos en ciclos de creación y destrucción.

Las ideas de Sun Tzu destacan por su pragmatismo. En muy pocos momentos se aventura en los fundamentos espirituales y esotéricos de la guerra china. Sin embargo, aquí se refiere a la teoría taoísta de los cinco elementos, que describe el movimiento de la energía entre cinco estados naturales: agua, fuego, madera, metal y tierra. La teoría de los cinco

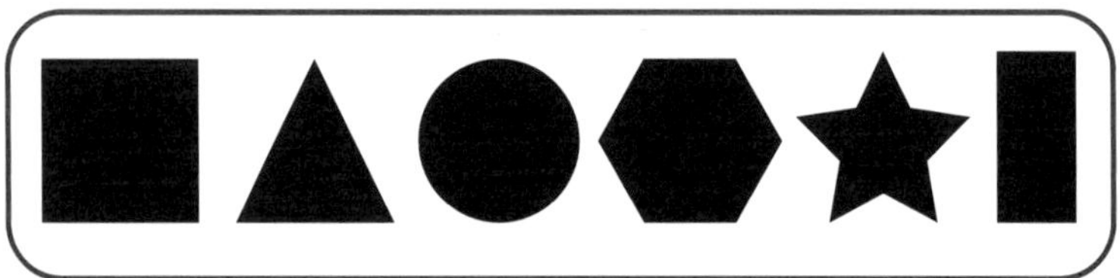

ARRIBA: Fluye con el ritmo de los cambios; cambia de «forma» y adáptate a todas las situaciones.

elementos incluye múltiples ciclos de interacción entre las energías en relación con el tiempo, la dirección y el terreno. Sun Tzu menciona los cinco elementos para resaltar la fluidez del cambio.

Los cinco elementos se encuentran en un estado de cambio constante que corre en paralelo al cambio de las estaciones, la duración de los días y las fases lunares. La clave es estar atento a los cambios, seguir sus patrones y predecirlos para ir siempre al menos un paso por delante del enemigo. El comentarista chino Li Quan habla de muchas formas de cambio en relación con la esfera militar que incluyen el tamaño, la moral, la tensión, la relajación, la codicia y la sospecha. En resumen: busca cambios en todas las cosas y úsalos a tu favor.

CONSEJO PARA LA GUERRA: La teoría de los cinco elementos nos dice que la situación cambiará en función de la hora y del día. Sigue esos cambios y adapta tus planes en consecuencia.

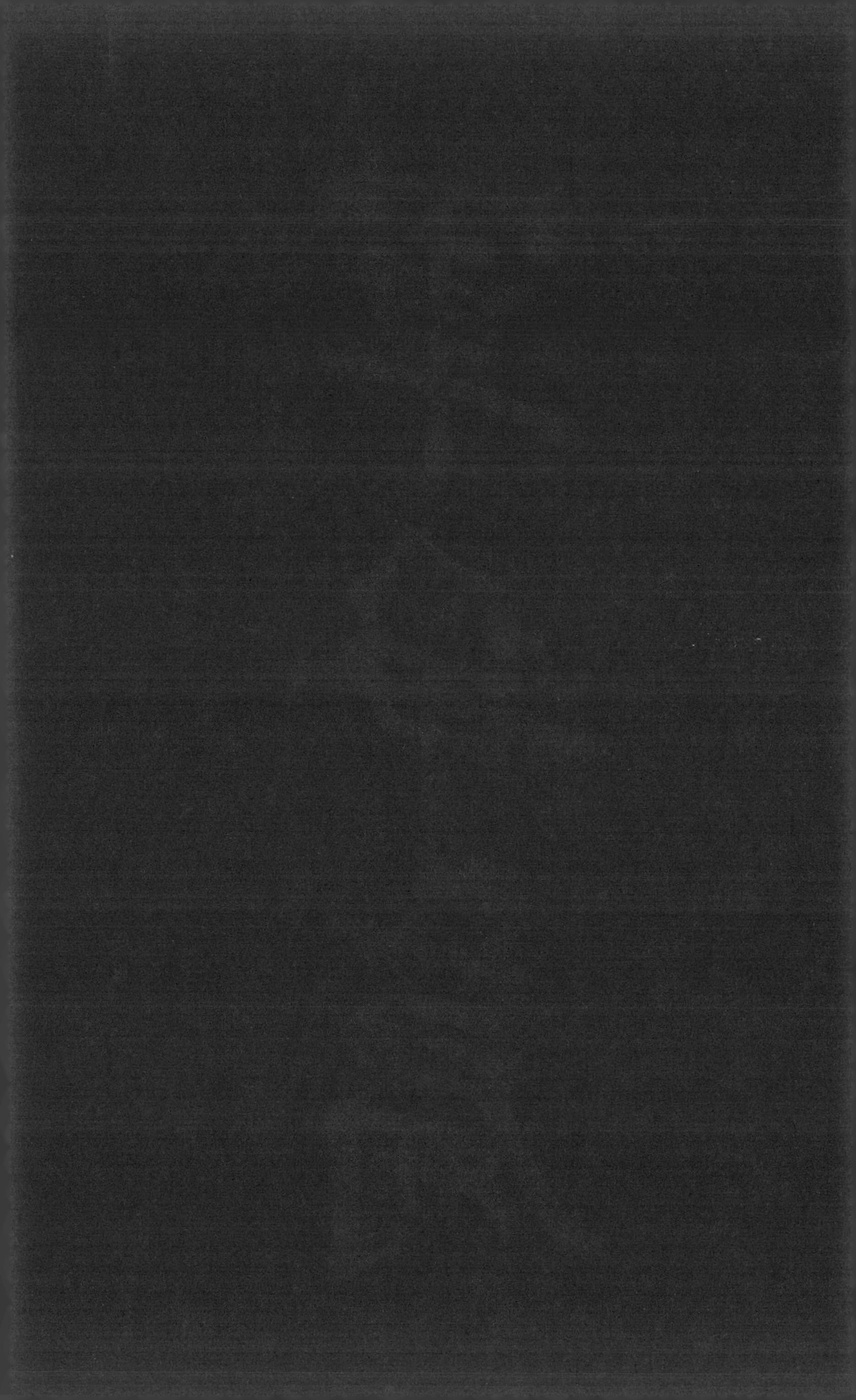

軍爭篇

CAPÍTULO 7

SOBRE EL COMBATE MILITAR

SOBRE EL COMBATE MILITAR

El título del séptimo capítulo de Sun Tzu usa los ideogramas 軍, que significa «militar», y 争, que significa «combate» o «conflicto». Se divide en cuatro áreas principales:

1 Principio, mitad y fin de todas las cosas.
2 Directo e indirecto.
3 Movimiento.
4 Fases de poder.

La primera parte consiste en una breve advertencia: un comandante debe analizar las cosas de principio a fin. La segunda explica que un líder debe asegurarse de que todos sus movimientos y planes tengan un objetivo y sean directos; cada paso debe ser medido y preciso. Eso no significa que siempre debas elegir la opción más fácil, significa que los planes deben ser claros y estar bien establecidos, mientras que el enemigo debe ser empujado a una persecución inútil, cansándolo y enviándolo en todas las direcciones. La tercera parte analiza los movimientos reales durante el combate, como las señales utilizadas en la guerra y las banderas con las que se transmiten las órdenes. La parte final aborda las fases de poder y explica cuándo hay que tomar la iniciativa y cuándo esperar a que el enemigo se mueva.

EN PALABRAS DE SUN TZU

En la guerra, el general recibe órdenes del soberano. Tras reunir un ejército y concentrar sus fuerzas, debe mezclar y armonizar los diferentes elementos antes de montar el campamento. A continuación, vienen las maniobras tácticas. No hay nada más difícil que eso.

LECCIÓN 101

PLANIFICA CADA FASE DE LA GUERRA

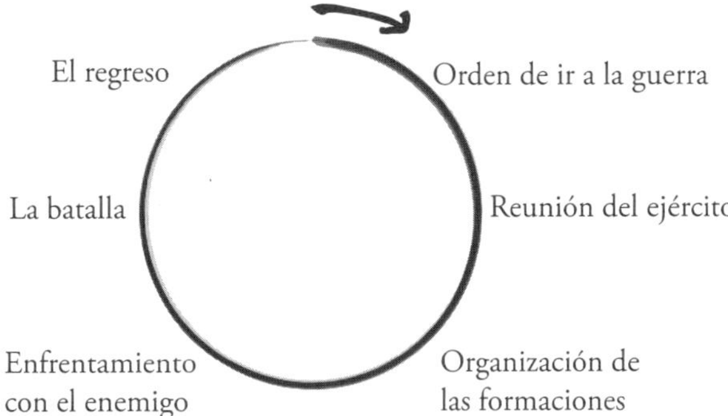

Identifica todas las fases de la guerra. Sé consciente de su principio, mitad y final, y ten previsto quién debe estar dónde y cuándo durante todo el conflicto. La guerra no son solo una serie de acciones, sino un conjunto de etapas planificadas al detalle con medidas de adaptación a cada situación.

CONSEJO PARA LA GUERRA: Estudia la guerra de principio a fin y evalúa todas las etapas intermedias antes de hacer cualquier otra cosa.

LECCIÓN 102

LO CURVO Y LO RECTO

Cuando dos ejércitos avanzan el uno hacia el otro, un buen comandante militar retrasará al enemigo para que las fuerzas aliadas lleguen primero al campo de batalla. Usa equipos que tiendan trampas y otras estrategias para engañar al enemigo y hacerlo tomar rutas más largas o mandarlo al lugar equivocado, cualquier cosa que le haga desperdiciar energía en una persecución inútil.

El comentarista chino Cao Cao sugiere variar el ritmo de tu marcha para romper el ritmo del enemigo, mientras que Du Mu señala que debes engañar al enemigo haciéndole creer que eres lento, y de repente acelerar para llegar antes a tu destino.

Estos comentaristas explican este punto en lo que se refiere estrictamente al viaje físico al campo de batalla, mientras que otros lo entienden como un viaje por el paisaje político, lo que significa que debes usar ardides que distraigan al enemigo de sus preparativos. Un ejemplo podría ser el uso de un espía infiltrado que siembre la discordia en sus filas. En cualquier caso, el objetivo es conseguir que tu ruta sea recta (y directa) y la del enemigo penosa o difícil.

CONSEJO PARA LA GUERRA: Cuando compitas con el enemigo por ocupar primero una posición, retrásalo con maniobras de distracción.

EN PALABRAS DE SUN TZU

La dificultad de las maniobras tácticas consiste en convertir lo tortuoso en directo, y la desgracia en ganancia. Por lo tanto, tomar una ruta larga y sinuosa, apartar al enemigo de su camino, y llegar a la meta antes que él aunque se haya comenzado por detrás de él, muestra conocimiento de la estrategia de la desviación.

La lucha armada puede ser ventajosa, pero con una tropa indisciplinada, peligrosa. Si movilizas un ejército totalmente equipado para obtener alguna ventaja, lo más probable es que llegues demasiado tarde. Por otro lado, si encomiendas la misión a una pequeña unidad, esta deberá sacrificar sus pertrechos y provisiones. Por lo tanto, si ordenas a tus hombres que se deshagan de sus cueras y marchen sin parar de día y de noche, y recorran el doble de la distancia habitual, haciendo cien li *con el fin de lograr una ventaja, los líderes de tus tres divisiones caerán en manos del enemigo. Los hombres más fuertes llegarán primero, los agotados se retrasarán, y con este plan solo la décima parte de tu ejército llegará a su destino. Si marchas cincuenta* li *para superar al enemigo, perderás al líder de tu primera división, y solo la mitad de tus fuerzas alcanzará el objetivo. Si marchas treinta* li *con el mismo propósito, llegarán dos tercios de tu ejército. Podemos concluir entonces que un ejército sin sus pertrechos está perdido, sin provisiones está perdido, sin puntos de suministro está perdido.*

> *No podemos entrar en alianzas hasta conocer los planes de nuestros vecinos. No estamos en condiciones de dirigir un ejército en marcha a menos que estemos familiarizados con el terreno: sus montañas y bosques, sus peligros y precipicios, sus pantanos y ciénagas. No podremos aprovechar las ventajas naturales a menos que empleemos guías locales.*

LECCIÓN 103

MANTÉN LAS RIVALIDADES INTERNAS BAJO CONTROL

Los ejércitos chinos antiguos se dividían en tres divisiones principales. A menudo, sus líderes competían entre ellos por ser los primeros en llegar al campo de batalla para hacerse con el botín del enemigo o con la posición más ventajosa. Sun Tzu advierte de que ese es un terrible error.

Si un líder fuerza a sus soldados a recorrer grandes distancias para adelantarse a las otras divisiones, le dará ventaja al enemigo. Los soldados más fuertes llegarán antes, pero cuando alcancen el campo de batalla estarán agotados y se verán superados en número, por lo que terminará perdiendo a sus mejores guerreros.

Por lo tanto, el comandante en jefe debe dejar claro a todas las divisiones que nadie debe adelantarse, con la excepción de las fuerzas especiales que actúan independientemente de la fuerza principal. Es mucho más conveniente seguir las enseñanzas de la lección anterior y retrasar al enemigo en lugar de que tu propio ejército acelere su avance con marchas nocturnas forzadas.

El comentarista chino Tu Mu dice que en ciertas circunstancias, si no hay más opción, mandar por delante al mejor diez por ciento de tus soldados es una opción válida. Mantendrán a raya al enemigo hasta que el resto del ejército se les una. Dado que no han tenido que apresurarse, los soldados más débiles y lentos llegarán a la batalla relativamente frescos y podrán luchar con eficacia.

CONSEJO PARA LA GUERRA: No permitas que los líderes de las divisiones persigan sus propios objetivos, y no te apresures para encontrarte con el enemigo porque tus soldados se separarán y agotarán.

LECCIÓN 104

MANTÉN SIEMPRE CONTIGO TUS PERTRECHOS Y PROVISIONES

Para algunos comandantes, es tentador abandonar sus pertrechos y provisiones para aligerar la carga y viajar más rápido, pero eso es una locura. En un primero momento, un ejército puede ir más rápido actuando así, pero pronto se arrepentirá de no llevar provisiones cuando los soldados se queden sin energía y necesiten recuperarse. Además, estarán mal equipados para enfrentarse al enemigo. Por lo tanto, nunca dejes tus pertrechos atrás. Si estás intentando recuperar terreno, es que hay un error en tus planes, y debes reevaluar la situación.

CONSEJO PARA LA GUERRA: Sin alimentos ni equipo, el ejército pasará hambre y no podrá luchar. Dejar tus pertrechos y provisiones atrás para ir más rápido es la peor decisión que puedes tomar.

LECCIÓN 105

DESCUBRE CÓMO PIENSA EL ENEMIGO

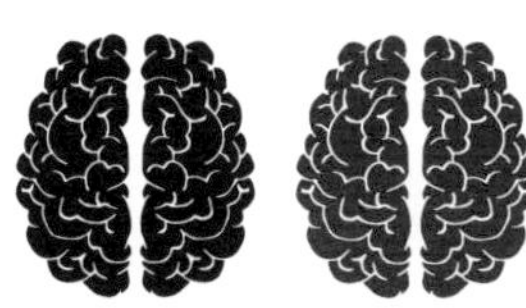

En todo conflicto hay más de dos líderes. Un buen comandante debe conocer las aspiraciones y planes de todas las personas influyentes, en su bando y en el enemigo. Recuerda que hay gente importante más allá de los ejércitos y que tienes que comprender el punto de vista de los diferentes líderes políticos y creadores de opinión. Y puede haber otros Estados a la espera de una oportunidad para explotar cualquier debilidad de las partes en conflicto: descubre qué piensan sus líderes. Utiliza todos los medios a tu alcance para obtener información sobre las figuras claves.

CONSEJO PARA LA GUERRA: Antes de ir a la guerra, conoce lo que sienten y piensan todas las personas influyentes, de tu bando y del bando enemigo.

LECCIÓN 106

USA EXPLORADORES Y GUÍAS

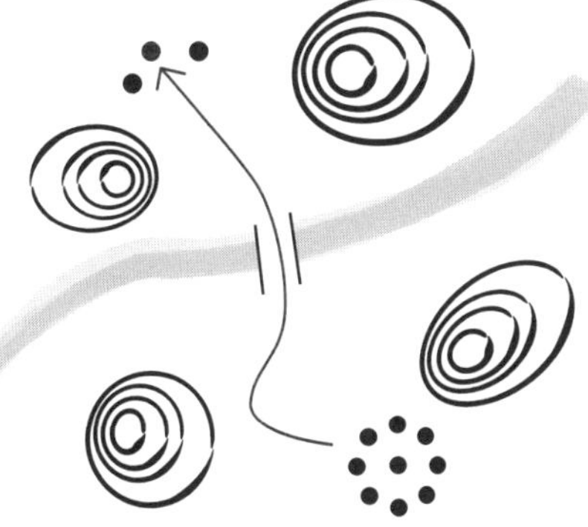

Te resultará imposible moverte por territorio enemigo sin exploradores ni guías. Los exploradores son soldados que se adelantan para recoger información acerca del territorio por el que vas a marchar, mientras que los guías son personas del lugar que conocen su tierra natal como la palma de su mano. Estos te ayudarán a evitar emboscadas, trampas, zonas difíciles y callejones sin salida si les pagas o los coaccionas lo suficiente. Sin embargo, recuerda que el enemigo puede haber infiltrado espías para que te guíen a lugares difíciles.

Según el comentarista chino Mei Yaochen, es preferible usar tus propios exploradores en lugar de guías locales. Li Ching coincide, y añade que un líder debe entrenar a soldados valientes que se adentren en territorio enemigo sin ser vistos. Recomienda que usen artilugios como cascos de animales falsos para disimular sus huellas y sombreros con pájaros como forma de camuflaje para poder observar al enemigo entre la maleza sin ser descubiertos.

CONSEJO PARA LA GUERRA: Envía exploradores o paga u obliga a la población local para que te guíe por su territorio, pero asegúrate de que no sean espías enemigos.

EN PALABRAS DE SUN TZU

En la guerra, practica el disimulo y triunfarás. La concentración o la división de tus tropas es algo que debes decidir en función de las circunstancias. Sé rápido como el viento y compacto como el bosque. En las incursiones y los saqueos, sé como el fuego; en la inmovilidad, como una montaña. Deja que tus planes sean oscuros e impenetrables como la noche, y cuando ataques, cae como un rayo.

Cuando saquees un campo, reparte el botín entre tus hombres; cuando captures un nuevo territorio, divídelo en parcelas en beneficio de la tropa.

Reflexiona y delibera antes de hacer un movimiento. Vencerá quien haya aprendido la estrategia de la desviación. Tal es el arte de maniobrar.

El Libro de la gestión del ejército *dice: «En el campo de batalla, la palabra hablada no llega lo suficientemente lejos, de ahí el uso de los gongs y los tambores; los objetos ordinarios se ven con suficiente claridad, de ahí el uso de estandartes y banderas». Por medio de gongs y tambores, estandartes y banderas, los oídos y los ojos de los soldados pueden estar centrados en un punto. La tropa forma así un solo cuerpo y es imposible que los valientes avancen solos o que los cobardes se retiren solos. Ese es el arte de dirigir grandes masas de hombres. Por lo tanto, en los combates nocturnos haz uso de las señales de fuego y los tambores, y en los combates diurnos de banderas y estandartes como medio para influir en los oídos y ojos de tu ejército.*

LECCIÓN 107

DIVIDE Y REUNIFICA EL EJÉRCITO

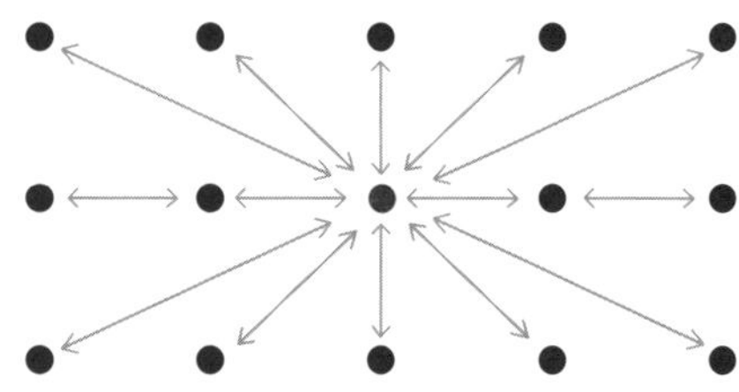

Un ejército chino se organiza en subdivisiones, que pueden maniobrar por separado y luego reunirse para volver a actuar como una unidad. Debe haber señales claras que permitan hacerlo sin problemas, incluso en terrenos muy extensos o difíciles. Usa la división y la reunión para engañar al enemigo y que este haga los cambios que te convienen.

CONSEJO PARA LA GUERRA: Entrena a tu ejército para que pueda dividirse y reunirse sin importar la distancia a la que se encuentren sus partes.

LECCIÓN 108

SÉ COMO LA NATURALEZA

Este es uno de los pasajes más famosos de Sun Tzu; a lo largo de los siglos, muchos otros estrategas lo han citado. Se vale de poderosas imágenes de la naturaleza para describir la forma en que un ejército debe abordar ciertas situaciones:

- Sé tan rápido como el viento: un ejército debe marchar como un solo hombre a gran velocidad.
- Sé tan ordenado como un bosque: un ejército debe estar ordenado como hileras de árboles y ser silencioso cuando forma en uniforme.

- Sé tan seguro como una montaña: si no se puede obtener ninguna ventaja de una situación, un ejército debe permanecer sólido y compacto, impenetrable como una montaña.
- Sé tan devastador como el fuego.
- Sé tan impenetrable como la oscuridad: los planes del comandante deben estar cubiertos por un manto oscuridad (o de nubes en la versión de Griffith).
- Golpea como los truenos y los relámpagos.

CONSEJO PARA LA GUERRA: Muévete con velocidad y en estricto orden, mantén una defensa firme, sé destructivo cuando desates tu fuerza, no muestres tus intenciones y enfréntate al enemigo con un impulso incontenible.

LECCIÓN 109

SAQUEA CON RESPONSABILIDAD

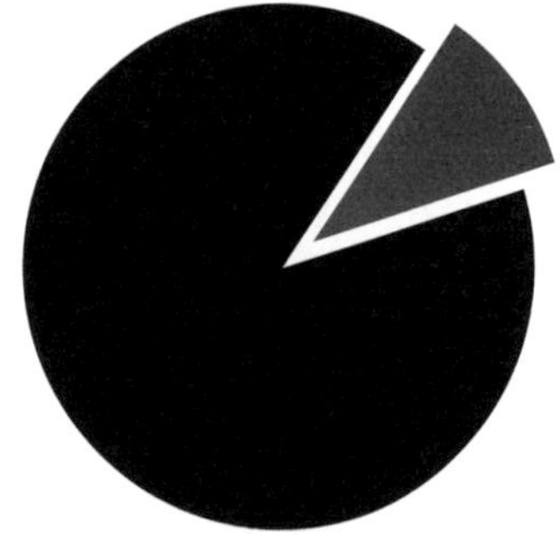

Los traductores interpretan esta lección de dos maneras marcadamente diferentes. Algunos, incluido Giles, entienden que, tras derrotar a un enemigo, debes dividir el botín de guerra de forma equitativa entre tus tropas.

Otros, incluido el antiguo comentarista chino Zhang Yu, piensan que debes dividir tus tropas en grupos más pequeños y enviarlos a tomar lo que necesitan del conjunto del territorio. Esa es una forma más sostenible de vivir a costa del enemigo que devastar una sola área, algo que lleva la ruina a sus habitantes.

CONSEJO PARA LA GUERRA: Tras derrotar un área, toma solo lo que necesites para abastecer a tus tropas. No saquees imprudentemente o arruinarás a la población local.

LECCIÓN 110

REPARTE LAS TIERRAS DEL ENEMIGO ENTRE TUS SOLDADOS

Reparte los territorios conquistados entre tus soldados para expandir las posesiones de tu bando. Una vez más, Zhang Yu sostiene un punto de vista diferente e interpreta que hay que dividir el botín de guerra y protegerlo con distintos grupos de guardia para que el enemigo no pueda recuperarlo. A continuación, Sun Tzu vuelve al tema de lo curvo (indirecto) y lo recto (directo). Ese es uno de los fundamentos de la destreza militar.

CONSEJO PARA LA GUERRA: **Reparte la tierra conquistada entre tus soldados y protégela.**

LECCIÓN 111

ESTABLECE COMUNICACIONES CLARAS

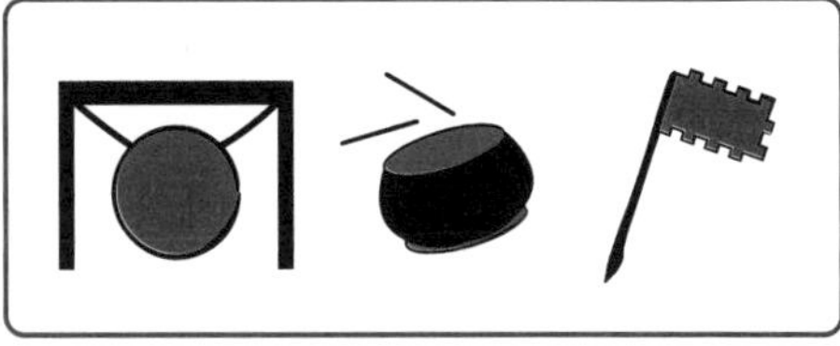

Las comunicaciones son clave. Durante la batalla, no es posible oír las órdenes dadas de viva voz, por lo que debes establecer otro sistema que permita que todos (excepto el enemigo) las entiendan. En la antigua China, eso se lograba haciendo sonar gongs o tambores, izando banderas o mediante señales luminosas con fuego. Cada ejército tenía su propio sistema para transmitir distintas órdenes.

CONSEJO PARA LA GUERRA: **Establece sistemas de comunicación directa que tus soldados no puedan malinterpretar ni tu enemigo descifrar.**

LECCIÓN 112

MANTÉN UNIDOS A LOS FUERTES Y LOS DÉBILES

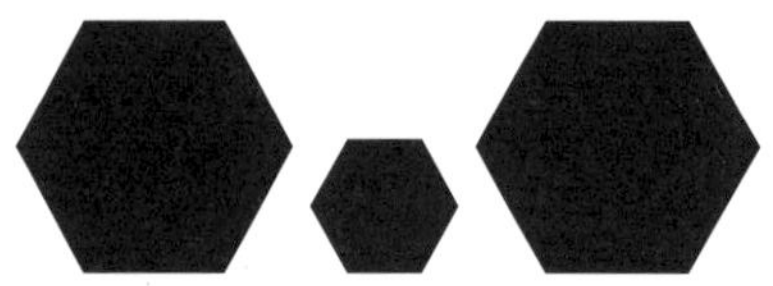

Usa señales claras para mantener unido el ejército. Si no, los soldados más fuertes tenderán a adelantarse y los más débiles a quedar atrás. Que soldados con distintas capacidades marchen juntos hará que tu ejército sea más fuerte. Esto no se aplica a las unidades de vanguardia especializadas.

CONSEJO PARA LA GUERRA: Reparte uniformemente los soldados fuertes y débiles; usa señales claras para mantener unido el ejército.

LECCIÓN 113

SEÑALES NOCTURNAS

Por la noche, las señales sonoras con gongs o tambores siguen siendo útiles, pero habrá momentos en que necesites señales visuales. Las banderas no sirven en la oscuridad, así que tendrás que recurrir a señales con fuego o luminosas. El fuego se puede usar de muchas formas distintas y los manuales militares chinos contienen descripciones extensas de diversas herramientas y armas basadas en el fuego.

CONSEJO PARA LA GUERRA: De noche, usa señales luminosas para comunicarte con las tropas.

LECCIÓN 114

USA SEÑALES PARA INSPIRAR

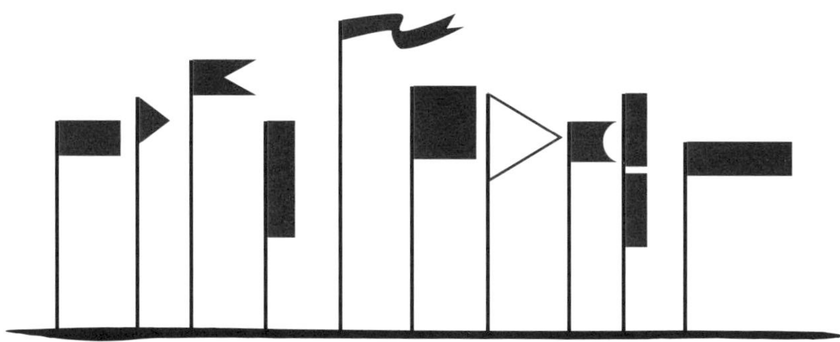

El propósito principal de las señales es transmitir órdenes, pero también pueden emplearse en masa para levantar la moral de las tropas, al igual que los aficionados al deporte agitan una gran cantidad de pancartas y gritan tan fuerte como pueden para animar a su equipo e intimidar al rival. No está claro si Sun Tzu tenía esa idea en mente (tan solo recomienda tener «numerosas» señales), pero algunos comentaristas así lo han señalado.

CONSEJO PARA LA GUERRA: Las señales sirven para comunicar y animar.

EN PALABRAS DE SUN TZU

Un ejército puede ser despojado de su espíritu; un comandante en jefe puede ser despojado de su presencia de ánimo. El espíritu de un soldado es más elevado por la mañana; al mediodía ha comenzado a decaer; por la noche, su mente solo piensa en regresar al campamento. Por lo tanto, un general inteligente evita un ejército cuando su espíritu es elevado y lo ataca cuando se siente apático y con ganas de irse. Ese es el arte de estudiar los estados de ánimo.

Disciplina y calma a la espera de la aparición del desorden y del bullicio en las filas enemigas: ese es el arte del autocontrol. Estar cerca del objetivo mientras el enemigo aún está lejos de él, esperar con tranquilidad mientras el enemigo se esfuerza y trabaja duro, estar bien alimentado mientras el enemigo está hambriento: ese es el arte de administrar las propias fuerzas.

> *Abstenerse de interceptar a un enemigo cuyas banderas estén en perfecto orden; abstenerse de atacar a un ejército en formación, tranquilo y confiado: ese es el arte de estudiar las circunstancias.*
>
> *Es un principio militar no avanzar cuesta arriba contra el enemigo, ni resistirse a él cuando viene cuesta abajo. No persigas a un enemigo que parece volar. No ataques a soldados de temperamento vigoroso. No tragues el cebo ofrecido por el enemigo. No interrumpas a un ejército que vuelve a casa. Cuando rodees un ejército, deja una salida libre. No presiones demasiado a un enemigo desesperado. Ese es el arte de la guerra.*

LECCIÓN 115

CONTROLA LA VOLUNTAD

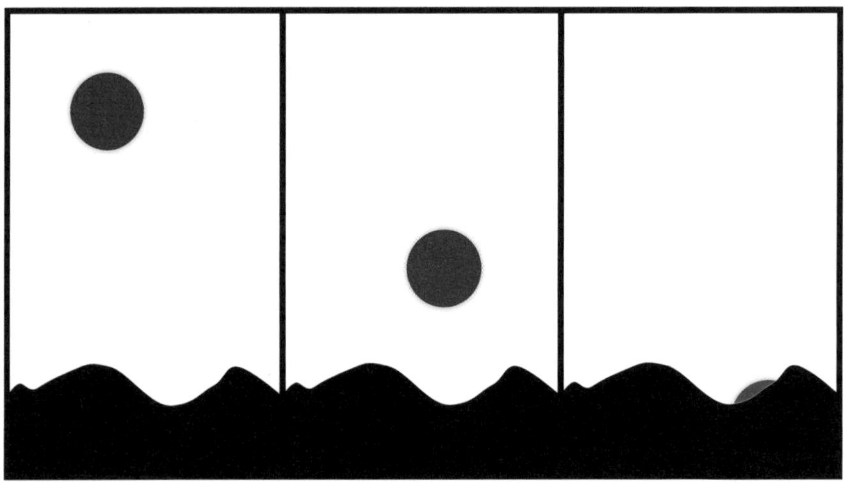

Esta es la primera de cuatro lecciones sobre el control.

Recuerda que la guerra se libra tanto en la mente como en el campo de batalla. Un ejército entero se puede desmoralizar y un comandante se puede desanimar. Al quebrantar el espíritu del enemigo, también lo quebrarás físicamente.

Sun Tzu divide la fuerza y la moral de un ejército en tres etapas, simbolizadas por las horas del día:

1 La mañana o el inicio: fresco y alerta, listo para la acción
2 La tarde o la mitad: decaimiento y muestras de desánimo
3 La noche o el final: agotado y dispuesto a rendirse

Nunca ataques a un enemigo que se encuentre en una fase de empuje. Espera a que esté en un momento de calma. Para Sun Tzu, esa es la manera de manipular el *chi* o fuerza extraordinaria de un ejército.

El comentarista chino Zhang Yu señala que este principio también se aplica a las propias fuerzas: no tiene mucho sentido esperar a que la energía del enemigo decaiga si la de tus tropas también disminuye. De modo que, antes de enfrentarte al enemigo, levanta el ánimo de tus soldados.

CONSEJO PARA LA GUERRA: Espera a que el ánimo y la fuerza del enemigo decaigan antes atacar y asegúrate de que tus soldados se sienten optimistas: esa es la forma de controlar la voluntad.

LECCIÓN 116

CONTROLA LA MENTE

Esta es la segunda de cuatro lecciones sobre el control.

Una mente indisciplinada, desordenada, «ruidosa», se distraerá y será inútil en la batalla. Prepara a tus soldados para calmar sus pensamientos a través de la disciplina de la repetición, el entrenamiento y la meditación para que en la lucha sus mentes estén claras y se centren en la victoria. Al mismo tiempo, sírvete de argucias para perturbar las mentes de los soldados enemigos.

CONSEJO PARA LA GUERRA: Mantén el orden y la tranquilidad entre tus filas, pero introduce el caos y la duda en los pensamientos del enemigo: esa es la manera de controlar la mente.

LECCIÓN 117

CONTROLA LA FUERZA

Distancia ⬢ Recuperación ⬢ Vitalidad

Esta es la tercera de cuatro lecciones sobre el control.

Conserva tu fuerza mientras socavas la fuerza del enemigo. Un buen comandante militar seguirá estas tres estrategias:

1 No vayas lejos para encontrarte con el enemigo, haz que él venga a ti.
2 Da descanso a tus tropas, pero no dejes que el enemigo se recupere.
3 Alimenta a tus tropas, pero no des tiempo para comer al enemigo.

Haz esto y el enemigo siempre estará en desventaja.

CONSEJO PARA LA GUERRA: Haz que el enemigo se mueva mientras tus tropas están en un lugar; agótale mientras tus tropas descansan; haz que pase hambre mientras tus tropas comen: así controlas la fuerza.

LECCIÓN 118

CONTROLA EL CAMBIO

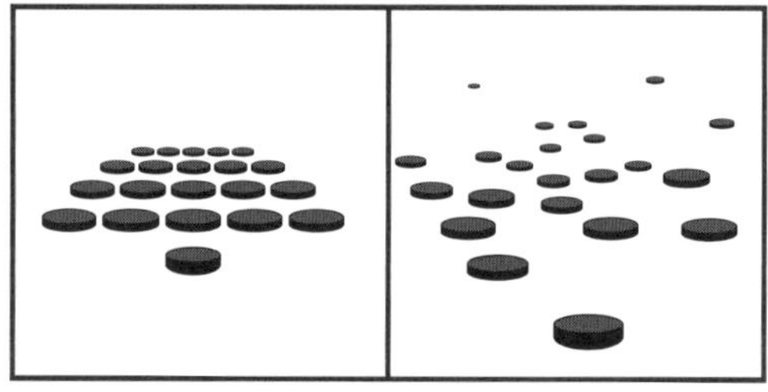

Esta es la última de cuatro lecciones sobre el control.

La lección básica aquí es que nunca debes atacar cuando los estandartes del enemigo están en orden y sus tropas dispuestas en fuerte formación. Sé un maestro del cambio. Haz que sucedan cosas que creen brechas en las filas enemigas.

CONSEJO PARA LA GUERRA: No ataques a un enemigo fuerte. Provoca cambios antes de golpear: esa es la forma de controlar el cambio.

LECCIÓN 119

NUNCA AVANCES POR UNA LADERA EMPINADA

Esta es la primera de las ocho formas militares de Sun Tzu.

Si una montaña es empinada por un lado, no subas por ahí. En lugar de eso, ve por el camino más largo o encuentra una pendiente más suave. Las montañas se pueden clasificar en función del lado por el que sus pendientes son menos pronunciadas. Con la información proporcionada por los exploradores, podrás establecer la ruta más adecuada. Los movimientos de un ejército deben planificarse con antelación.

CONSEJO PARA LA GUERRA: Encuentra siempre la forma más fácil de superar una montaña. Asciende por la pendiente menos pronunciada y desciende por la más empinada.

LECCIÓN 120

NO ATAQUES A UN EJÉRCITO QUE TIENE UN TERRENO ELEVADO A SU ESPALDA

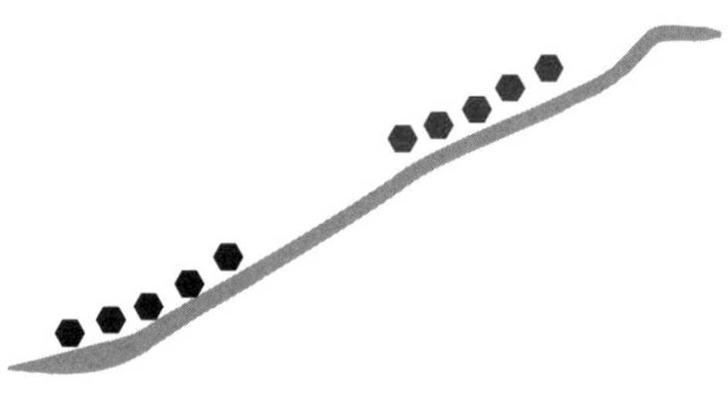

Esta es la segunda de las ocho formas militares de Sun Tzu.

Un ejército que tiene un terreno elevado a su espalda puede retirarse a una posición de fuerza y dejar a su oponente en una posición peligrosa cuesta arriba. Evita marchar contra un ejército al que favorece la inclinación del terreno.

CONSEJO PARA LA GUERRA: No ataques cuesta arriba.

LECCIÓN 121

NUNCA PERSIGAS A UN ENEMIGO QUE FINGE UNA RETIRADA

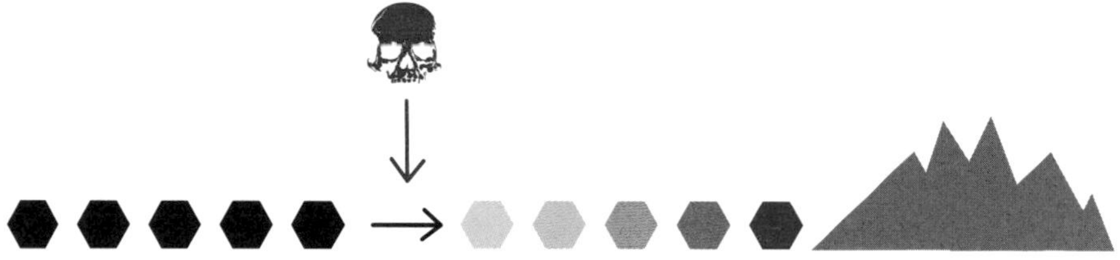

Esta es la tercera de las ocho formas militares de Sun Tzu.

El enemigo podría organizar una falsa retirada para hacer que lo persigas. Si caes en esa trampa, enviarás a tus soldados a la muerte. Es inevitable que un ejército que persigue imprudentemente al enemigo se divida en pequeños grupos, a los que una fuerza organizada estará esperando para tenderles emboscadas.

Usa a tus exploradores y espías para que te ayuden a detectar trampas. Asimismo, si sabes que la fuerza enemiga consiste en un cierto número de soldados, pero solo la mitad está en el campo de batalla, debes sospechar.

CONSEJO PARA LA GUERRA: No te dejes engañar por una falsa retirada del enemigo. Si lo persigues, te destruirá.

LECCIÓN 122

NO ATAQUES A UN EJÉRCITO EN UN MOMENTO DE FUERZA

Esta es la cuarta de las ocho formas militares de Sun Tzu.

La energía es importante. Si tus tropas están en un estado constante de alerta, se quedarán sin fuerzas, así que identifica cuándo necesitan descansar y cuándo necesitan estimulación. Un ejército en fase de excitación debe usarse para atacar, pero nunca te lances contra un enemigo en el mismo estado. Ataca cuando las fuerzas de tus tropas van en aumento y las del enemigo están en declive. Cuando el enemigo se encuentra en un momento de fuerza, defiéndete hasta que puedas lograr un cambio.

CONSEJO PARA LA GUERRA: Observa los niveles de energía ascendentes y descendentes del enemigo. Ataca solo cuando su nivel de energía esté en declive.

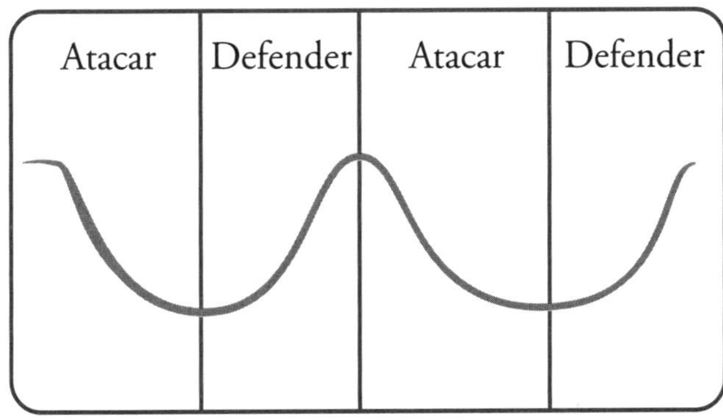

LECCIÓN 123

NO MUERDAS EL ANZUELO

Esta es la quinta de las ocho formas militares de Sun Tzu.

Ambos bandos se provocarán con trampas, retiradas fingidas, información falsa y ataques simulados para obtener información o infligir bajas. Cleary y Du Mu mencionan ejércitos que dejan comida envenenada para que la coman sus enemigos. Nunca te dejes engañar por esos trucos. Sospecha siempre que te encuentras ante una trampa hasta estar seguro de que no es así.

CONSEJO PARA LA GUERRA: Observa los movimientos del enemigo cuidadosamente para saber si intenta tentarte. No te dejes engañar.

LECCIÓN 124

DEJA QUE EL ENEMIGO SE RETIRE

Esta es la sexta de las ocho formas militares de Sun Tzu.

El enemigo puede decidir retirarse porque se ha quedado sin comida, ha perdido su empuje o ha llegado a la conclusión de que la lucha será demasiado dura. Sin embargo, si te interpones en su camino, se organizará y luchará ferozmente porque los soldados siempre quieren volver a casa y los provocarás si intentas detenerlos. Deja que se vayan: al enemigo le llevará mucho tiempo y dinero volver a organizarse y, mientras tanto, tendrás libertad de movimientos.

CONSEJO PARA LA GUERRA: Si el enemigo se retira, deja que se vaya y aprovecha ese tiempo para actuar libremente. Si intentas detenerlo, solo conseguirás que vuelva a la lucha.

LECCIÓN 125

OFRÉCELE UNA SALIDA AL ENEMIGO

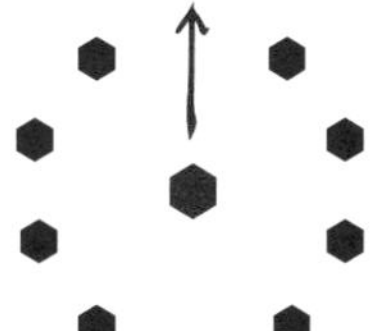

Esta es la séptima de las ocho formas militares de Sun Tzu.

Quizá parezca contraintuitivo permitir que el enemigo se retire con seguridad, pero piénsalo: un ejército completamente rodeado no tiene más remedio que luchar hasta la muerte, lo que te dificultará mucho las cosas. Si le das una salida, puedes ocupar su posición o fortaleza con poco esfuerzo. Una vez que el enemigo se dé cuenta de que su derrota es inevitable, estará encantado de aprovechar cualquier oportunidad para escapar.

CONSEJO PARA LA GUERRA: Cuando rodees al enemigo, déjale una salida para que pueda huir.

LECCIÓN 126

NO PRESIONES A UN ENEMIGO DESESPERADO

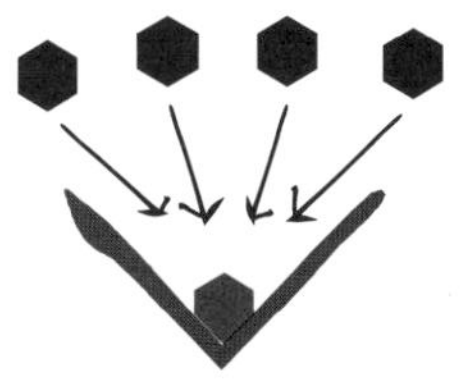

Esta es la última de las ocho formas militares de Sun Tzu.

Ataca al enemigo cuando haya perdido su ímpetu, pero relaja la presión cuando esté desesperado. El punto más bajo está a un solo paso del más alto; como animales, sus soldados lucharán furiosos hasta la muerte si no ven salida. Así, ataca a un enemigo en un estado de debilidad, pero deja que escape cuando está vencido y acabado.

CONSEJO PARA LA GUERRA: Los soldados acorralados y sin esperanza lucharán hasta la muerte con renovado vigor. Cuando la victoria ya sea tuya, deja escapar a lo que quede del ejército enemigo.

九變文篇

CAPÍTULO 8

SOBRE LAS SITUACIONES CAMBIANTES

SOBRE LAS SITUACIONES CAMBIANTES

El título del octavo capítulo de Sun Tzu utiliza los ideogramas 九, que significa «nueve» (pero que en chino antiguo también puede representar «el número más alto» en el sentido de «todas las cosas»), y 变, que significa «cambios» o «varias situaciones». Cuando se combinan, significan «todas las situaciones cambiantes». El capítulo se divide en tres puntos principales:

1. Las nueve situaciones y los cinco peligros.
2. Ventajas y desventajas y daño y beneficio.
3. Los cinco tipos de mal líder.

Las «nueve situaciones» del primer punto pueden confundir un poco ya que Sun Tzu en realidad establece diez. Sin embargo, como se ha indicado al principio, el número nueve se puede usar para representar «el número más alto» en ciertos sistemas de pensamiento chinos, por lo que puede significar «todas las situaciones» o «muchas situaciones». Los «cinco peligros» no se detallan, pero podemos inferir lo que son.

El segundo punto se centra en cómo sopesar las ventajas y desventajas de una situación, y en cómo encontrar las primeras. También aborda los principios de daño y ganancia: cómo no enfocarse solo en obtener algo del enemigo o en hacerle daño. El último punto examina los cinco tipos de mal líder o, más en concreto, los cinco rasgos de personalidad que deben evitarse, y llega a la conclusión de que un líder debe ser equilibrado y no propenso a sentir solo una emoción.

EN PALABRAS DE SUN TZU

En la guerra, el general recibe órdenes del soberano, reúne su ejército y concentra sus fuerzas.

Cuando estés en un terreno difícil, no acampes. En el terreno donde se cruzan caminos en altura, actúa en colaboración con tus aliados. No ocupes posiciones en lugares peligrosamente aislados. Cuando te encuentres acorralado, recurre a la estratagema. En una situación desesperada, lucha. Hay caminos que no se deben seguir, ejércitos que no se deben atacar, ciudades que no se deben sitiar, terrenos en los que no se debe combatir, órdenes del soberano que no se deben obedecer.

El general que entiende en profundidad las ventajas de la variación de tácticas sabe cómo manejar a sus tropas. El general que no las entiende quizá esté muy familiarizado con las condiciones del terreno, pero no será capaz de convertir ese conocimiento en resultados prácticos. Así, el estudiante de la guerra que no está versado en el arte de la guerra de cambiar los planes, incluso aunque esté familiarizado con las cinco ventajas, no logrará hacer el mejor uso de sus hombres.

LECCIÓN 127

NO ACAMPES EN UN TERRENO DIFÍCIL

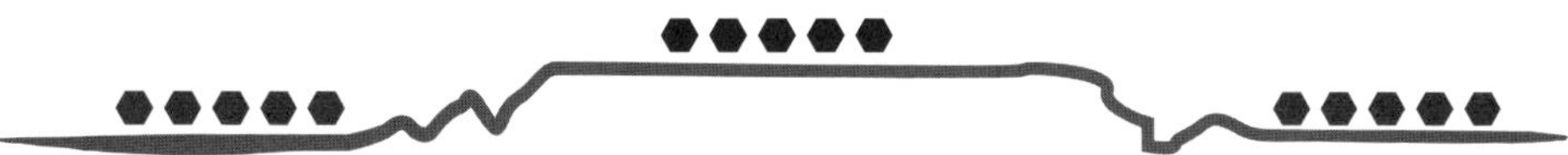

Un ejército acampa todas las noches al final de la jornada de marcha. Sin embargo, los ejércitos no deben avanzar a ciegas y los lugares de acampada deben ser examinados con antelación por los exploradores. Evita acampar donde sea fácil para el enemigo acorralar a tus fuerzas, donde estas sean susceptibles de sufrir un ataque y de donde el enemigo pueda retirarse con facilidad. Elige una posición defendible.

CONSEJO PARA LA GUERRA: No acampes en un lugar que ofrezca al enemigo un acceso y una retirada fáciles. Encuentra un lugar que se pueda defender sin dificultad.

LECCIÓN 128
REAGRÚPATE EN INTERSECCIONES

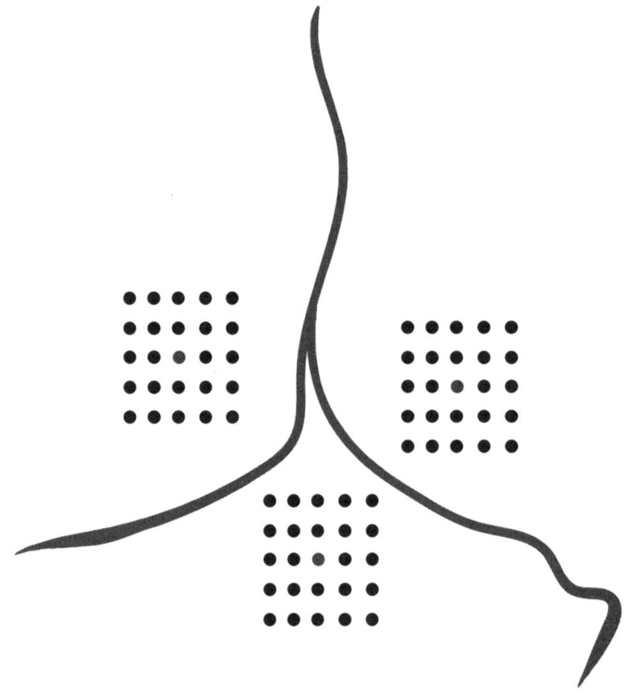

Los comentaristas chinos antiguos se han referido muy poco a este punto, y su significado es todavía cuestión de debate. El término original significa «intersección», que podría referirse a un límite fronterizo; por lo tanto, a un lugar donde fuerzas de diferentes Estados establecen alianzas. Sin embargo, quizá sea más probable que se refiera a un cruce donde las tres divisiones del mismo ejército pueden reunirse con facilidad después de haber viajado por separado por territorio enemigo.

Según la interpretación de Trapp, el punto se refiere a las carreteras de la zona por donde pasa el ejército: si están en buen estado, hay que utilizarlas para mantener una buena comunicación entre las distintas divisiones del ejército.

CONSEJO PARA LA GUERRA: Si las divisiones de un ejército han tomado caminos separados, deben reagruparse en un punto de fácil acceso para todas.

LECCIÓN 129

CRUZA RÁPIDO LOS TERRITORIOS PELIGROSOS

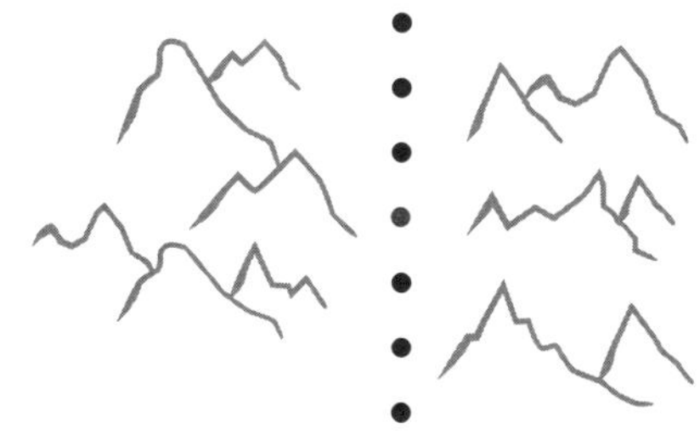

No tardes en cruzar un territorio donde seas vulnerable. El peligro podría ser cualquier cosa: un flanco abierto, un descenso por una vía muy empinada, un cuello de botella o lugares propicios para tender una emboscada. Si el peligro para tus fuerzas es obvio, envía más exploradores a esas áreas y pasa por ellas rápidamente.

CONSEJO PARA LA GUERRA: Si tienes que cruzar un área donde puedes sufrir un ataque, muévete con rapidez hasta llegar a un terreno más seguro.

LECCIÓN 130

IDEA UN PLAN ANTES DE CRUZAR UN TERRENO DIFÍCIL

Cuando el terreno cerca tus fuerzas y todas las formas de recorrerlo son complejas, no te limites a avanzar con la esperanza de que las cosas salgan bien. Un buen mando militar utilizará toda la información disponible para planear el modo de superar ese escollo. Cada situación es única y factores como el terreno, el tipo de tropas y la visibilidad entrarán en juego.

CONSEJO PARA LA GUERRA: Si el terreno que te rodea no ofrece un camino seguro, planea cuidadosamente cómo recorrerlo.

LECCIÓN 131

SI ES NECESARIO, LUCHA

Si el camino que tienes por delante es difícil y te obliga a dividir tu ejército de modo que se vuelva vulnerable, hazlo formar para que sea capaz de combatir al enemigo esté donde esté. No dejes que tu objetivo de avanzar le dé ventaja al enemigo. A veces, quedarte donde estás para luchar es la mejor manera de avanzar.

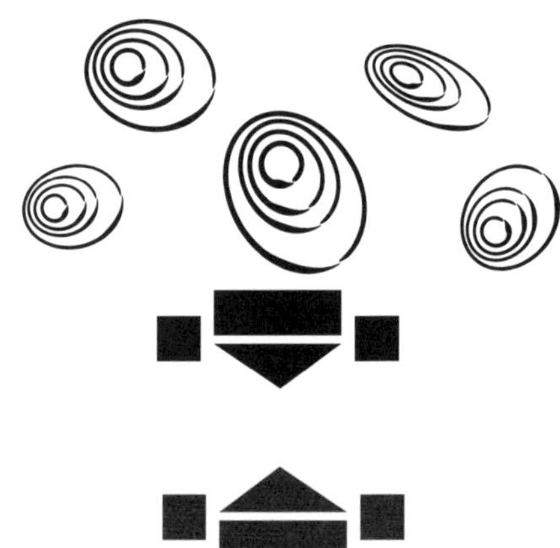

CONSEJO PARA LA GUERRA: En ciertas ocasiones, puede ser mejor entrar en combate en lugar de adentrarse en un terreno peligroso. Tienes que estar preparado para cambiar tu idea de avanzar por la de batallar si la situación lo requiere.

LECCIÓN 132

IDENTIFICA QUÉ NO DEBES HACER

En ciertos momentos, lo correcto es no hacer cosas que crees que deberías hacer. Es fácil quedar atrapado en las formas convencionales de pensamiento, pero a veces es mejor distanciarse y observar el panorama general. Entonces puedes darte cuenta de que aquello que pensabas que tenías que hacer en realidad no es lo correcto. El texto pone los siguientes ejemplos:

- Caminos que no es necesario transitar.
- Ejércitos que no es necesario atacar.
- Fortalezas que no es necesario sitiar.

- Tierras que no es necesario capturar.
- Órdenes que no es necesario obedecer.

El comentarista chino Du Mu enumera ejemplos que aparecen en otras partes del texto:

- No atacar a tropas de élite (lección 178).
- No detener a un ejército que vuelve a casa (lección 124).
- No atacar en «terreno desesperado» (lección 177).

CONSEJO PARA LA GUERRA: Observa la situación con nuevos ojos y pregúntate si una acción que considerabas imprescindible es realmente necesaria.

LECCIÓN 133

LOS NUEVE CAMBIOS Y LOS CINCO PELIGROS

Según Sun Tzu, un líder que no entienda el concepto de los nueve cambios no verá las ventajas o desventajas de cada situación y no podrá usar el terreno en su beneficio. Asimismo, si se entiende el concepto de los cinco peligros pero no el de los nueve cambios, no se obtendrá lo mejor de las tropas.

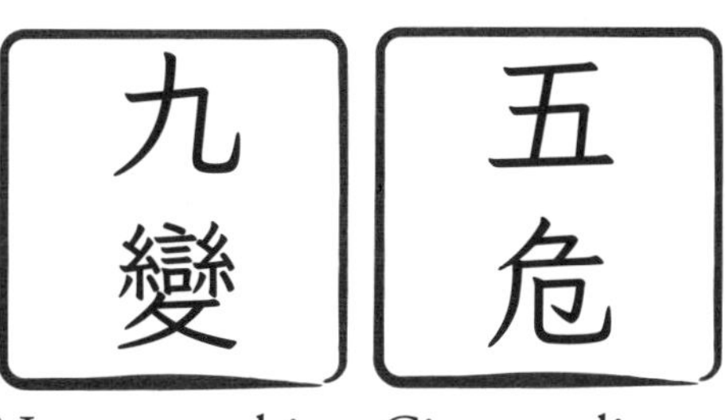

ARRIBA: Los ideogramas originales para «nueve cambios» y «cinco peligros».

Se puede considerar que los nueve cambios («nueve» es el número más alto en el pensamiento chino y por lo tanto significa «todos» o «muchos») comprenden las diez situaciones siguientes:

1 No acampes donde puedas quedar atrapado.
2 Reúnete con tus aliados en los cruces de caminos.
3 No te quedes en lugares aislados.
4 Piensa planes y tácticas para los terrenos difíciles.
5 Cuando no tengas la posibilidad de retirarte, lucha.
6 Hay caminos que no debes tomar.
7 Hay ejércitos que no debes atacar.
8 Hay fortificaciones y ciudades que no debes atacar.
9 Hay posiciones por las que no debes luchar.
10 Hay órdenes de líderes civiles que debes ignorar.

Los cinco peligros no están del todo claros, pero probablemente sean las cinco situaciones relacionadas con el terreno incluidas en los nueve cambios (puntos 1-5 de la lista anterior). Sin embargo, el comentarista chino Chia Lin afirma que los cinco peligros son:

1 Viajar por caminos peligrosos.
2 Enfrentarse a un enemigo que luchará hasta la muerte.
3 Sitiar una fortaleza bien defendida por hombres experimentados.
4 Capturar terreno que no puedes defender.
5 Seguir órdenes que tienen motivaciones políticas.

La traducción de Griffith del punto sobre las órdenes del Gobierno establece que uno debe ignorarlas si sabe que encierran «el peligro de una influencia dañina de los asuntos de la capital». Más allá de cómo se traduzca este punto, está claro que Sun Tzu esperaba que los líderes militares pusieran en duda el criterio de la autoridad política.

CONSEJO PARA LA GUERRA: Conocer el terreno no es suficiente para sacar partido de una situación; saber qué hacer en ese terreno es lo que distingue a un buen líder. Otras señales de fuerte liderazgo son no estar atado al conocimiento convencional y no seguir ciegamente las órdenes políticas.

EN PALABRAS DE SUN TZU

Al elaborar sus planes, el líder sabio debe considerar conjuntamente ventajas y desventajas. Cuando se consideran las ventajas de esta manera, podemos tener éxito en el cumplimiento de la parte esencial de nuestros planes. Si en medio de las dificultades siempre estamos preparados para aprovechar una ventaja, podemos librarnos de la desgracia.

Reduce a los jefes hostiles infligiéndoles daño; cáusales problemas; mantenlos ocupados constantemente; tiéndeles trampas y haz que tengan que apresurarse para llegar a cualquier lugar.

El arte de la guerra nos enseña a confiar en nuestra propia capacidad para hacer frente al enemigo, no en las probabilidades de que este no venga; en el hecho de que hemos convertido nuestra posición en inexpugnable, no en la posibilidad de que no ataque.

LECCIÓN 134

CONSIDERA EL BENEFICIO Y EL DAÑO

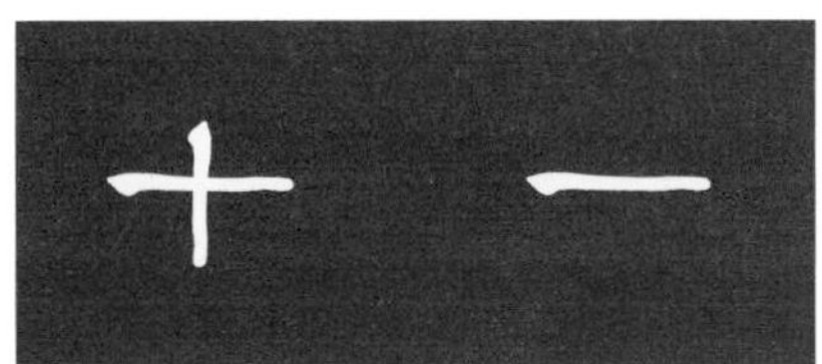

Cada situación ofrece un beneficio potencial pero también plantea amenazas. Por lo tanto, un buen líder militar sopesará las oportunidades y los peligros cuando se prepare para un conflicto.

CONSEJO PARA LA GUERRA: Calcula las ganancias y las pérdidas potenciales en todas las situaciones y reevalúalas en diferentes etapas.

LECCIÓN 135

NO PIERDAS DE VISTA EL OBJETIVO VERDADERO

Para convertirte en un líder mejor y más equilibrado, tienes que superar tu deseo de obtener ganancias y dañar al enemigo. Elimina las emociones de la ecuación. La codicia y la venganza pueden hacer que pierdas de vista el objetivo general y lleves a tus fuerzas a una situación difícil. Ten paciencia en todos los asuntos y lograrás tus objetivos.

CONSEJO PARA LA GUERRA: No te dejes distraer por el deseo de hacerte con las riquezas del enemigo o de lograr su destrucción. Para alcanzar el éxito, mantente enfocado en el objetivo verdadero.

LECCIÓN 136

APROVÉCHATE DE LA PERCEPCIÓN DE AMENAZA Y BENEFICIO

Hay varias formas de aprovecharte de los conceptos de amenaza y beneficio.

AMENAZA

Si el enemigo cree que está en peligro o a punto de sufrir un ataque, está activo. Una espada desenvainada es siempre una amenaza. Elige los mejores momentos para mantener al enemigo ocupado y hacer que se sienta bajo presión. Agota a sus soldados obligándoles a realizar una tarea tras otra para protegerse del peligro que perciben mientras tus fuerzas descansan o se dirigen a una posición favorable.

BENEFICIO

Además de presentar una amenaza, presenta una falsa debilidad al enemigo para que vea la oportunidad de obtener un beneficio y dedique tiempo y esfuerzo a alcanzarlo. Manipúlalo para que haga lo que tú quieres y ten preparado un plan para cuando caiga en tu trampa.

CONSEJO PARA LA GUERRA: Amenaza al enemigo para mantenerlo en un estado de ansiedad. Al mismo tiempo, ofrécele un posible beneficio para que vaya a donde tú quieres.

LECCIÓN 137

NO CONFUNDAS DESEO Y REALIDAD

La oración no es una forma válida de defensa. Cualquier parte de tu estrategia que dependa de la esperanza debe considerarse una debilidad fatal.

Si tus planes incluyen un «esperemos que no nos ataquen aquí», eso es algo que tendrás que abordar. Una parte importante de planear es identificar tus puntos débiles, pero el proceso no se detiene ahí. A continuación, tienes que trabajar en ellos, lo que puede significar cambiar de posición o idear el modo de defenderla.

CONSEJO PARA LA GUERRA: Nunca dejes nada al azar. Ten un plan para el peor de los escenarios.

EN PALABRAS DE SUN TZU

Hay cinco rasgos peligrosos en un general:

1 *La temeridad, que conduce a la destrucción.*
2 *La cobardía, que conduce a la captura.*
3 *La tendencia a la precipitación, que se puede provocar por medio de insultos.*
4 *La excesiva atención a la opinión de los demás, que lo vuelve propenso a sentir vergüenza.*
5 *Exceso de preocupación por sus hombres, que lo expone a sufrir problemas e intranquilidad.*

Estos son los cinco pecados en un general que pueden ser desastrosos en la guerra. Cuando un ejército cae derrotado y su líder muere, es probable que la razón se encuentre en alguno de estos cinco rasgos peligrosos. Debe meditarse sobre ellos.

LECCIÓN 138

LOS CINCO TIPOS DE MAL LÍDER

- Imprudente
- Demasiado cauteloso
- Exaltado
- Vanidoso
- Demasiado compasivo

Sun Tzu enumera cinco características que, si llegan a ser dominantes en la personalidad de un líder militar, provocarán la derrota de su ejército. A saber:

1 IMPRUDENCIA. Los líderes que ven un motivo de batalla en todas las situaciones y entran continuamente en combate conducirán a su ejército a la destrucción.

2 EXCESO DE PRECAUCIÓN. Los líderes que siempre evitan entrar en combate, buscan vías de salida y están movidos por el deseo de regresar a casa a salvo acabarán siendo acorralados y capturados porque el enemigo encontrará una manera de tenderles una trampa.

3 EXALTACIÓN. Los líderes que se enfadan con facilidad pueden ser víctimas de las provocaciones y declarar la guerra sin disponer de un plan.

4 VANIDAD. Los líderes con una alta autoestima que desean preservar su reputación a toda costa pueden ser manipulados con difamaciones y calumnias.

5 COMPASIÓN EXCESIVA. Los líderes que se preocupan demasiado por el bienestar de su pueblo pueden perder de vista sus objetivos. Por duro que pueda sonar, hay que estar preparado para aceptar una cierta cantidad de daños colaterales durante una campaña. Si el enemigo sospecha que intentas evitar cualquier tipo de baja, puede intentar manipularte atacando a civiles porque sabe que eso te hará dudar.

Los cinco rasgos anteriores se encuentran en todos los humanos, pero ninguno de ellos debería ser dominante. No permitas que tu personalidad se convierta en un blanco obvio para el enemigo.

CONSEJO PARA LA GUERRA: No te precipites a la hora de luchar ni tengas prisa por retirarte. No te enfades con facilidad ni des demasiada importancia a la imagen que los demás tienen de ti. Acepta que habrá bajas en la guerra.

行軍篇

CAPÍTULO 9

SOBRE EL MOVIMIENTO MILITAR

SOBRE EL MOVIMIENTO MILITAR

El título del noveno capítulo de Sun Tzu usa los ideogramas 行, que significa «movimiento», y 軍, que significa «militar». El capítulo es uno de los más largos del texto original y se divide en siete puntos principales:

1 Montañas.
2 Ríos y tierras húmedas y secas.
3 Tropas en el terreno.
4 Movimientos del enemigo en el terreno.
5 Observación de signos de descontento en el enemigo.
6 Enfrentamiento contra el enemigo.
7 Vinculación con tus tropas.

El primer punto es corto. Tras una breve introducción, aborda dónde instalar un campamento militar en las montañas. El segundo se centra en los ríos, en particular en cómo cruzarlos, así como en los humedales y pantanos. El tercero analiza cómo las tropas pueden moverse en diferentes tipos de terreno, mientras que el cuarto trata sobre cómo reunir información sobre el enemigo mediante la observación de sus movimientos en el terreno. El quinto explica cómo identificar la insatisfacción o la baja moral en las filas enemigas. El sexto analiza el lugar donde se encuentran los dos ejércitos para enfrentarse y cómo saber lo que piensa el otro bando mediante la observación de sus conversaciones y acciones. El punto final describe el proceso de la vinculación con tus propias tropas durante una campaña militar.

EN PALABRAS DE SUN TZU

Llegamos ahora a los asuntos del montaje del campamento y de la observación del enemigo. Cruza las montañas con rapidez y mantente cerca de los valles. Acampa en lugares altos, de cara al sol. No luches cuesta arriba. Esto por lo que respecta a la guerra en las montañas.

LECCIÓN 139

CÓMO MOVERSE EN LAS MONTAÑAS

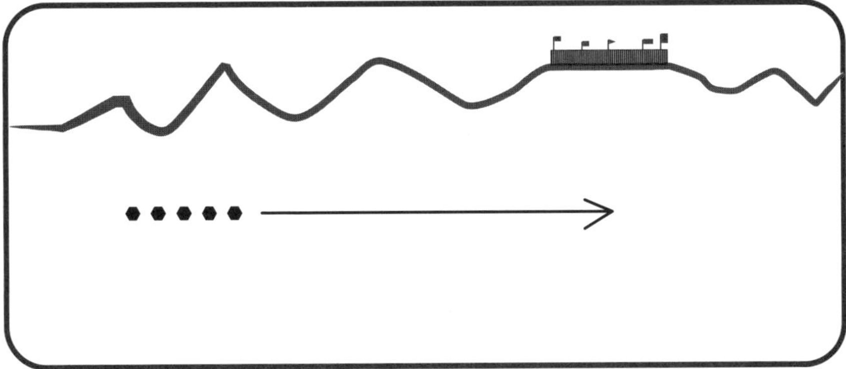

Sun Tzu da las siguientes enseñanzas sobre cómo cruzar zonas montañosas:

NO TE SEPARES DE LOS VALLES

Muévete a lo largo de los valles en lugar de ascender por las laderas de las montañas. Por supuesto, el ejército tiene que ir precedido por exploradores que aseguren que la ruta está despejada. El comentarista chino Li Quan apunta que una ventaja de avanzar por los valles es que estás cerca del agua y puedes recoger las hierbas que crecen en las orillas de los ríos para alimentar a los animales.

MANTENTE EN EL «TERRENO DE VIDA»

Este apartado es problemático y está más abierto a la interpretación que otros. Los ideogramas reales usados son 視生處高, pero su significado no está del todo claro. Sawyer los interpreta como «terreno defendible», que identifica con el término *yang*, que literalmente significa «el lado soleado de una montaña». Minford opta por «vista despejada», y el Grupo Denma utiliza la expresión «terreno de vida». Este apartado se ha traducido de múltiples formas:

- Mantente en lugares abiertos y luminosos.
- Encuentra un terreno fácil de defender.
- Oriéntate hacia el sol.
- Oriéntate hacia el sur.

En cualquier caso, todos los traductores y comentaristas coinciden en que se refiere al lugar adecuado donde posicionar tus fuerzas.

ACAMPA EN LAS ALTURAS

Acampa en las alturas de las montañas y no en las zonas más bajas por donde transitas.

NO LUCHES CUESTA ARRIBA

Si tienes que luchar en las montañas, no te enfrentes al enemigo cuesta arriba. Maniobra siempre de manera que tus fuerzas caigan sobre él desde una posición más elevada. Retírate si eso no es posible.

CONSEJO PARA LA GUERRA: Cuando estés en las montañas, marcha por los valles, no te separes de lugares abiertos y seguros, acampa en puntos elevados y ventajosos y nunca luches cuesta arriba.

EN PALABRAS DE SUN TZU

Después de cruzar un río, debes alejarte de él. Cuando una fuerza invasora cruza un río durante su avance, no te encuentres con ella en medio de la corriente. Lo mejor será dejar que la mitad del ejército cruce y entonces atacar. Si estás ansioso por luchar, no debes ir al encuentro del invasor cerca de un río que tiene que cruzar. Sitúa tus tropas a más altura que las del enemigo y ten en cuenta la posición del sol. No te muevas río arriba para encontrarte con el enemigo. Esto por lo que respecta a la guerra en los ríos.

Al cruzar marismas, tu única preocupación debe ser recorrerlas rápidamente y sin demora alguna. Si te ves obligado a pelear en una marisma, debes tener agua y hierba cerca y colocarte con un grupo de árboles a tu espalda. Esto por lo que respecta a las operaciones en marismas.

En terreno seco y nivelado, ocupa una posición de fácil acceso con terreno elevado a la derecha y de tu retaguardia para que el peligro esté enfrente y la seguridad detrás. Esto por lo que respecta a campañas en llanuras.

Estas son las cuatro ramas útiles del conocimiento militar que permitieron al Emperador Amarillo derrotar a cuatro soberanos.

LECCIÓN 140

DEJA UN ESPACIO DESPUÉS DE CRUZAR UN RÍO

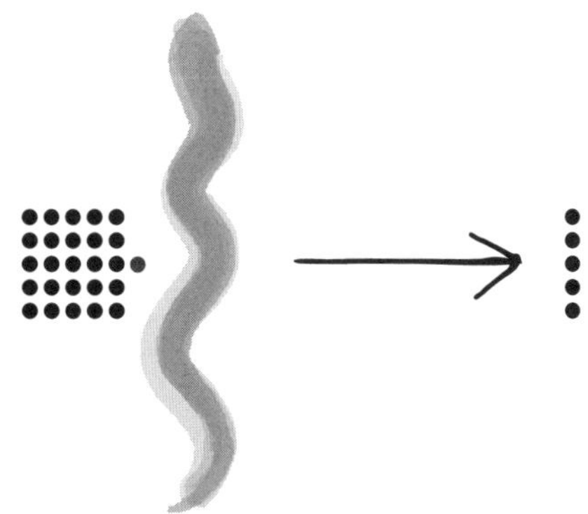

Cuando la vanguardia de tu ejército haya cruzado, no debe quedarse cerca de la orilla. El enemigo esperará a que la mayor parte de tus tropas hayan cruzado para atacar, de modo que las fuerzas de vanguardia deben adentrarse inmediatamente en campo abierto para establecer una línea de defensa. De lo contrario, pueden acabar atrapadas cerca del río. Cuando todo el ejército haya cruzado, debe reorganizarse en campo abierto dejando un espacio detrás de él.

CONSEJO PARA LA GUERRA: Después de cruzar un río, asegúrate de que tus tropas de vanguardia dejan un espacio a su espalda para que el resto del ejército pueda volver a formar.

LECCIÓN 141

ATACA AL ENEMIGO MIENTRAS CRUZA UN RÍO

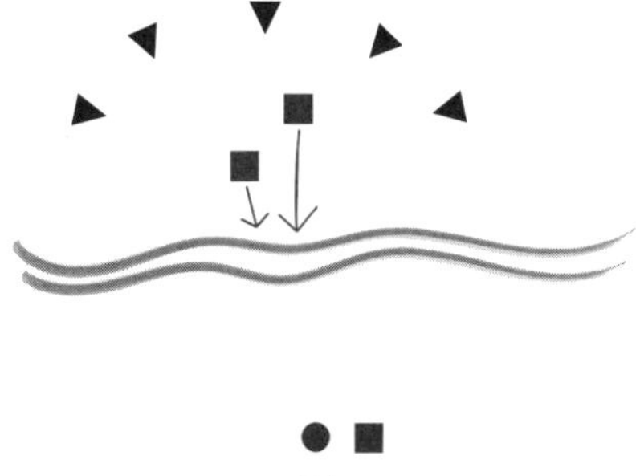

No te precipites y ataques al enemigo en cuanto empiece a cruzar un río. Si así lo haces, ambos ejércitos se encontrarán uno en cada orilla y el enemigo podrá escapar. Espera a que la mitad de sus tropas crucen, y entonces ataca. Eso obligará a los soldados que han cruzado a dar media vuelta y encontrarse de cara con los que les siguen. De ese modo, la primera mitad quedará atrapada mientras la segunda apenas puede maniobrar. Esa es precisamente la razón por la que tus tropas deben dejar un espacio libre a sus espaldas cuando crucen.

CONSEJO PARA LA GUERRA: Espera hasta que el enemigo tenga la mitad de sus tropas al otro lado de un río; entonces cae sobre él a toda velocidad y golpea con fuerza.

LECCIÓN 142

ALÉJATE DE LOS RÍOS CUANDO ENTRES EN BATALLA

Si deseas enfrentarte al enemigo cerca de un río o un cuerpo de agua, aléjate de él y ocupa posiciones en campo abierto. Así te asegurarás de no quedar atrapado en áreas pantanosas ni de tener un río a la espalda. Ocupa una posición elevada.

CONSEJO PARA LA GUERRA: Nunca luches cerca de un río.

LECCIÓN 143

NO TE MUEVAS RÍO ARRIBA

El texto indica que no se debe ir contracorriente, pero esa idea se puede interpretar en el sentido de no estar río abajo. Es difícil caminar río arriba, y más fácil hacerlo a favor de la corriente. El comentarista chino Jia Lin afirma que esta lección previene de sufrir una inundación o un envenenamiento, y Du Mu advierte de la posibilidad de que el enemigo use la fuerza del río para destruir tus embarcaciones. Sin embargo, como sería imposible viajar solo río abajo durante una campaña militar, lo más probable es que la lección se refiera a la posición de tus tropas en relación con las del enemigo cuando la batalla es inminente.

CONSEJO PARA LA GUERRA: Mantente siempre río arriba del enemigo.

LECCIÓN 144

CRUZA RÁPIDO LOS PANTANOS

Sun Tzu da las siguientes enseñanzas sobre cómo cruzar pantanos y tratar con el enemigo cuando se está cerca de ellos.

Si tienes que cruzar un pantano, hazlo lo más rápido posible. Las tierras pantanosas son peligrosas, y allí tus fuerzas serán un objetivo fácil.

Cuando te enfrentes a un enemigo en una tierra pantanosa, hazlo con árboles y vegetación densa a tu espalda. En humedales, los árboles y las plantas más grandes son indicio de un terreno más firme y ligeramente más alto. Luchar ahí sigue siendo difícil, pero no es tan duro como en un terreno bajo, que siempre es más húmedo y está lleno de ciénagas y barro.

Para ejemplificar sus ideas, Sun Tzu se refiere al Emperador Amarillo, quien derrotó a otros cuatro emperadores gracias a que comprendía este tipo de situaciones.

CONSEJO PARA LA GUERRA: Cruza humedales con rapidez y ten terreno firme y alto a tu espalda si tienes que luchar en ellos.

EN PALABRAS DE SUN TZU

Todos los ejércitos prefieren los terrenos elevados a los bajos y los lugares soleados a los oscuros. Si cuidas de tus hombres y acampas en terreno firme, el ejército estará libre de cualquier tipo de enfermedad, y eso significará la victoria. Cuando llegues a una colina o a un río, ocupa el lado soleado dejando el terreno elevado a la derecha de tu retaguardia. Así actuarás en beneficio de tus soldados y aprovecharás las ventajas naturales del terreno.

Cuando, como consecuencia de lluvias intensas en el interior del país, un río que deseas vadear está crecido y espumeante, espera hasta que baje su nivel. Las zonas con barrancos escarpados por donde discurren torrentes, los huecos naturales profundos, los lugares confinados, las zonas de maleza espesa, los lodazales y las grietas deben dejarse atrás con la mayor velocidad posible. Y no hay que acercarse a ellos. Al tiempo que nos mantenemos alejados de lugares así, debemos lograr que el enemigo se acerque a ellos. Cuando nos enfrentemos contra él, debemos dejar que los tenga a su espalda.

Si en las cercanías de tu campamento hay montañas, estanques rodeados de hierbas acuáticas, cuencas llenas de juncos o bosques con maleza espesa, esos lugares deben ser cuidadosamente escudriñados y examinados porque es probable que en ellos haya espías u hombres preparados para tenderte una emboscada.

LECCIÓN 145

OCUPA POSICIONES EN TERRENO FAVORABLE

Sitúa el ejército en un terreno donde sea fácil moverse para que se puedan establecer líneas de comunicación entre sus secciones. Deja espacio libre con terreno elevado a la derecha de tu retaguardia. Allí podrás retirarte si necesitas la ventaja de la altura para enfrentarte al enemigo.

Según Taigong, los ríos y los humedales deben quedar a la izquierda y las colinas a la derecha. Según Mei Yaochen, tener colinas en la parte trasera derecha da impulso al ejército al atacar. Como es lógico, es mejor para los luchadores diestros tener una elevación a su derecha porque así pueden atacar cuesta abajo y a la izquierda. Los soldados sostienen sus escudos con el brazo izquierdo e intentan avanzar hacia la izquierda con el escudo por delante para protegerse. Asimismo, la tendencia natural de los soldados es retirarse a la derecha. Por lo tanto, tener un cerro a ese lado ofrece protección porque obliga al enemigo a atacar cuesta arriba.

CONSEJO PARA LA GUERRA: Colócate frente al enemigo en un terreno llano y fácil, pero cuenta con un terreno elevado a la derecha de tu retaguardia donde puedas retirarte.

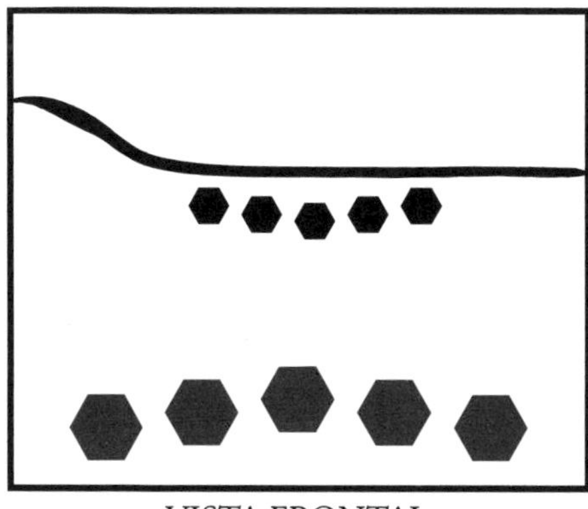

VISTA FRONTAL

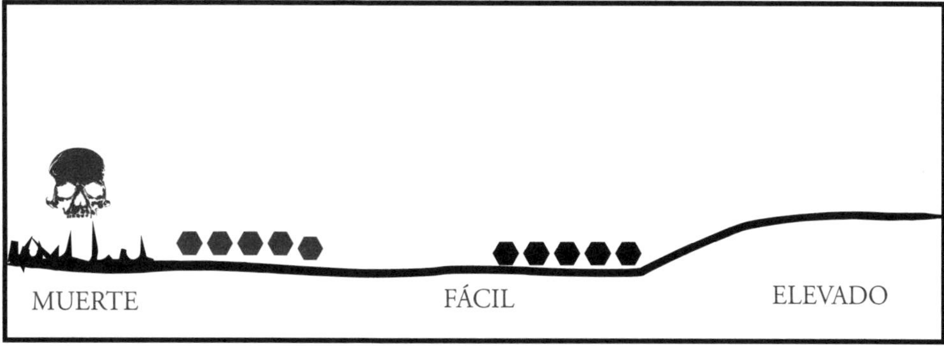

VISTA LATERAL

LECCIÓN 146

BUSCA TERRENOS ELEVADOS

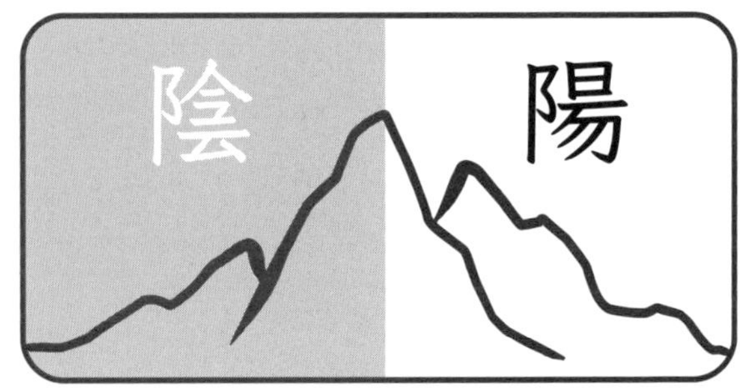

En las zonas altas corre el aire y el agua se drena con facilidad. En esas condiciones no se propagan las enfermedades, por lo que son lugares adecuados para que un gran conjunto de tropas marche o acampe. Por el contrario, las infecciones encuentran terreno abonado en áreas bajas y pantanosas. Los términos que aquí se emplean son el yin y el yang, la oscuridad y la luz, que pueden referirse, por ejemplo, a las vertientes oscuras y soleadas de una montaña o a áreas bajas y altas. Según Sun Tzu, uno debe evitar las áreas yin (oscuras/bajas) y ceñirse a las áreas yang (soleadas/altas).

CONSEJO PARA LA GUERRA: Mantén las tropas fuera de lugares oscuros y húmedos. Sitúalas en un terreno elevado, donde es más fácil moverse y vigilar y donde las enfermedades no se propagan.

LECCIÓN 147

DIRIGE AL ENEMIGO A TERRENO BAJO

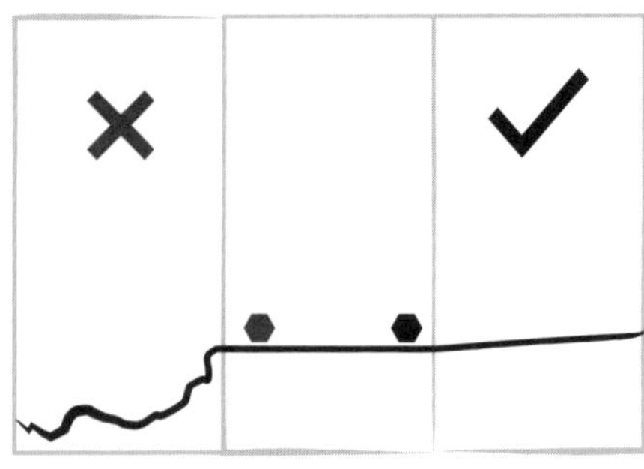

Además de mantener tus tropas en un terreno yang (elevado, firme y soleado), debes obligar al enemigo a ocupar un terreno yin (bajo, pantanoso y oscuro) o maniobrar para que tenga un terreno de esas características a su espalda.

CONSEJO PARA LA GUERRA: Usa el terreno a tu favor: sitúa tus tropas de modo que tengan un terreno favorable a su espalda, y asegúrate de que hay un terreno difícil a la espalda de las tropas enemigas.

LECCIÓN 148

TEN CUIDADO CON LAS INUNDACIONES REPENTINAS

Cuando llueve en un área, el agua cae de forma uniforme y el caudal de los ríos aumenta solo un poco. Sin embargo, también se forman torrentes en las montañas que al desembocar en un río pueden hacer que este se desborde y arrase con lo que encuentre a su paso. Esa es la razón por la que hay que observar la lluvia y no cruzar ríos muy crecidos o que puedan provocar una inundación repentina. Da tiempo al agua para que pase.

El Grupo Denma interpreta el término «desembocar» en sentido figurado, como un «aumento de las fuerzas enemigas» en lugar de lluvia.

CONSEJO PARA LA GUERRA: Si ha habido fuertes lluvias, antes de cruzar un río espera a que baje su cauce.

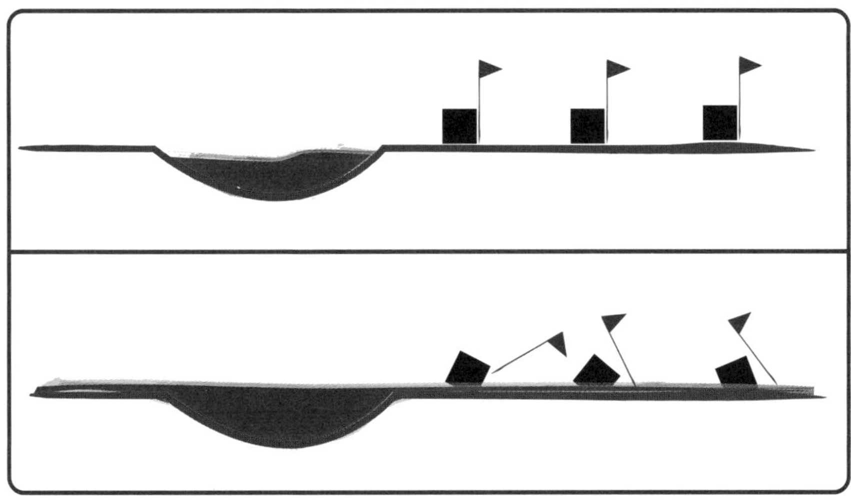

LECCIÓN 149

LOS TERRENOS HÚMEDOS PUEDEN SER UNA TRAMPA MORTAL

Mantén el grueso de tus tropas alejado de barrancos y zonas peligrosas; ve por el camino más largo si es necesario. Sun Tzu aconseja no acercarse a seis tipos de terreno donde un ejército puede quedar atrapado. La siguiente tabla ofrece las traducciones literal y poética de los ideogramas de cada una de esas trampas mortales junto con las descripciones geográficas proporcionadas por Sawyer y el comentarista chino Cao Cao:

IDEOGRAMA	Traducción literal	Descripción de Sawyer	Descripción de Cao Cao
絶澗	Final acuoso	Barrancos y torrentes	Rápidos en alta montaña
天井	Pozo del cielo	Valle rodeado por tres lados	Tierra baja rodeada de montañas
天牢	Prisión del cielo	Valle rodeado por cuatro lados	Áreas en el fondo de un barranco
天羅	Red del cielo	Bosque y vegetación densos	Barranco donde las tropas pueden quedar atrapadas
天陥	Trampa del cielo	Humedales y pantanos	Barranco inundado
天隙	Grietas del cielo	Desfiladeros y pasos estrechos	Camino en el fondo de un barranco

Evita esas zonas a toda costa y, si puedes, asegúrate de que queden a espaldas del enemigo. Quedarte en ellas le pondrá las cosas fáciles para acabar contigo.

CONSEJO PARA LA GUERRA: Si es posible, evita barrancos, terrenos profundos rodeados de áreas elevadas, áreas cubiertas de maleza, pantanos y lugares estrechos.

LECCIÓN 150

ANTICÍPATE A LAS EMBOSCADAS E IDENTIFICA A LOS ESPÍAS

Cuidado con los lugares donde tus enemigos puedan tenderte una emboscada y esconder a sus exploradores: montañas con arroyos, colinas frondosas, pantanos, marismas, bosques o áreas de densa vegetación. Cuando tus fuerzas se dirijan a lugares así, que los exploradores se adelanten en busca de trampas.

CONSEJO PARA LA GUERRA: Examina siempre las zonas donde pueden tenderte una trampa o los espías enemigos pueden esconderse.

EN PALABRAS DE SUN TZU

Cuando el enemigo está cerca y permanece quieto, confía en la fuerza natural de su posición. Cuando se mantiene a distancia y trata de provocar una batalla, desea que el otro bando avance. Si su campamento se encuentra en un lugar de fácil acceso, está ofreciendo un cebo.

El movimiento entre los árboles de un bosque indica que el enemigo avanza. La aparición de una serie de pantallas en medio de la espesura significa que el enemigo quiere hacernos sospechar. Que las aves echen a volar es señal de una emboscada. Las bestias asustadas indican que se avecina un ataque repentino. Cuando se levanta una alta columna de polvo, es señal de carros que avanzan; cuando el polvo es bajo, pero se extiende sobre un área amplia, anuncia la llegada de fuerzas de infantería; cuando se ramifica en diferentes direcciones, indica que se han enviado grupos a recoger leña. Nubes de polvo que aparecen aquí y allí significa que el ejército está acampando.

> *Las palabras humildes y el aumento de los preparativos son señales de que el enemigo está a punto de avanzar. El lenguaje agresivo y el aparente avance son signos de que el enemigo se retira. Si los carros ligeros salen primero y se posicionan en los extremos, es señal de que el enemigo está formando para la batalla. Las propuestas de paz que no van acompañadas de un pacto jurado indican una conspiración. Si hay carreras y los soldados se colocan en fila, el momento crítico ha llegado. Cuando se ve a unos avanzando y a otros retrocediendo, es una trampa.*

LECCIÓN 151

SÉ CONSCIENTE DE CUÁNDO ES FUERTE EL ENEMIGO

Si el enemigo está cerca, no hace ruido y tan solo espera, tiene el terreno a su favor y quiere que tú lances el ataque. Si se mantiene a distancia y trata de provocar a tus soldados para que avancen, intenta llevarte a un terreno difícil mientras él se mantiene en uno firme.

CONSEJO PARA LA GUERRA: Si el enemigo está tranquilo, significa que está en una posición fuerte. Si intenta llevarte a una nueva posición, no vayas porque estarás en desventaja.

LECCIÓN 152

BUSCA MOVIMIENTO EN LOS ÁRBOLES

Hay pocos comentarios sobre este punto. Debes observar las puntas de los árboles pequeños, de los arbustos grandes y de las hierbas altas porque cualquier soldado que avance a través de ellos generará movimiento. Los ideogramas usados son 樹, «árboles», y 草, «hierbas». Aunque los soldados no muevan los árboles grandes, es posible que la actividad enemiga a través de los árboles se vea como una sombra en movimiento.

CONSEJO PARA LA GUERRA: Busca ondas en áreas de monte bajo o sombras en zonas boscosas que puedan ser causadas por los movimientos del enemigo.

LECCIÓN 153

CUIDADO CON LAS POSICIONES ENEMIGAS FALSAS

Si ves escudos, pantallas o secciones de cercas en un campo, ten en cuenta que el enemigo podría intentar hacerte creer que te espera detrás de ellos cuando no es así. (En su traducción, Calthrop habla de ramas rotas y de una clara alteración del terreno, pero la intención es la misma). Podría hacerlo para evitar que pases por esa área y obligarte a tomar una ruta que se adapte mejor a su estrategia e intereses. No dejes que el enemigo dicte tus movimientos. Envía exploradores que verifiquen qué hay, si es que hay algo, detrás de los objetos grandes y observa el comportamiento de los pájaros (ver la lección siguiente).

CONSEJO PARA LA GUERRA: El enemigo puede colocar defensas para que parezca que tiene tropas en esa área, pero de hecho puede ser una artimaña para evitar que te muevas en esa dirección.

LECCIÓN 154

OBSERVA LOS ANIMALES DEL BOSQUE

La mayoría de los pájaros evitan a los humanos; se alejan volando de un área si las personas se acercan o se mantienen lejos si ya hay personas en ella. Observa el paisaje: si los pájaros se echan a volar sobresaltados formando una nube en el cielo, hay personas en movimiento; si evitan cierto lugar, el enemigo tiene tropas allí apostadas para tenderte una emboscada. Sin embargo, algunos pájaros, como las palomas, se sienten atraídos por las concentraciones humanas ya que son para ellos una fuente de alimentos, de ahí que sea necesario conocer el comportamiento de cada tipo de ave.

Si los animales salen corriendo de un área boscosa y parece que huyen, ordena a tus soldados que se preparen. Es una clara señal de que las tropas de choque enemigas están a punto de abandonar ese lugar: se avecina un ataque.

CONSEJO PARA LA GUERRA: Fíjate en los animales; su comportamiento puede dar pistas sobre la actividad del enemigo.

LECCIÓN 155

APRENDE EL LENGUAJE DE LAS NUBES DE POLVO

Cuando las tropas avanzan, en particular por las áridas llanuras del interior de China, levantan nubes de polvo que delatan su posición. Otros tipos de actividad también crean su propia firma en el aire. Sun Tzu describe cuatro tipos principales de nubes de polvo y lo que nos cuentan sobre el enemigo.

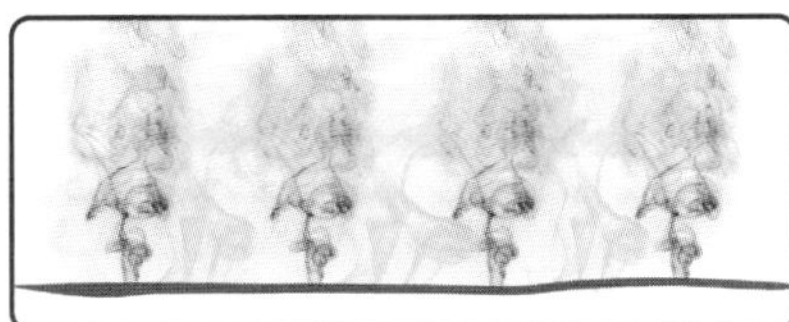

COLUMNAS ALTAS
Altas columnas de polvo son indicio de la presencia de carros o tropas a caballo que avanzan rápidamente.

NUBES BAJAS
Una nube de polvo baja y persistente nos dice que un gran conjunto de tropas avanza lentamente a pie. Los soldados que marchan caminando levantan polvo y suciedad a menos altura que los caballos y los vehículos que circulan a gran velocidad.

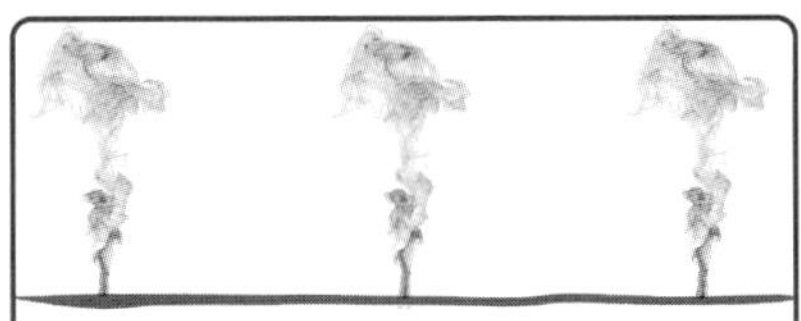

COLUMNAS DELGADAS EN LUGARES DIFERENTES A LA VEZ
La presencia de columnas delgadas de polvo en diferentes puntos puede obedecer a la actividad de pequeños grupos de soldados que han salido de un campamento para recoger leña. Si es así, los soldados no se mueven en una sola dirección, deambulan por distintos lugares.

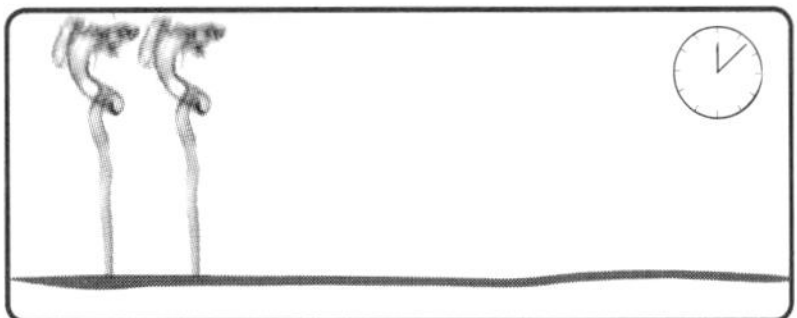

COLUMNAS DELGADAS, MOMENTOS DIFERENTES, MISMO LUGAR
Que el polvo se levante en momentos aleatorios y en lugares ligeramente distintos alrededor de una misma ubicación puede indicar que el enemigo está montando un campamento. Cada fase y área de construcción arrojará su propia nube de polvo. Esas nubes se parecen a las de la recogida de leña. La diferencia es que se levantan al mismo tiempo en un área amplia, mientras que las nubes del montaje de un campamento se generan en diferentes momentos en un área limitada. Por lo tanto, hay que estar atento a sus ubicaciones y momentos de aparición.

De acuerdo con el comentarista chino Mei Yaochen, dado que solo una pequeña avanzadilla de soldados levanta un campamento, estos levantarán pequeñas nubes de polvo en cada zona de trabajo.

CONSEJO PARA LA GUERRA: Observa los diferentes tipos de nubes de polvo e identifica qué te dice cada una de la actividad del enemigo.

LECCIÓN 156

DESCONFÍA DE LAS PALABRAS DEL ENEMIGO

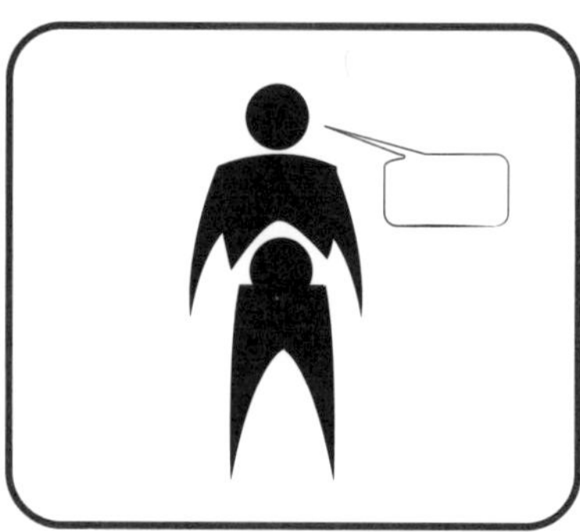

Ciertos tipos de discurso pueden usarse con intenciones ocultas; a menudo dicen lo contrario de lo que se quiere que creas.

Por ejemplo, si el enemigo adopta un tono suave y conciliador en el modo de comunicarse contigo, pero no hay ninguna razón obvia para que sea tan amable, comprueba qué están haciendo sus tropas. Si su forma de moverse parece anunciar un avance o una ofensiva, sus palabras amistosas son solo un intento de distraerte. En tal situación, mantén el diálogo sin revelar tus sospechas, pero no bajes la guardia.

Por otro lado, si su comportamiento es agresivo y hostil, y eso incluye amenazas de guerra y acciones de provocación, puede estar preparándose para huir. En ese caso, es posible que trate de empujarte a que adoptes una posición defensiva completa en la que tus tropas formen estáticamente. Eso le dará tiempo para escapar porque se necesita tiempo para que un ejército abandone tal configuración. Busca señales que indiquen que prepara una retirada y mantén tus tropas listas para atacar.

CONSEJO PARA LA GUERRA: No te dejes engañar por la conducta del enemigo. Un comportamiento agresivo puede ser señal de que está a punto de retirarse; un ataque puede ir precedido de palabras amistosas.

LECCIÓN 157

OBSERVA LOS VEHÍCULOS EN LOS FLANCOS

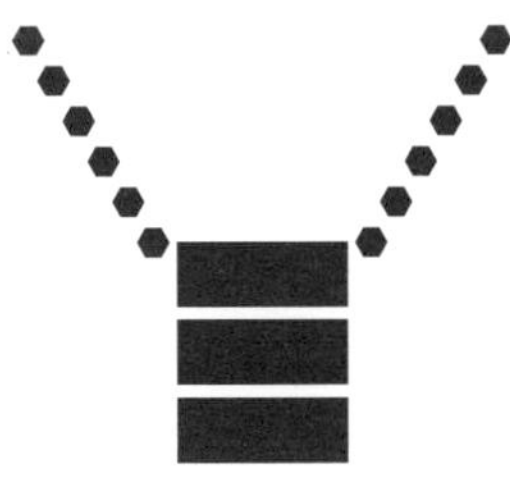

El grueso de un ejército está formado por la infantería, que marcha por la zona central. Los vehículos ligeros suelen colocarse en los flancos para defenderla. Por lo tanto, si ves que el mando enemigo mueve sus vehículos hacia los lados, significa que está formando sus fuerzas para el combate y se prepara para avanzar. Dado que el enemigo intenta evitar que rodees sus flancos, su disposición te indica dónde tiene la intención de luchar, lo que te permite preparar el terreno.

CONSEJO PARA LA GUERRA: Estudia la posición de los vehículos que flanquean el ejército enemigo para saber dónde pretende luchar.

LECCIÓN 158

NO CAIGAS EN LA TRAMPA DE UNA FALSA OFERTA DE PAZ

Una repentina oferta de paz después de un período de hostilidad es extremadamente sospechosa. A menos que el enemigo la respalde con una verdadera desescalada y un tratado firmado, es casi seguro que trama algo. El comentarista chino Chen Hao señala que este tipo de movimiento indica que la situación del enemigo ha cambiado de alguna manera. Puede estar preparándose para atacarte, o puede tener problemas en su territorio y necesita detenerte. En cualquier caso, es un truco para que bajes la guardia. No te dejes engañar y eleva tu nivel de alerta.

CONSEJO PARA LA GUERRA: Si el enemigo ofrece paz pero no respalda ese ofrecimiento con nada, se trata de una artimaña para que te confíes. Prepárate para la acción.

LECCIÓN 159

OBSERVA LA FORMACIÓN DEL ENEMIGO

Los traductores y comentaristas han interpretado esta sección de diferentes maneras. A saber:

- Al formar, el enemigo indica en qué momento tendrá lugar la batalla (Ames).
- El movimiento de tropas y mensajeros significa que la batalla está a punto de comenzar (Calthrop).
- Los que forman esperan refuerzos (Cleary).
- Cuando el enemigo forma, ha llegado el momento de la batalla (Clements, Giles y Trapp).
- Si el enemigo se apresura y forma, significa que quiere aprovechar el momento (Grupo Denma).
- Cuando las tropas forman, se disponen a encontrarse con otras (Griffith).
- Cuando los soldados forman, están esperando algo (Minford).
- Las tropas que corren y forman tienen un plan predeterminado (Sawyer).

Como puede verse, las traducciones difieren, pero se refieren a un mismo tema. Se agrupan en dos interpretaciones principales: 1) si el ejército enemigo forma, significa que la batalla comenzará en breve; 2) si el enemigo forma, es porque espera unirse a otras fuerzas y atacar.

CONSEJO PARA LA GUERRA: Cuando el enemigo comience a formar, prepárate para la batalla y envía exploradores para comprobar si hay refuerzos en camino para reunirse con sus tropas.

LECCIÓN 160

LA MITAD DE FUERZA, EL DOBLE DE PELIGRO

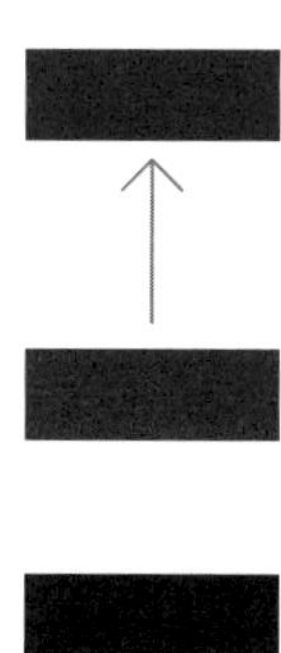

Cuando el enemigo reduce su fuerza a la mitad y su retaguardia se retira, te está lanzando un cebo. Quiere que ataques a la fuerza debilitada que mantiene en el frente porque tiene un plan en marcha. Puede haber escondido tropas en las proximidades, puede querer llevarte a una trampa natural o puede estar preparándose para flanquearte. No ataques a unos soldados que parecen haber quedado abandonados: el enemigo intenta llevarte hacia el peligro.

CONSEJO PARA LA GUERRA: Si el enemigo deja atrás la mitad de sus fuerzas para que las ataques, recuerda que es una trampa.

EN PALABRAS DE SUN TZU

Cuando los soldados se apoyan en sus lanzas, desfallecen por falta de alimento. Si los enviados a recoger agua lo primero que hacen es beber, el ejército pasa sed. Si el enemigo está en una posición de ventaja y no hace ningún esfuerzo por aprovecharla, sus soldados están exhaustos.

Si las aves se juntan en algún lugar, allí no hay nadie. Si hay llamadas nocturnas, es porque hay nerviosismo. Si hay disturbios en el campamento, la autoridad del general es débil. Si se mueven los estandartes y las banderas, la sedición está en marcha. Si los oficiales están enfadados, significa que sus hombres están cansados.

Cuando un ejército alimenta a sus caballos con grano y sacrifica su ganado para comer, y cuando los hombres no cuelgan sus ollas sobre las fogatas —indicio de que no volverán a sus tiendas—, significa que ese ejército está decidido a pelear hasta la muerte.

La vista de hombres hablando entre susurros o en voz baja en pequeños grupos apunta a la desafección en la tropa. Si se dan recompensas con demasiada frecuencia, significa que el enemigo se está quedando sin recursos. Cuando se realizan demasiados castigos es porque el enemigo está desesperado.

LECCIÓN 161

IDENTIFICA CUÁNDO EL ENEMIGO ESTÁ EXHAUSTO

⬢ Hambre ⬢ Sed ⬢ Agotamiento

Observa al enemigo en busca de signos reveladores de debilidad física:

- Los soldados que necesitan apoyarse en sus armas están desnutridos.
- Los soldados enviados a recoger agua que beben inmediatamente en lugar de esperar a estar de vuelta en el campamento están pasando sed.
- Un enemigo que no se molesta en aprovechar una situación de evidente ventaja está agotado.

CONSEJO PARA LA GUERRA: Utiliza exploradores y espías para observar al enemigo en busca de signos de hambre, sed y agotamiento.

LECCIÓN 162

SI HAY PÁJAROS PRESENTES, EL ENEMIGO ESTÁ AUSENTE

Como vimos en la lección 154, la mayoría de las aves se mantendrán alejadas de los humanos. Por lo tanto, si hay pájaros alrededor de una fortificación, campamento o posición, significa que allí no hay nadie y se trata de una posición falsa con la que intentan disuadirte de moverte en esa dirección.

CONSEJO PARA LA GUERRA: Si los pájaros y demás vida silvestre viven tranquilamente en una posición enemiga, allí no hay humanos.

LECCIÓN 163

BUSCA SEÑALES DE MIEDO Y DESORDEN EN EL ENEMIGO

Incluso desde la distancia, es posible observar signos de ansiedad o desorden en las filas enemigas. Sun Tzu da los siguientes ejemplos:

- Los soldados que se lanzan palabras de aliento o tranquilidad por la noche tienen miedo. Los soldados que no tienen miedo no necesitan hacerlo.
- Los soldados que se reúnen donde no deben e ignoran los protocolos no tienen respeto por sus líderes. De lo contrario, prestarían atención y se moverían con rapidez y propósito.
- El uso caótico de banderas indica que el enemigo ha perdido el control de sus sistemas de comunicación e identificación. Un ejército disciplinado mueve sus banderas en el momento correcto, al unísono y en posiciones preestablecidas. Observa el uso normal de las banderas por parte del enemigo. Si esa normalidad se rompe, significa que en su ejército reina el desorden.
- Las muestras de impaciencia, como órdenes en tono duro y arrebatos de ira, de los oficiales hacia la tropa indican que hay cansancio en las filas enemigas. Los signos de irritación indican que el enemigo necesita descanso.

CONSEJO PARA LA GUERRA: Observa cuidadosamente la relación entre la tropa y los oficiales enemigos en busca de signos de miedo, desorden y fatiga. Los gritos ansiosos de ánimo, la poca disciplina, el uso caótico de las banderas y el mal genio indican que algo no marcha bien.

LECCIÓN 164

IDENTIFICA LOS PREPARATIVOS PARA UN ASALTO DEFINITIVO

Si el enemigo se prepara para lanzar un último asalto a todo o nada, su rutina presentará algunos cambios. Busca los signos siguientes:

- Los hábitos de alimentación cambian. Las traducciones difieren en este punto. Algunas versiones señalan que el enemigo sacrificará sus caballos para alimentar con carne a sus soldados y fortalecerlos; otras dicen que alimentará a los caballos más de lo habitual con el mismo fin.
- No cuidan sus cacharros de cocina. Las comidas de los ejércitos son actos multitudinarios que siguen unas rutinas claramente identificables. Si el enemigo modifica ese hábito y no lava y guarda sus utensilios de cocina después de usarlos, se puede decir que estamos ante la última comida antes del asalto definitivo. Algunos generales incluso rompen las ollas para demostrar que no hay vuelta atrás.
- Los soldados no regresan a sus tiendas después de comer como hacen habitualmente. Si eso va acompañado del resto de signos comentados, significa que están a punto de formar para lanzar un último ataque.

CONSEJO PARA LA GUERRA: Si el enemigo da a sus soldados la última comida que le queda, y rompe o desecha ollas y sartenes, puede significar que tiene la intención de lanzar un asalto final a vida o muerte.

EN PALABRAS DE SUN TZU

Comenzar lanzando fanfarronadas pero luego asustarse por la cantidad de soldados enemigos es signo de una suprema falta de inteligencia. Enviar emisarios con cumplidos en sus bocas es señal de que el enemigo desea una tregua. Si las tropas del enemigo marchan furiosas y permanecen mucho tiempo frente a las nuestras sin presentar batalla ni retirarse, la situación exige gran vigilancia y circunspección.

Que nuestras tropas no superen en número a las del enemigo no significa que sean insuficientes, solo que no se puede realizar un ataque directo. Lo que podemos hacer es simplemente concentrar toda nuestra fuerza disponible, mantener una estrecha vigilancia sobre el enemigo y obtener refuerzos. Aquel que no ejercita la previsión, sino que toma a la ligera a sus oponentes, seguramente será capturado por ellos.

LECCIÓN 165

IDENTIFICA LA DISCORDIA EN LAS FILAS ENEMIGAS

Usa espías y exploradores para observar al enemigo de cerca. Si informan de alguna de las situaciones siguientes, tendrás motivos para sospechar que no todo va bien entre sus filas:

- Pequeños grupos de soldados que hablan entre susurros: quizá planean rebelarse o desertar.
- Líderes que otorgan recompensas y honores en exceso: intentan ganarse a soldados insatisfechos o intentan animar a soldados exhaustos.
- Castigos frecuentes y excesivos: el líder ha perdido su autoridad natural sobre las tropas y ya no puede contar con su lealtad, por lo que tiene que recurrir al miedo como forma de control. Sin embargo, esa dureza solo funcionará por un tiempo. Llegado el momento, los soldados se volverán contra sus mandos, que pasarán a temer represalias por su brutalidad.

Ten en cuenta también que, si el enemigo envía emisarios con una oferta de paz a pesar de no haber sido derrotado en el campo de batalla, puede tratarse de una maniobra para ganar tiempo y solventar conflictos internos (ver lección 158).

CONSEJO PARA LA GUERRA: Observa al enemigo de cerca. Si los soldados parecen conspirar, si se otorgan recompensas con demasiada facilidad o si los castigos son demasiado severos, la unidad de las filas enemigas se está rompiendo.

LECCIÓN 166

CUIDADO CON UN ENEMIGO QUE AVANZA PERO NO ATACA

Sospecha de una fuerza enemiga que adopta una formación agresiva, parece estar muy decidida y avanza hacia tu posición con la intención de atacar, pero en realidad no ataca. Aunque los comentaristas no han añadido nada a esta lección, se puede suponer que se trata de una táctica del enemigo para observar tu reacción y ajustar sus planes en consecuencia.

CONSEJO PARA LA GUERRA: Si parece que el enemigo quiere pelear pero se aleja en el último momento, es una trampa. No caigas en ella.

LECCIÓN 167

FUERZA VERSUS TÁCTICA

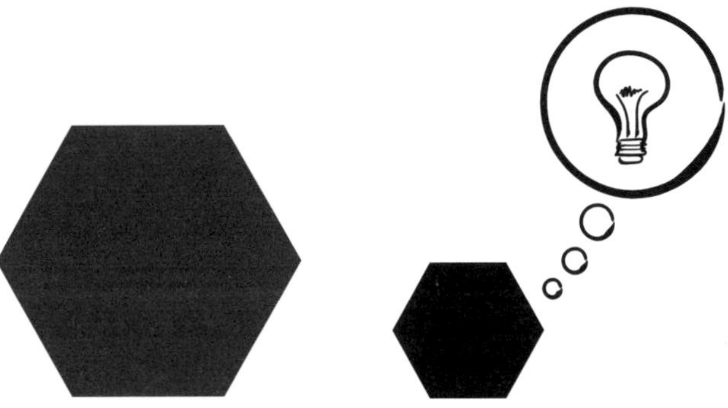

Una fuerza pequeña puede derrotar a otra más grande valiéndose de la observación, la predicción y la manipulación para establecer en qué términos se desarrollará la batalla. He ahí la esencia de la guerra táctica. Sin embargo, llega un punto en el que la diferencia de efectivos entre ambos bandos es demasiado grande y la fuerza más numerosa ganará siempre sin importar cuánto ingenio tenga el líder de la fuerza más pequeña. En ese caso, tal como recogen algunas versiones, todo lo que se puede hacer es consolidar tu posición y esperar refuerzos.

Disponer de un ejército más numeroso significa que puedes atacar con agresividad sin pensar demasiado en tácticas complejas porque lograrás la victoria de todos modos. Sin embargo, si ignoras las tácticas por completo y confías solo en la fuerza, en algún momento perderás. Es un juego de probabilidades en el que, sencillamente, no siempre se puede ganar.

CONSEJO PARA LA GUERRA: Aunque planees las tácticas más astutas, te derrotarán si te superan claramente en número. Por otro lado, aunque tu ejército sea el más grande, no confíes solo en la fuerza de los números.

EN PALABRAS DE SUN TZU

Si castigas a los soldados antes de haber conseguido su lealtad, no obedecerán; si no son obedientes, serán prácticamente inútiles. Si, cuando hayas conseguido la lealtad de los soldados, no aplicas los castigos, seguirán siendo inútiles. Por lo tanto, los soldados deben ser tratados en primera instancia con humanidad, pero mantén el control por medio de una disciplina de hierro. Ese es un camino cierto a la victoria.

Si los soldados acatan habitualmente las órdenes durante el entrenamiento, el ejército estará bien disciplinado; si no, su disciplina será mala. Si un mando muestra confianza en sus hombres pero insiste siempre en que se obedezcan sus órdenes, el beneficio será mutuo.

LECCIÓN 168

GÁNATE LA LEALTAD DE TUS TROPAS

Sun Tzu reconoce la importancia de una relación positiva entre el líder y sus soldados y establece las siguientes formas de construir y mantener esos lazos:

- Nunca castigues antes de haber logrado la lealtad de la tropa. Cuando tomes el mando por primera vez, comunica tus expectativas a través de un conjunto claro de reglas. Sin embargo, da tiempo a los soldados para que se acostumbren a tu régimen y no empieces inmediatamente a establecer castigos. El primer contacto no debe ser negativo. Sé fuerte, actúa con seguridad y genera un clima feliz y positivo.
- Forma vínculos a través de la experiencia compartida. Trabaja y vive cerca de los soldados, participa en sus actividades, aliéntalos y establece metas compartidas mientras mantienes una línea divisoria clara entre oficiales y tropa.

- Da importancia a la lealtad por encima de la destreza militar o de cualquier otra cosa similar. El resto de cualidades tienen su lugar, pero nada es tan importante como la lealtad a un líder militar.
- Haz cumplir tus reglas de manera más estricta cuando se hayan establecido los lazos de lealtad. Una vez que formen parte de tu sistema, los soldados se sentirán avergonzados y deshonrados si no cumplen con sus deberes y aceptarán la sanción que eso acarree.
- Trata siempre a tus soldados con respeto. Incluso cuando establezcas los castigos y des las reprimendas más severas, sé tranquilo, cívico y cortés.
- Crea un marco de protocolo militar. Asegúrate de que las tropas cuentan con rutinas y sistemas para estructurar sus días y mantenerse ocupadas. Vivir con un estilo militar une a los soldados y establece una mentalidad colectiva.
- Sé coherente. Aplica tus sistemas de castigo y recompensa a todos por igual. Es importante que tus soldados sepan exactamente qué apruebas y qué no, y que todos tengan una idea clara de qué lugar ocupan en tu estructura. Guarda la imprevisibilidad para el enemigo.
- Fomenta la confianza mutua. Si tus acciones inspiran confianza en tus soldados, podrás confiar en que ellos lo den todo por ti.

CONSEJO PARA LA GUERRA: Gánate la lealtad de tus soldados tratándolos con equidad, coherencia y respeto. Establece sistemas y rutinas claros para que cada individuo sepa qué se espera de él.

地形篇

CAPÍTULO 10

SOBRE EL PAISAJE

SOBRE EL PAISAJE

El título del décimo capítulo de Sun Tzu usa el ideograma 地, que significa «tierra» o «suelo», y 形, que significa «forma». Se divide en cuatro áreas principales:

1 Los seis tipos de terreno de los campos de batalla.
2 Los seis tipos de ejército mal dirigido.
3 Una evaluación militar para un líder.
4 Reglas y consejos para los «generales de oro».

El primer punto detalla los seis tipos de terreno que una fuerza militar puede encontrar y qué hacer en cada situación. El segundo punto describe las seis formas en que un líder puede perder el mando y cómo evitarlo. El tercer punto es un breve repaso de enseñanzas con el añadido de una lección sobre cuándo desobedecer las órdenes de líderes civiles. El punto final es un conjunto de reglas y consejos para los jefes militares de más alto nivel.

EN PALABRAS DE SUN TZU

Podemos distinguir seis tipos de terreno; a saber:

1 Terreno accesible.
2 Terreno difícil.
3 Terreno neutro.
4 Pasos estrechos.
5 Alturas escarpadas.
6 Posiciones a gran distancia del enemigo.

El terreno que ambos bandos pueden recorrer libremente se llama «accesible». En cuanto a terrenos de esa naturaleza, adelántate al enemigo en la ocupación de las zonas elevadas y los lugares soleados, y protege cuidadosamente tu línea de suministros. Entonces podrás luchar con ventaja.

El terreno que se puede abandonar pero que es complicado de volver a ocupar se denomina «difícil». Desde una posición de ese tipo, si el enemigo no está preparado, puedes hacer una salida y derrotarlo. Pero si el enemigo está preparado para tu llegada y no consigues derrotarlo, entonces, al ser imposible el regreso, se producirá el desastre.

Cuando la posición es tal que ninguno de los bandos ganará haciendo el primer movimiento, se llama «terreno neutro». En una posición de ese tipo, aunque el enemigo nos ofrezca una ventaja, será conveniente no intentar aprovecharla, sino más bien retirarse, tentando así al enemigo; entonces, cuando parte de su ejército salga, podremos lanzar nuestro ataque con ventaja.

Con respecto a los pasos estrechos, si puedes ocuparlos primero, déjalos fuertemente guarnecidos a la espera de la llegada del enemigo. Si el ejército enemigo se adelanta en la ocupación de un paso, no lo persigas si este está totalmente defendido, solo si lo está débilmente.

Con respecto a las alturas escarpadas, si llegas antes que tu enemigo, debes ocupar los lugares elevados y soleados, y allí esperarlo. Si el enemigo los ha ocupado antes que tú, no lo sigas: retírate y trata de alejarlo de allí.

Si estás situado a gran distancia del enemigo y la fuerza de ambos ejércitos es igual, no es fácil provocar una batalla y luchar será para ti una desventaja.

Estos son los seis principios relacionados con el terreno. El general que ha alcanzado un puesto de responsabilidad debe tener el cuidado de estudiarlos.

LECCIÓN 169

LOS SEIS TIPOS DE TERRENO DE LOS CAMPOS DE BATALLA

En esta lección veremos las seis categorías de terrenos de los campos de batalla, cuáles son sus características y qué se debe hacer en cada situación.

1 TERRENO ACCESIBLE

«Terreno accesible» (有通者) es aquel en el que ambos ejércitos pueden moverse sin dificultad y en el que las líneas de suministro y las vías de huida están despejadas.

En esta situación, debes trasladarte a un terreno más elevado y abierto (yang) para lograr una posición de ventaja.

2 TERRENO SIN RETIRADA

El problema con el «terreno sin retirada» (有挂者) es que no se puede abandonar con la misma facilidad con la que se entra en él, en especial si el enemigo presiona. Descender por una pendiente rocosa cuando uno mismo lo decide puede ser bastante fácil, pero subir por ella cuando el enemigo te persigue es muy distinto. Esta idea es aplicable a todas las situaciones similares.

ARRIBA: El ejército de la derecha puede entrar fácilmente, pero le será difícil salir bajo presión.

Es factible luchar en un terreno sin vía de retirada si estás seguro de que tu ejército ganará, porque en ese caso no necesitarás irte por donde viniste. Pero si tienes alguna duda, no te enfrentes ahí al enemigo: es probable que tus tropas queden atrapadas. Estudia el campo de batalla y, si tu vía de escape presenta obstáculos de algún tipo, piénsalo bien antes de atacar.

3 TERRENO NEUTRO

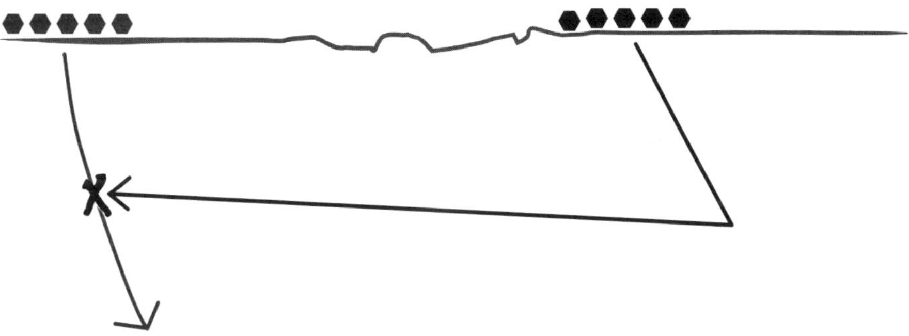

Un área de batalla a la que es difícil acercarse para ambos ejércitos se conoce como «terreno neutro» (有支者).

En tal situación, estas son las opciones: puedes abandonar la zona y empezar de nuevo tomando posiciones en otro lugar; como alternativa, puedes atraer al enemigo para que abandone su posición y atacarlo cuando esté en movimiento. Esa es la táctica de las tropas negras en el diagrama de arriba. Las tropas negras fingen retirarse, lo que tienta a las tropas rojas a perseguirlas. Sin embargo, cuando la mitad del ejército rojo está en movimiento, las tropas negras giran y las atacan por un flanco.

Otra opción es atacar mientras el enemigo aún se está formando, antes de que haya tenido la oportunidad de aprovechar al máximo el terreno.

4 TERRENO RODEADO

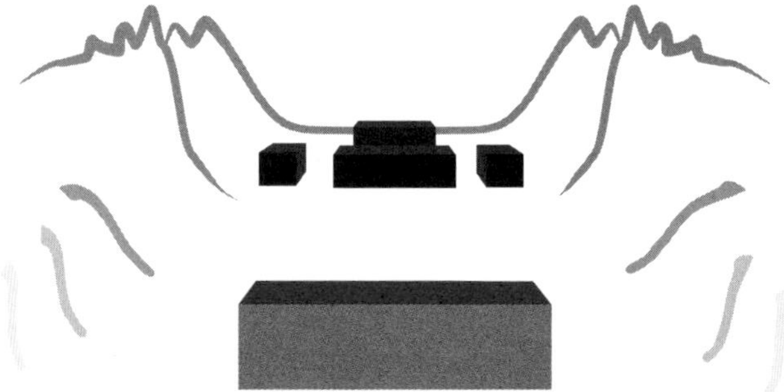

«Terreno rodeado» (有隘者) es un área que tiene obstáculos a su alrededor, como montañas, ríos y bosques.

Si llegas a este tipo de terreno antes que el enemigo, toma posiciones para estar listo cuando avance. Si el enemigo ya está ahí posicionado, no entres. Sin embargo, si el enemigo está ahí pero todavía no ha ocupado posiciones, puedes seguir adelante.

5 ZONAS PELIGROSAS Y EN PENDIENTE

Las «zonas peligrosas y en pendiente» (有險者) son cimas de montañas, cimas de barrancos y lugares altos difíciles en términos generales.

Cuando te encuentres en lo alto de montañas rocosas o de lugares escarpados, busca la zona elevada más abierta (yang). En ese lugar tus fuerzas estarán más seguras y dispondrán de una plataforma desde la que lanzar un ataque cuesta abajo. Si el enemigo ocupa el terreno más alto o más abierto, no te enfrentes a él. Retírate y encuentra una posición más ventajosa.

6 TERRENO ABIERTO

El «terreno abierto» (有遠者) no presenta obstáculos en ninguna dirección.

En esa situación, un enemigo puede perseguirte fácilmente si te retiras porque no hay donde esconderse. Por lo tanto, asegúrate de que tienes fuerzas suficientes para ganar la batalla. Además, es un error hacer el primer movimiento en un terreno vasto y abierto: mantén tus fuerzas en formación y espera el ataque del enemigo.

Según Sun Tzu, estas seis situaciones abarcan todos los escenarios posibles, y cualquier mando militar con un mínimo de competencia las estudia con gran detalle.

CONSEJO PARA LA GUERRA: El terreno accesible es el mismo para ambos bandos; hay que entrar con mucha cautela en el terreno sin retirada; en un terreno neutro, haz que el enemigo se mueva y entonces atácalo; entra en un terreno rodeado por todos los lados solo si el enemigo no está en él; en las montañas, toma la posición más alta y más abierta; en terrenos vastos, abiertos y llanos, enfréntate al enemigo solo si puedes ganar, porque si huyes te perseguirá y te destruirá.

EN PALABRAS DE SUN TZU

Un ejército está expuesto a seis calamidades distintas que no tienen causas naturales, sino que son consecuencia de faltas de las que es responsable el general. Estas son:

1. *Huida a la desbandada.*
2. *Insubordinación.*
3. *Hundimiento.*
4. *Ruina.*
5. *Desorganización.*
6. *Derrota aplastante.*

En igualdad de condiciones, si una fuerza se lanza contra otra diez veces más grande, el resultado será la huida a la desbandada de la primera.

Cuando los soldados rasos son fuertes y sus oficiales débiles, el resultado es la insubordinación.

Cuando los oficiales son fuertes y los soldados rasos débiles, el resultado es el hundimiento.

Cuando los oficiales de alto rango están enfadados y son insubordinados, y cuando al encontrarse con el enemigo entran en combate por propia iniciativa movidos por el resentimiento antes de que el comandante en jefe pueda decir si se está o no en condiciones de luchar, el resultado es la ruina.

Cuando el general es débil y no tiene autoridad, cuando sus órdenes no son claras y nítidas, cuando los oficiales y los soldados no tienen obligaciones establecidas y las formaciones son descuidadas y desordenadas, el resultado es la absoluta desorganización.

Cuando un general, incapaz de estimar la fuerza del enemigo, permite que una fuerza pequeña se enfrente a una más grande, o lanza un destacamento débil contra uno poderoso y se olvida de colocar soldados escogidos en primera fila, el resultado será una derrota aplastante.

Estas son las seis formas de exponerse a la derrota; deben ser cuidadosamente estudiadas por el general que ha alcanzado un puesto de responsabilidad.

LECCIÓN 170

LOS SEIS TIPOS DE MAL LIDERAZGO

A continuación se enumeran los seis tipos de liderazgo deficiente que pueden conducir al fracaso de un ejército. No tienen nada que ver con el terreno (tierra) o las condiciones meteorológicas (cielo), y su única explicación es la incompetencia.

1 TEMERIDAD

No te lances a la batalla contra un enemigo mucho más poderoso. Incluso si tu ejército iguala en tecnología, entrenamiento y habilidad al del enemigo, si el ejército enemigo supera claramente al tuyo, digamos en una proporción de diez a uno, tus fuerzas huirán sin importar lo que digas o hagas.

2 PROMOCIÓN DE OFICIALES DÉBILES

Elige a tus oficiales con base en el mérito. Si la tropa es fuerte pero los oficiales son débiles e inadecuados para el liderazgo, la disciplina será pobre, los soldados carecerán de dirección y determinación y, en consecuencia, el ejército será poco disciplinado.

3 RECLUTAMIENTO Y ENTRENAMIENTO DEFICIENTES

Recluta y entrena a tus tropas a conciencia. Incluso con oficiales fuertes y disciplinados, si las tropas no son lo bastante buenas o carecen de preparación, el ejército se hundirá por su base.

4 TOLERANCIA DE OFICIALES POCO DISCIPLINADOS

Nunca permitas que los oficiales de alto rango a cargo de sus propias secciones de tropas puedan dirigirlas de forma independiente. Si los oficiales ignoran las formas y órdenes del líder militar, la estructura de liderazgo y el ejército se derrumbarán a consecuencia de la confusión.

5 AUSENCIA DE OBJETIVO

Asegúrate de que todos entiendan el objetivo principal del ejército y el papel que desempeñan en él. Establece metas claras, asigna tareas útiles a todos y mantén tus fuerzas ocupadas con el procedimiento correcto. Las tropas que no saben qué se espera de ellas sienten inquietud y el caos es inevitable.

6 MALA TOMA DE DECISIONES EN EL CAMPO DE BATALLA

Una colocación correcta es primordial. La vanguardia debe contar con la mayor cantidad de tropas de élite combinadas para que formen una cuña potente con la que derrotar al enemigo. Si el líder militar no deja de tomar decisiones incorrectas, desconoce los planes del enemigo, ataca fuerzas superiores y no despliega las tropas adecuadas en los lugares apropiados, es inevitable que en algún momento su ejército huya y él no pueda mantener el control.

Estas son las seis formas en las que un mal liderazgo puede acabar con un ejército. Un buen líder militar debe entenderlas todas.

CONSEJO PARA LA GUERRA: Nunca pelees contra una fuerza demasiado grande con independencia de la calidad de tus tropas. Nombra oficiales fuertes. Asegúrate de que los soldados estén bien entrenados. No permitas que tus oficiales actúen de forma independiente. Da a todos un papel claro. Asegúrate de que la persona que tiene el mando general, ya seas tú o algún otro, está a la altura de la tarea.

EN PALABRAS DE SUN TZU

Las formas naturales del terreno son las mejores aliadas del soldado, pero la capacidad para estimar al adversario, controlar las fuerzas de la victoria y calcular astutamente las dificultades, los peligros y las distancias son la prueba de un gran general. Quien sabe estas cosas y pone su conocimiento en práctica durante la lucha ganará sus batallas. Quien no las conoce ni las practica será derrotado.

Si el resultado de la lucha es, con toda seguridad, la victoria, debes luchar aunque el gobernante lo prohíba; si el resultado no es la victoria, no debes luchar aunque el gobernante lo ordene. El general que avanza sin codiciar la fama y se retira sin temor a la desgracia, cuyo único pensamiento es proteger su país y prestar un buen servicio a su soberano, es la joya de la corona.

LECCIÓN 171

TRABAJA CON EL TERRENO, NO CONTRA ÉL

Tras abordar el tema del mal liderazgo, Sun Tzu regresa al terreno. Según él, entender este aspecto de la guerra es crucial si se quiere ser un gran líder. Señala:

- El terreno es la base de la victoria de un ejército.
- Hay que comprender todas las formas de terreno y saber cómo aprovecharlas.
- Deben comprenderse los terrenos extremos, como áreas rocosas profundas y lugares empinados.
- Debe analizarse la intención y situación del enemigo.

CONSEJO PARA LA GUERRA: Piensa en el terreno como en un aliado, pero ten en cuenta que también puede ser un enemigo.

LECCIÓN 172

HAY QUE SABER CUÁNDO ACTUAR EN CONTRA DE LAS ÓRDENES

La desobediencia de una orden parece lo último que se espera encontrar en *El arte de la guerra*. Sin embargo, Sun Tzu enseña que, si la victoria es segura, se debe ignorar la orden de no luchar; lo mismo sucede si se ha ordenado atacar pero la derrota es segura.

Esta es una lección difícil que solo deben seguir aquellos líderes con una capacidad de comprensión más profunda, los llamados «generales de oro». Sería un error que un líder desobedeciera una orden sin tener en cuenta la política compleja que puede haber detrás. Aunque las decisiones de retroceder o avanzar pueden parecer erróneas, tal vez haya una razón sutil para ellas.

Está claro que Sun Tzu habla de un maestro de la estrategia, alguien de un entendimiento casi «divino» que ha visto todas las situaciones que depara la guerra, ha analizado en profundidad todos los temas, incluidas las repercusiones políticas de ciertas decisiones, y puede identificar una orden errónea.

Si ese eres tú, sigue adelante y desobedece la orden. Pero más vale que no te estés equivocando.

CONSEJO PARA LA GUERRA: Solo los líderes más grandes pueden desobedecer una orden, y solo deben hacerlo cuando estén seguros de que lograrán la victoria o evitarán la derrota.

LECCIÓN 173

AVANZA Y RETROCEDE POR LAS RAZONES ADECUADAS

Nunca avances con el único objetivo de ganar fama ni retrocedas para evitar un peligro personal o que te reprendan. Un líder sabio avanza o retrocede solo cuando la situación lo dicta y no por ninguna razón política o interesada. Los elementos clave a considerar son siempre la protección de las personas y del Estado. Según Sun Tzu, un líder que avanza o retrocede solo por motivos prácticos es un tesoro nacional.

CONSEJO PARA LA GUERRA: Avanza o retrocede solo por razones prácticas. Nunca permitas que otros factores, como la fortuna personal o las preocupaciones políticas, nublen tu juicio.

EN PALABRAS DE SUN TZU

Considera a tus soldados como a tus hijos y te seguirán hasta los valles más profundos; míralos como a tus propios amados hijos y ellos estarán a tu lado incluso hasta la muerte. Sin embargo, si eres indulgente pero incapaz de hacer que se perciba autoridad, bondadoso pero incapaz de hacer cumplir tus órdenes e incapaz, además, de sofocar el desorden, entonces tus soldados serán comparables a niños mimados inútiles para cualquier propósito práctico.

Si sabemos que nuestros hombres están en condiciones de atacar, pero ignoramos que el enemigo no está dispuesto a atacar, solo habremos recorrido la mitad del camino hacia la victoria. Si sabemos que el enemigo está dispuesto a atacar, pero ignoramos que nuestros hombres no están en condiciones de atacar, solo habremos recorrido la mitad del camino hacia la victoria. Si sabemos que el enemigo está dispuesto a atacar, y sabemos también que nuestros hombres están en condiciones de atacar, pero no somos conscientes de que la naturaleza del terreno hace la lucha impracticable, solo habremos recorrido la mitad del camino hacia la victoria.

Por lo tanto, el soldado experimentado, una vez en movimiento, nunca se siente desconcertado; una vez en el campo de batalla, nunca está perdido. De ahí el dicho: si conoces al enemigo y te conoces a ti mismo, no habrá duda de la victoria; si conoces el cielo y conoces la tierra, puedes hacer que tu victoria sea completa.

LECCIÓN 174

TRATA A TUS SOLDADOS COMO SI FUERAN TUS HIJOS

Esta lección no significa que debas tratar a tus soldados como a niños, sino que debes pensar en ellos como si fueran tu propia descendencia. Enorgullécete de ellos, pero disciplínalos de la manera correcta. Préstales suficiente atención para demostrar que te preocupas por ellos, pero no tanta que socaves tu autoridad.

Si los soldados sienten que te preocupas por ellos y llorarías profundamente sus muertes, te seguirán al infierno. Sin embargo, si los tratas con demasiada benevolencia, se volverán desobedientes. Puedes demostrar que respetas a tus soldados mientras mantienes la distancia.

CONSEJO PARA LA GUERRA: Muestra por los soldados el mismo respeto que mostrarías por un querido miembro de tu familia para ganarte su confianza y obediencia, pero no permitas la indisciplina.

LECCIÓN 175

NO ACTÚES CON UNA COMPRENSIÓN PARCIAL DE LA SITUACIÓN

Antes de entrar en acción, pregúntate: ¿conozco todos los hechos? Si la respuesta es no, solo conoces la mitad de la situación. Aquí «mitad» no debe entenderse de forma literal, solo significa «parcial». Saber el noventa por ciento de lo que necesitas saber sigue siendo medio entendimiento. Sun Tzu plantea tres preguntas importantes que uno se tiene que hacer:

- ¿Se puede atacar al enemigo? Las tropas aliadas pueden estar listas para atacar, pero ¿en qué estado se encuentra el enemigo?
- ¿Están las tropas aliadas listas para atacar? El enemigo quizá sea vulnerable, pero tus tropas necesitan ser capaces de explotar esa situación.
- ¿El terreno te permite atacar? Incluso si el enemigo es vulnerable y tus tropas están preparadas, si el terreno no favorece el ataque, la retirada puede ser lo mejor.

Si estás al corriente de todos los aspectos, nunca habrá sorpresas ni puntos ciegos. Si bien puede ser imposible saberlo todo, lo importante es ser consciente de lo que sabes y de lo que ignoras para no estar nunca desprevenido.

CONSEJO PARA LA GUERRA: Nunca actúes con información insuficiente. En la guerra, las sorpresas rara vez son agradables.

LECCIÓN 176

CONÓCETE A TI MISMO Y CONOCE AL ENEMIGO

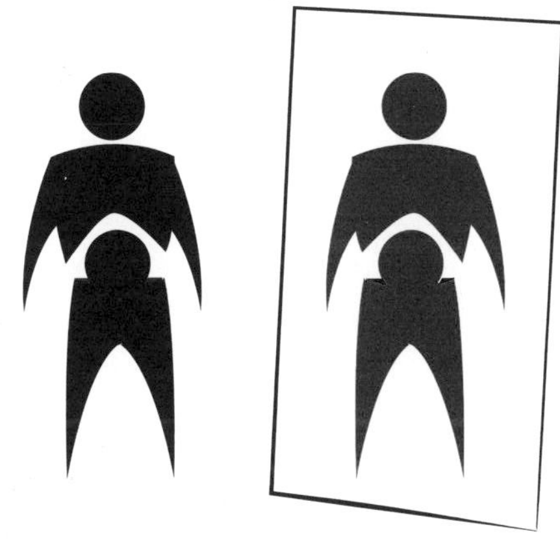

«Conócete a ti mismo y conoce al enemigo» es una de las máximas más famosas de Sun Tzu, pero es más que un simple eslogan. Puede ser vista como una aplicación práctica de la lección anterior sobre la comprensión completa de las situaciones de ambos bandos. Significa tener información precisa tanto de ti mismo como del enemigo. Por ejemplo:

- ¿Cómo es el terreno para cada bando?
- ¿Cuál es la moral de cada bando?
- ¿Qué ventajas tiene cada bando?
- ¿Qué desventajas tiene cada bando?
- ¿Qué paso debe dar cada bando a continuación?

Las cuestiones a considerar variarán en función de la situación, pero la idea es que siempre haya dos columnas en tu lista de verificación: una para tu bando y otra para el enemigo.

El comentarista chino Yuen plantea una lectura alternativa de esta enseñanza. Según él, también puede significar que debes cultivar tu propia armonía mental mientras destruyes la mente del enemigo.

CONSEJO PARA LA GUERRA: Haz una lista de verificación con preguntas clave. Respóndelas desde tu punto de vista y luego desde el punto de vista del enemigo.

九地篇

CAPÍTULO 11

SOBRE LOS NUEVE TERRENOS

SOBRE LOS NUEVE TERRENOS

El título del undécimo capítulo de Sun Tzu utiliza los ideogramas 九, que significa «nueve», y 地, que significa «tierra» o, en este caso, «terreno». Es el capítulo más largo y contiene enseñanzas sobre diversos temas. El asunto central son las nueve situaciones de acuerdo con el terreno, pero pronto se desvía hacia todo tipo de cuestiones, lo que ha llevado a algunos comentaristas a creer que ciertos pasajes se encontraban originalmente en otras partes del libro. El capítulo puede dividirse en seis áreas principales:

1 Las nueve situaciones en función del terreno.
2 Consejos para líderes en el campo de batalla.
3 Emociones de la tropa.
4 Perspectiva y comportamiento del líder.
5 Vuelta a las nueve situaciones en función del terreno.
6 Más consejos para líderes en el campo de batalla.

En el primer punto se detallan las nueve situaciones en función del terreno en las que puede encontrarse un ejército. Este punto se ha reorganizado respecto al original para que cada situación se trate por completo antes de pasar a la siguiente. El segundo punto ofrece consejos a los líderes en el campo de batalla: cómo dividir al enemigo, cómo crear desorden en sus filas o cómo moverse por su territorio. El tercer punto trata de los aspectos emocionales y mentales que afectan a las tropas y cómo evitar que estas se agoten, pero también contiene consejos sobre cómo decidir cuándo luchar hasta la muerte. El cuarto punto aborda el modo en que los líderes deben comportarse, lo que incluye su relación con los soldados. El quinto punto es un desconcertante e incompleto retorno a las nueve situaciones en función del terreno. Repite ideas que ya aparecen en el primer punto pero de una forma menos estructurada, por lo que es posible que falte texto de esa sección. El último punto ofrece una selección de sugerencias y consejos para situaciones diferentes dirigidos a los líderes en su enfrentamiento con el enemigo.

Aunque este capítulo parece en parte desorganizado, contiene algunos de los conceptos básicos de Sun Tzu.

EN PALABRAS DE SUN TZU

El arte de la guerra reconoce nueve clases de terreno:

1. *Terreno de dispersión.*
2. *Terreno fácil.*
3. *Terreno en disputa.*
4. *Terreno abierto.*
5. *Terreno de caminos que se cruzan.*
6. *Terreno comprometido.*
7. *Terreno difícil.*
8. *Terreno cercado.*
9. *Terreno desesperado.*

Cuando se pelea en el propio territorio, se llama «terreno de dispersión». Cuando se ha entrado en territorio hostil, pero no se ha llegado muy lejos, se llama «terreno fácil». El terreno que otorga una gran ventaja a la parte que lo controle es el terreno en disputa. El terreno en el que ambos bandos tienen libertad de movimientos es el terreno abierto. El terreno que permite el acceso a tres Estados contiguos, de modo que quien lo ocupa tiene el control de la mayor parte del Imperio, es un terreno de caminos que se cruzan. Cuando un ejército ha penetrado en el corazón de un país enemigo y ha dejado cierto número de ciudades fortificadas a su espalda, se halla en terreno comprometido.

Bosques de montaña, laderas escarpadas, marismas y pantanos, es decir, todos los terrenos duros de recorrer, son terreno difícil. Los terrenos a los que se llega por desfiladeros estrechos y de los que solo podemos retirarnos por caminos tortuosos, de modo que un pequeño número de soldados enemigos sería suficiente para aplastar a muchos de nuestros hombres, son terreno cercado. El terreno en el que solo podemos salvarnos de la destrucción luchando sin demora es terreno desesperado.

Por lo tanto, en terreno de dispersión, no luches; en terreno fácil, no te detengas; en terreno en disputa, no ataques; en terreno abierto, no intentes bloquear el paso del enemigo; en el terreno de los caminos que se cruzan, une tus fuerzas a las de tus aliados; en terreno comprometido, reúne provisiones; en terreno difícil, mantente firme en tu marcha; en terreno cercado, recurre a la estratagema; en terreno desesperado, lucha.

LECCIÓN 177

LAS NUEVE SITUACIONES EN FUNCIÓN DEL TERRENO

El número nueve es uno de los elementos más importantes en *El arte de la guerra*; sienta las bases para entender el terreno como un todo. Si en el capítulo anterior se tipificaban seis tipos de terreno en función de sus características físicas, la lección se refiere en este a las nueve situaciones en las que un ejército se puede encontrar sobre el terreno. El texto original proporciona esa información en tres listas distintas: el nombre de cada situación, una explicación de cada situación y las acciones a realizar en cada situación. He juntado los tres aspectos para que cada caso pueda tratarse completamente antes de pasar al siguiente.

Los comentaristas chinos discuten cualquier punto ambiguo y ofrecen sus interpretaciones. Los diversos traductores modernos se han centrado en la traducción correcta de los ideogramas en lugar de en su significado y contexto, lo que hace necesarias varias aclaraciones. En consecuencia, esta será una lección extensa que combinará todas las traducciones, todas las instrucciones para cada situación y todos los comentarios, antiguos y modernos. Los encabezados serán descriptivos, en lugar de traducciones literales del original. El objetivo es presentar el conjunto de las enseñanzas en un orden lógico para que sean fáciles de entender.

1 TERRENO PROPIO DONDE ES FÁCIL DESERTAR

Originalmente, «terreno de dispersión» o «terreno dispersivo» (散地) es el territorio propio o las áreas amigas donde no existe una amenaza real. Se llama terreno de dispersión porque su proximidad con el hogar puede inducir a los soldados más débiles a desertar. Por lo tanto, nunca pelees en este tipo de terreno porque tu ejército se podría romper.

Clements traduce esto como «situación comprometida» en tierras enemigas, mientras que el Grupo Denma habla de «terreno disperso» y señala que los dos bandos involucrados en la batalla lo consideran un terreno importante difícil de tomar. Por lo tanto, hay que abandonarlo o, en otras palabras, dispersarse.

Cuando más adelante vuelve a tratar esta situación, Sun Tzu señala que hay que mantener la tropa unida, lo que favorece la interpretación de que se trata de un área donde es fácil para los soldados abandonar el ejército.

2 TERRENO FRONTERIZO CON TERRITORIO ENEMIGO

Originalmente, «terreno fácil» (輕地), el situado justo al otro lado de la frontera con territorio enemigo. Aquí todavía es probable que los soldados deserten y regresen a la seguridad del hogar; en sus mentes aún no ha penetrado un sentimiento de peligro compartido que fortalezca sus lazos. Por lo tanto, hay que pasar por ese terreno lo más rápido posible para evitar perder efectivos.

3 TERRENO QUE POR SUS CARACTERÍSTICAS AMBOS BANDOS QUIEREN

Originalmente, «terreno en disputa» (爭地), aquel que ofrece una ventaja a quien lo controle. Puede ser un lugar particularmente bueno para luchar, o un lugar que permita bloquear una ruta importante para el enemigo; en consecuencia, ambos bandos querrán ocuparlo primero. Si el enemigo se adelanta, no lo ataques cuando se haya hecho con él. En lugar de eso, aléjate e intenta atraerlo para que abandone esa posición.

Algunos comentaristas hablan de la «parte trasera», pero no está claro a qué se refieren. Podrían aludir a atacar la retaguardia del enemigo, pero más adelante, cuando Sun Tzu vuelve a tratar este tema, aconseja traer tropas aliadas desde la retaguardia. No hay más explicaciones sobre este punto y las traducciones no coinciden.

4 TERRENO QUE PERMITE A TODOS EL LIBRE MOVIMIENTO

Originalmente, «terreno abierto» (交地), allí donde hay total libertad de movimientos para todos los involucrados. En esta situación no tiene sentido tratar de bloquear al enemigo porque siempre habrá una ruta de escape. Sin embargo, no permitas que secciones de tus propias tropas queden aisladas; podrían ser vulnerables al ataque de una fuerza mayor. Mantén tus líneas de suministro bajo control y toma una posición defensiva.

5 INTERSECCIONES Y FRONTERAS

Originalmente, «terreno de caminos que se cruzan» (衢地), un lugar donde se encuentran las fronteras de varios Estados. En él hay tráfico organizado y, a menudo, rutas de suministro y redes comerciales. También es un lugar de fácil acceso donde los refuerzos pueden llegar rápidamente. El ejército que ocupe este terreno tendrá una ventaja estratégica significativa ya que será difícil para otras fuerzas superar cualquier obstáculo que se les presente. En este tipo de terreno, trabaja duro para establecer y mantener alianzas con los Estados limítrofes. Eso te permitirá controlar el tráfico y obtener los refuerzos que necesites.

6 TERRENO EN EL INTERIOR DEL TERRITORIO ENEMIGO

Originalmente, «terreno comprometido» o «pesado» (重地), un lugar peligroso. En él estarás rodeado de fuertes y ciudadelas desde las que el enemigo puede atacarte en cualquier momento. Tus fuerzas estarán bajo constante amenaza. En el interior del territorio enemigo no podrás mantener las líneas de suministro, así que tendrás que saquear. Sin embargo, no abuses o harás que la población te odie. Los civiles suelen juzgar un ejército por la forma en que los tratan y no tanto por su origen. Por lo tanto, un buen líder militar que evite el «violar y saquear» y se centre en ganar corazones y mentes y ofrecer un futuro mejor puede inspirar a la población enemiga a volverse contra sus propios líderes.

Necesitas provisiones o tu ejército morirá de hambre, pero también necesitas la buena voluntad de la población local, por lo que debes lograr un equilibrio entre lo que tomas y lo que compras. Si te equivocas en eso, te pueden terminar atacando desde todos los frentes.

7 TERRENO POR EL QUE ES DIFÍCIL PASAR

Originalmente, «terreno difícil» (圮地), cualquier tipo de terreno que ralentice tus movimientos: montañas, bosques, acantilados, riscos, marismas, pantanos o caminos difíciles, por ejemplo. En áreas así, no te detengas y sal de ellas lo antes posible. Es demasiado difícil establecer posiciones fortificadas ahí y puedes quedar atrapado y verte envuelto en una situación muy peligrosa.

8 TERRENO CERRADO

Originalmente, «terreno cercado» (圍地), un lugar donde el enemigo puede rodear tus fuerzas y capturarlas o asesinarlas: gargantas entre altas montañas, zonas escarpadas con puntos de acceso estrechos o lugares donde abunden los caminos sinuosos o los cuerpos de agua, por ejemplo.

Es cualquier área que no permita que un ejército se mueva libremente y en formación y que limite las posibilidades de huida. Aquí, donde una fuerza pequeña puede atacar fácilmente a una fuerza de gran tamaño, las ventajas de la guerra de guerrillas son evidentes.

Si necesitas que tu ejército cruce una zona de este tipo, envía una avanzada que bloquee todos los puntos de acceso para evitar emboscadas. Si tu ejército es receptivo y ágil y tú mismo usas emboscadas contra el enemigo, esa tarea será más fácil. Sin embargo, el comentarista chino Liu Yin ofrece una visión alternativa. Según él, si atacas al enemigo en un terreno cerrado, no debes bloquear las salidas porque entonces el enemigo podrá ver por dónde escapar y no luchará hasta la muerte, lo que hará la batalla más fácil.

En todo caso, no te adentres en terrenos de ese tipo sin tener un plan de entrada, tránsito y salida, lo que significa que los exploradores serán más necesarios que nunca. En el texto original, Sun Tzu vuelve más adelante a este tema y añade que las fortificaciones obra del hombre son otro elemento del paisaje que puede provocar que una fuerza quede encerrada.

9 TERRENO QUE REQUIERE UNA DURA LUCHA PARA DESPEJARLO

Originalmente, «terreno desesperado» (死地), cualquier lugar del que no puedes salir sin luchar. No puedes huir y tampoco puedes retirarte. Por el lado positivo, eso significa que tus fuerzas lucharán lo mejor posible como un solo hombre. Sin embargo, también significa que será una lucha dura. Anima a tus tropas a hacerlo hasta el final y con coraje.

CONSEJO PARA LA GUERRA: Hay nueve situaciones distintas en función del tipo de terreno: 1) terreno propio; 2) terreno fronterizo del territorio enemigo; 3) terreno con características útiles para ambos bandos; 4) terreno que permite a todos el libre movimiento; 5) zonas fronterizas entre múltiples Estados; 6) terreno en el interior del territorio enemigo; 7) terreno por el que es difícil pasar; 8) áreas cerradas con una entrada estrecha; y 9) terreno que requiere una dura lucha para despejarlo. Recuerda que podrías encontrarte en todas estas situaciones.

EN PALABRAS DE SUN TZU

Aquellos que en tiempos antiguos eran considerados líderes hábiles sabían abrir una brecha entre la vanguardia y la retaguardia del enemigo, evitar la coordinación entre sus divisiones grandes y pequeñas, impedir que los buenos soldados fueran en apoyo de los malos y que los oficiales reunieran a sus hombres. Cuando los hombres del enemigo se unían, lograban mantenerlos en desorden. Cuando les convenía, daban un paso adelante; en caso contrario, se quedaban quietos.

Ante la pregunta de cómo hacer frente a unas fuerzas enemigas numerosas y bien organizadas que marchan hacia ti para atacarte, debo decir: «Empieza por tomar algo que tu oponente aprecia; entonces será dócil a tu voluntad». La rapidez es la esencia de la guerra: aprovéchate de la falta de preparación del enemigo, ábrete camino por rutas inesperadas y ataca lugares desprotegidos.

LECCIÓN 178

DIVIDE AL ENEMIGO

Hay varias formas de dividir a un enemigo:

IMPIDE LA COMUNICACIÓN ENTRE LA VANGUARDIA Y LA RETAGUARDIA

Cuando los ejércitos recorren grandes distancias, lo hacen en divisiones, y a veces tienen que acceder al campo de batalla en secciones antes de formar para la batalla. Asegúrate de impedir la comunicación entre la vanguardia y la retaguardia de la columna enemiga. Eso te permitirá rodear a las tropas que vayan por delante, que no contarán con ningún apoyo.

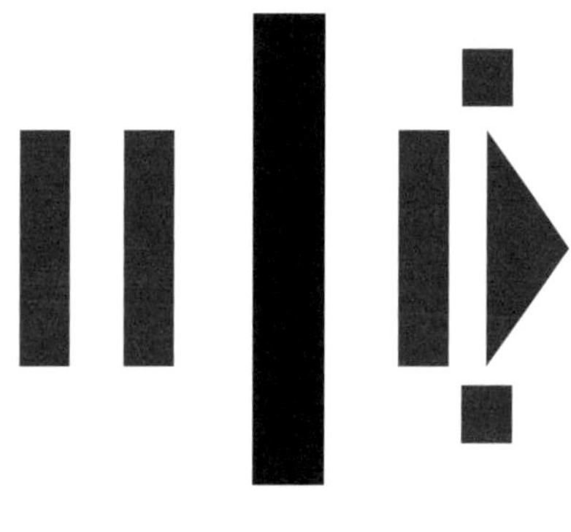

IMPIDE LA COORDINACIÓN DE LAS DIVISIONES GRANDES Y PEQUEÑAS

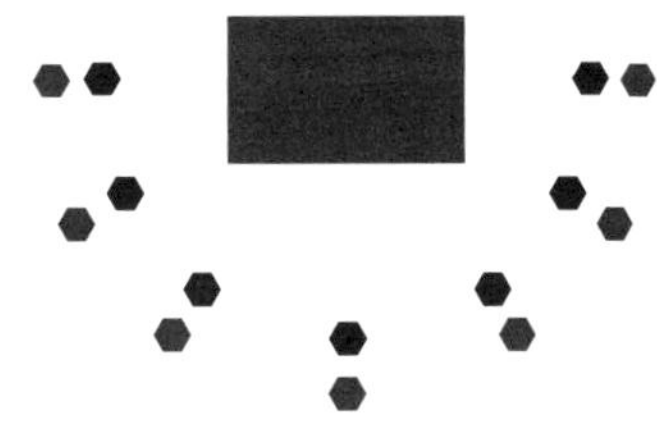

Un ejército está formado por una gran fuerza central y varias divisiones periféricas más pequeñas que se desplazan realizando diferentes funciones, como ataques, misiones de exploración y maniobras de flanqueo. Si puedes evitar que trabajen coordinadas, frustrarás los planes del líder enemigo y la fuerza principal tendrá que luchar sola.

IMPIDE QUE LAS TROPAS DE ÉLITE ACUDAN EN AYUDA DE LAS DÉBILES

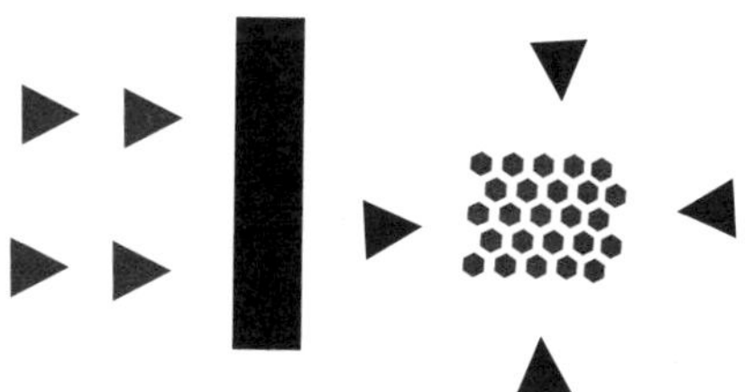

ARRIBA: En este diagrama, los triángulos representan tropas de élite.

A menudo se encarga a tropas de élite la realización de ciertas tareas especializadas. Sin embargo, en el punto álgido de la batalla pueden ser enviadas de vuelta a la fuerza principal para infundir coraje a las tropas más débiles. Identifica las tropas más capaces y las débiles del enemigo para que puedas atacar las segundas mientras bloqueas las primeras. Esa es la razón por la que algunos teóricos dicen que hay que mezclar tropas de diferentes niveles de habilidad en el cuerpo principal del ejército.

SEPARA A LOS OFICIALES DE LOS SOLDADOS RASOS

Si las tropas están coordinadas, lucharán juntas como un solo hombre. Usa espías, el engaño y la propaganda para abrir una brecha entre la tropa y la oficialidad para que el enemigo pierda la unidad de acción. Esta tarea corresponde al servicio de inteligencia.

EVITA QUE QUIENES SE REAGRUPEN FORMEN CORRECTAMENTE

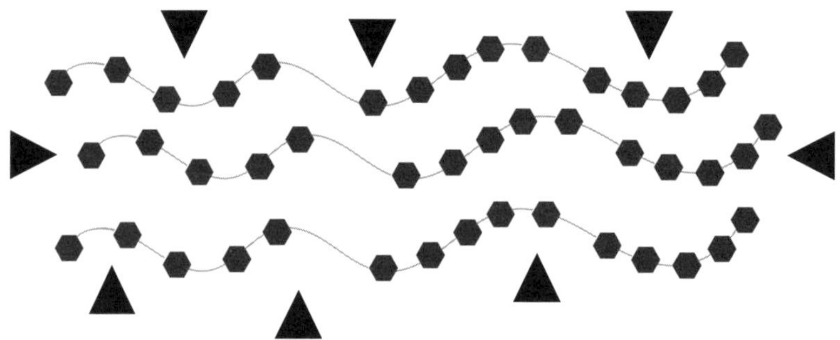

Si las divisiones enemigas logran unirse, evita que se formen en rangos y filas. El modo de hacerlo dependerá de la situación y no se dan ejemplos en el texto, pero hostígalas cuando intenten organizarse y mantén la presión para que no puedan luchar de forma coordinada aunque estén en el mismo lugar.

CONSEJO PARA LA GUERRA: Divide al enemigo tanto física como socialmente. Impide que los equipos trabajen juntos siguiendo un plan, siembra la discordia entre ellos y nunca dejes que las tropas que se reagrupen consigan formar.

LECCIÓN 179

DOMINA EL ARTE DEL MOVIMIENTO Y DEL NO MOVIMIENTO

El conocimiento del terreno, del enemigo y de uno mismo son aspectos que definen a un gran líder militar, pero este también debe saber cuándo moverse y cuándo no. Recuerda que el movimiento genera cambios, y los cambios, brechas en tu defensa.

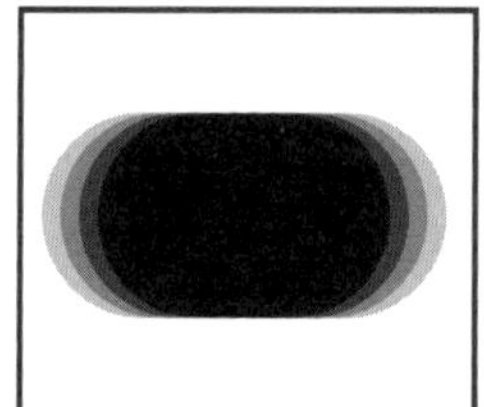

Movimiento

No movimiento

En ocasiones, el enemigo querrá que te muevas hacia una trampa; en otras querrá que te quedes quieto para poder moverse con libertad. Muévete solo cuando la ventaja que obtengas supere a la desventaja de debilitar tu defensa.

CONSEJO PARA LA GUERRA: Comprende los conceptos de movimiento y no movimiento. Muévete cuando el enemigo no quiera que lo hagas y quédate quieto cuando quiera que te muevas. Además, bloquea al enemigo cuando intente moverse y hostígalo cuando esté quieto.

LECCIÓN 180

DESESTABILIZA A UN ENEMIGO BIEN ORGANIZADO

Cuando el enemigo esté completamente listo para la batalla, sus formaciones sean temibles y atacar parezca una locura, hazte con algo que necesite, quiera o ame. La idea es provocar un cambio y aprovecharlo. Destruye su capital, ataca a uno de sus aliados o elige un objetivo débil para que tenga que ir al rescate, cualquier cosa que lo obligue a abandonar la posición en la que es fuerte. Cuando se haya movido, busca puntos débiles en sus filas y destrúyelas sección por sección. Wang Xi habla del corte de las líneas de suministro, mientras que otros comentaristas dicen que esta lección se refiere a la captura de ciudades. Sea como sea, la idea principal es que no debes atacar directamente a un enemigo bien preparado, sino encontrar un objetivo más fácil para obligarlo a moverse.

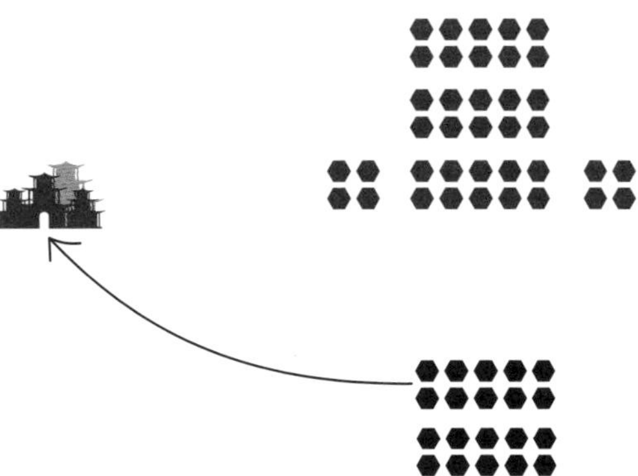

CONSEJO PARA LA GUERRA: Si el enemigo está perfectamente organizado, ve contra algo que quiera o necesite defender. Espera a que se mueva y atácalo.

LECCIÓN 181

TOMA LA RUTA INESPERADA A TODA VELOCIDAD

Instruye a tu fuerza para que pueda moverse con absoluta eficiencia y velocidad. Los comandantes enemigos querrán adivinar tu próximo movimiento en su tienda de mando tratando de ver la situación desde tu perspectiva. Esperarán que avances por una ruta determinada y calcularán tu velocidad en función del tamaño de tus fuerzas. Esa es la razón por la que necesitas tener tropas bien entrenadas que puedan ir más allá de lo que el enemigo estima. Tu trabajo es deducir lo que el enemigo piensa de ti y hacer algo diferente. Aparecer donde no se te espera es una de las lecciones clave de Sun Tzu.

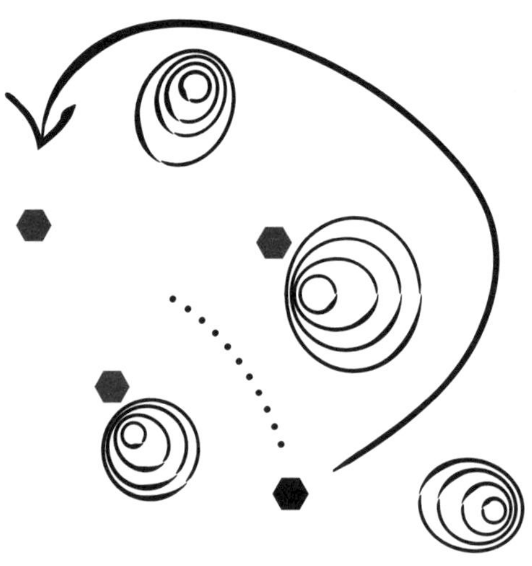

CONSEJO PARA LA GUERRA: Intenta actuar de un modo distinto a lo que el enemigo imagina: llega antes de lo que cree o aparece en algún lugar imprevisto.

EN PALABRAS DE SUN TZU

Una fuerza invasora debe observar los siguientes principios: cuanto más te adentres en un país, mayor será la solidaridad entre tus filas, y así los defensores no podrán expulsarte. Haz incursiones en tierras fértiles para abastecer de alimentos a tu ejército.

Analiza con cuidado el bienestar de tus hombres y no los sobrecargues. Concentra tu energía y atesora tu fuerza. Mantén tu ejército continuamente en movimiento e idea planes insondables. Sitúa a tus soldados en posiciones sin escapatoria y preferirán la muerte a la huida. Si tienen que enfrentarse a la muerte, no hay nada que no puedan lograr. Oficiales y soldados rasos por igual lucharán con todas sus fuerzas.

Cuando los soldados se encuentran en una situación desesperada, pierden el miedo. Si no hay un lugar donde refugiarse, se mantendrán firmes. Si están en un país hostil, serán férreos en el frente. Si no hay otra opción, lucharán sin descanso. Así, sin que nadie se lo ordene, los soldados estarán constantemente alerta; harán tu voluntad sin tener que pedírselo; su lealtad no tendrá límite; podrás confiar en ellos sin necesidad de dar órdenes.

Prohíbe los augurios y acaba con las dudas supersticiosas. Hasta que llegue la muerte misma, no debe temerse ninguna calamidad. Si a nuestros soldados no les sobra el dinero, no es por aversión a las riquezas; si sus vidas no son indebidamente largas, no es porque no estén dispuestos a vivir más. El día que se les ordene ir a la batalla, tus soldados pueden llorar, los que están sentados empapando sus vestidos y los que están tumbados dejando que las lágrimas corran por sus mejillas. Pero una vez que estén acorralados, mostrarán el coraje de un Chu o un Kuei.

El táctico hábil puede compararse con la shuai-jan. *La* shuai-jan *es una serpiente que se encuentra en las montañas Chung. Golpea su cabeza y te atacará con su cola; golpea su cola y te atacará con su cabeza; golpea su parte central y te atacará con su cabeza y su cola. A la pregunta de si es posible que un ejército imite a la* shuai-jan, *debo responder que sí.*

Porque los hombres de Wu y los hombres de Yue son enemigos; sin embargo, si están cruzando un río en el mismo barco y se ven sorprendidos por una tormenta, irán el uno en ayuda del otro del mismo modo que la mano izquierda ayuda a la derecha. Por lo tanto, no es suficiente con depositar la confianza en los caballos atados y las ruedas de carros enterradas. El principio con el que se dirige un ejército es el establecimiento de un estándar de coraje que todos deben alcanzar. Cómo sacar lo mejor de los fuertes y los débiles es una cuestión que se relaciona con el adecuado aprovechamiento del terreno.

LECCIÓN 182

ESTRATEGIAS DE INVASIÓN

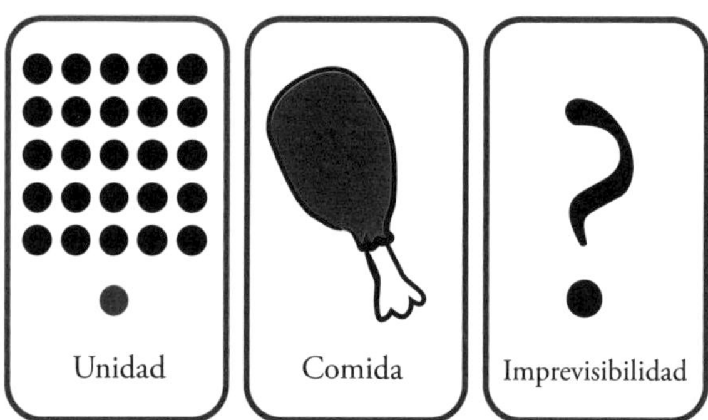

Sun Tzu establece los siguientes principios para luchar en territorio enemigo:

• MANTENER LA UNIDAD. No diluyas la amenaza que representas dividiendo tus fuerzas en unidades pequeñas. Conviértete en una máquina de guerra cohesionada que avanza de forma implacable.
• ENCONTRAR COMIDA Y AHORRAR ENERGÍA. Antes de entrar en territorio enemigo, puede que hayas instado a tus tropas a marchar lo más rápido posible; una vez dentro, no las presiones demasiado: necesitarán conservar parte de su energía. Eso no significa que no puedas moverte rápido o con intensidad, solo que no debes ser tan exigente que tus soldados acaben por agotarse. Dales tiempo para recuperar fuerzas antes de seguir avanzando. Saquea las tierras fértiles del enemigo para obtener comida, pero recuerda lo que dicen los comentaristas chinos: un área no debe saquearse en exceso; de lo contrario, la población se volverá contra ti.
• COHESIONAR EL EJÉRCITO A TRAVÉS DE LA DIFICULTAD COMPARTIDA. El peligro hace que uno se concentre. En su tierra, los soldados pueden andar distraídos en rivalidades, quejas por asuntos menores y planes de fuga. Adentrados en territorio enemigo, esos pensamientos se olvidarán. Ahí vivirán al borde del peligro y todos trabajarán como un equipo porque querrán salir vivos. De forma automática, estarán preparados en todo momento, colaborarán plenamente, estrecharán lazos, lucharán con todas sus fuerzas y harán lo que se necesita de ellos sin que se les ordene.
• AHUYENTAR DUDAS. Las dudas y los miedos pueden extenderse como un virus. Los soldados siempre han sido propensos a la superstición, razón

por la cual Sun Tzu prohibió la adivinación mediante sortilegios. Un buen líder militar identificará el origen de cualquier duda y lo eliminará de raíz.

CONSEJO PARA LA GUERRA: En territorio enemigo mantén a tu ejército unido, ahorra energía y dirígete a áreas donde puedas obtener comida. Recuerda que el miedo hará que tus soldados actúen eficientemente de un modo natural y asegúrate de extirpar cualquier duda antes de que esta se propague entre las filas.

LECCIÓN 183

GESTIONA LAS EMOCIONES DE TUS SOLDADOS

Sun Tzu analiza aquí las actitudes de los soldados hacia las riquezas y se refiere a las tropas que derraman lágrimas cuando se les ordena ir a la batalla. Los comentaristas chinos han interpretado sus palabras de maneras distintas. Algunos señalan que a los buenos soldados no les importa la riqueza material; otros que a los soldados no se les debe permitir tener riquezas porque eso los distrae. Asimismo, algunos dicen que los soldados lloran por miedo a perder su vida, y otros que lo hacen por la excitación que les produce la guerra.

Sun Tzu remata esta sección con dos ejemplos de soldados que en situaciones desesperadas lograron grandes cosas: Chu, un asesino que fue enviado a matar a su tío; y Kuei, quien sostuvo un cuchillo en la garganta de un líder enemigo para obligarle a retirar su ejército.

Si bien no está del todo claro lo que Sun Tzu nos está diciendo aquí, la idea principal parece ser que los soldados son seres humanos con emociones y que las personas reaccionan a los acontecimientos de maneras diferentes: codiciosa u honorablemente, con terror o emoción.

CONSEJO PARA LA GUERRA: No asumas que todo el mundo piensa y siente como tú. Ten en cuenta las diferentes respuestas emocionales de tus soldados.

LECCIÓN 184

ATACA COMO UNA SERPIENTE

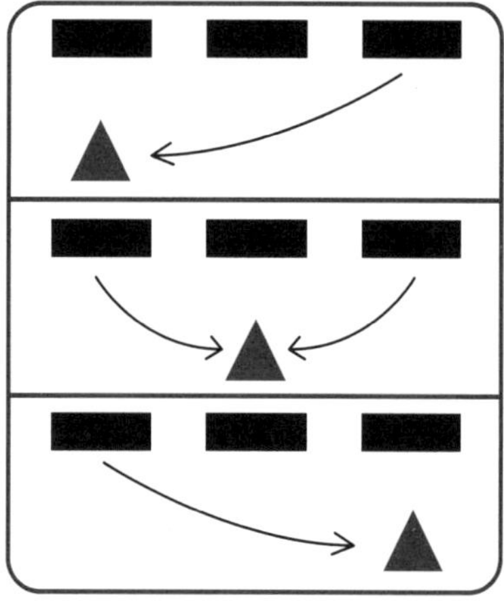

En esta lección, Sun Tzu usa la imagen de una serpiente: cuando se ataca su cabeza, azota con la cola; cuando se ataca su cola, muerde con la cabeza; y cuando se ataca su parte central, la cabeza y la cola responden al unísono. La idea es que no importa por dónde sufra un ejército un ataque: otros soldados acudirán en su ayuda y esos refuerzos pueden llegar de cualquier dirección. Es importante señalar que Sun Tzu no da aquí una lección específica, sino que plantea un principio. También es esencial recordar que al mover tropas en respuesta a un ataque enemigo no debe aparecer un punto débil en otra parte de tu formación.

CONSEJO PARA LA GUERRA: Si el enemigo ataca un sector de tu ejército, envía tropas de otra área para reforzar su defensa, pero con ello no debilites tu formación.

LECCIÓN 185

CONVIERTE A TUS ENEMIGOS EN ALIADOS

El texto original contiene una historia sobre dos enemigos, uno de Wu y otro de Yue, que están en un barco cuando una tormenta los sorprende. En lugar de seguir peleándose, colaboran para sobrevivir. En un grupo, se producirán desacuerdos y surgirán facciones. Sin embargo, cuando el grupo esté bajo una misma amenaza, las distintas facciones se enfrentarán juntas al peligro y se convertirán en aliadas de forma natural. Los enemigos no son enemigos para siempre..., pero los aliados tampoco lo son para siempre.

CONSEJO PARA LA GUERRA: Los enemigos más acérrimos pueden unirse para luchar contra un enemigo común, pero volverán a ser enemigos más adelante.

LECCIÓN 186

CONSTRUYE UNIDAD POR MEDIO DE UN OBJETIVO COMPARTIDO

Esta lección plantea de forma indirecta que no se puede obligar a las tropas a ser fuertes y mantenerse unidas; en lugar de eso, es necesario fomentar el valor y establecer un propósito común. Sun Tzu señala que no hay que encerrar los carros o enterrar sus ruedas en el barro para evitar que los soldados escapen, sino conseguir que quieran estar allí. (Sin embargo, algunos traductores interpretan la imagen de las ruedas de carro en el sentido de desatar toda la fuerza del ejército).

La enseñanza se basa en la idea de que un ejército exitoso mantendrá la unidad gracias a compartir un objetivo y no porque los soldados se vean obligados a trabajar juntos. Las rivalidades internas obstaculizan el esfuerzo de guerra; cada división debe querer ayudar a cualquier otra división de forma activa porque hacerlo también es beneficioso para sus miembros.

CONSEJO PARA LA GUERRA: Anima a tus soldados a sentir un profundo amor por sus camaradas para que luchen como un solo hombre en situaciones peligrosas.

LECCIÓN 187

ADAPTA LA ESTRUCTURA DEL EJÉRCITO AL TERRENO

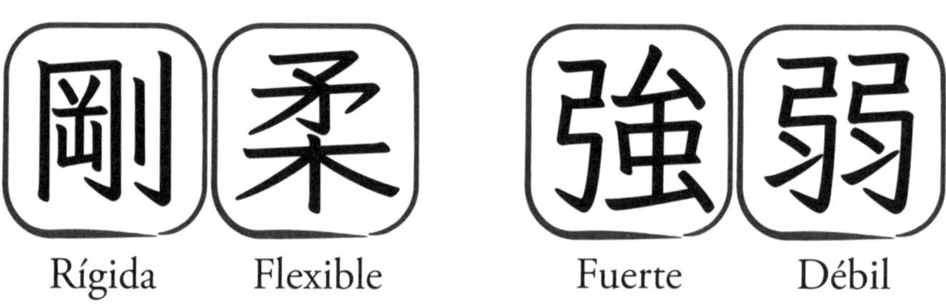

Rígida Flexible Fuerte Débil

Se recurre a estructuras rígidas o flexibles en función de la naturaleza del terreno. Para entender este principio hay que conocer las «cuatro maneras». Este elemento básico del pensamiento militar oriental clásico consta de dos pares de ideas —rígido y flexible; fuerte y débil— que definen los cuatro tipos de estructura de tropas de un ejército:

1	RÍGIDA 剛	– inmóvil y reforzada.
2	FLEXIBLE 柔	– adaptable a la situación.
3	FUERTE 強	– una gran fuerza que puede avanzar con potencia.
4	DÉBIL 弱	– rápida para dispersarse, separarse y alejarse.

No es bueno usar una estructura rígida e inflexible en un terreno donde se necesita movimiento y adaptabilidad. Del mismo modo, la flexibilidad no ayuda en terrenos donde lo necesario es establecer una línea sólida. Algunos traductores, incluido Giles, han mezclado ambos pares y han utilizado erróneamente las ideas de fuerte y débil, pero las cuatro maneras es un sistema preciso que se extiende por todo el pensamiento militar asiático. Rígido y flexible es el par al que Sun Tzu se refería aquí.

CONSEJO PARA LA GUERRA: Recuerda que la estructura del ejército puede ser estática o móvil. Adáptala a la naturaleza del terreno para obtener los mejores resultados.

EN PALABRAS DE SUN TZU

El general hábil dirige su ejército como si llevara a un solo hombre, que no tiene otra alternativa, de la mano. Es responsabilidad de un general ser tranquilo y así garantizar el secreto, ser recto y justo y así mantener el orden. Debe ser capaz de desconcertar a sus oficiales y soldados con informes y apariencias falsos, y así mantenerlos en una total ignorancia. Al alterar sus acciones y modificar sus planes, mantiene al enemigo en la incertidumbre. Al cambiar de lugar su campamento y tomar rutas sinuosas, evita que el enemigo prevea sus intenciones.

En el momento crítico, el líder de un ejército actúa como quien ha subido a un lugar elevado y luego retira de una patada la escalera que hay detrás de él. Lleva a sus hombres al interior de un territorio hostil antes de mostrar su mano. Quema sus naves y rompe sus ollas para cocinar; como un pastor que conduce un rebaño de ovejas, dirige a sus hombres de esta manera y ninguno sabe adónde va. Reunir a sus soldados y llevarlos al peligro, esa es la función de un general.

LECCIÓN 188

ASPIRA A SER EL LÍDER PERFECTO

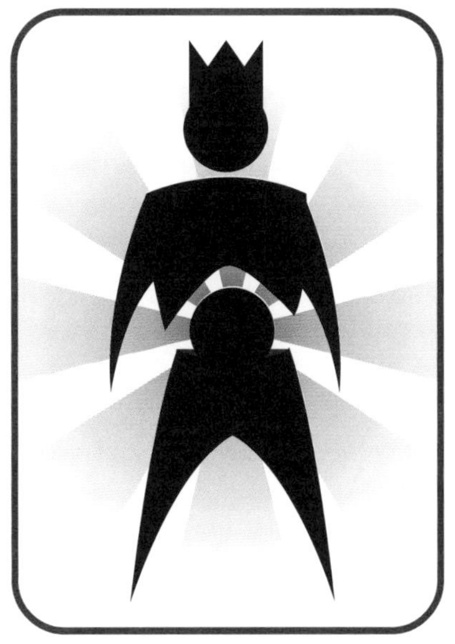

Como complemento a las lecciones previas, Sun Tzu señala que un ejército debe ser comandado por una sola persona que haga que cada soldado se sienta como si lo llevaran de la mano. Así se consigue que un ejército actúe como un solo hombre.

El líder perfecto debe caracterizarse por:

- TRANQUILIDAD. Un buen líder no es irritable ni intimidante. «Poder» no es lo mismo que «fuerza»: el temor no hará que un ejército se mantenga unido durante mucho tiempo. Por lo tanto, mantén la calma la mayor parte del tiempo y enseña los dientes solo cuando sea necesario.

• IMPREVISIBILIDAD. No hagas el movimiento obvio y evita que pueda deducirse un patrón de actuación de tus actividades pasadas. El enemigo no debe poder identificar lo que harás en el futuro con base en lo que hiciste en el pasado. No tomes rutas predecibles, cambia el lugar de tu campamento y mantén al enemigo elucubrando.

• INESCRUTABILIDAD. También debes ser ilegible, de modo que si un espía enemigo logra infiltrarse en tu campamento y te observa de cerca no pueda leer tus pensamientos.

• AUTODISCIPLINA. Hay una diferencia entre obediencia, disciplina y autodisciplina. Muchas personas son obedientes; algunas son disciplinadas porque algo las fuerza, pero pocas practican la autodisciplina. Mientras otros descansan y se relajan, el buen líder trabaja, y solo descansa cuando el momento lo permite.

• SECRETISMO. Hay un delicado equilibrio entre mantener los planes en secreto e involucrar a tu grupo de mando. Con demasiado secretismo, el equipo de mando se sentirá excluido; con muy poco, los planes se filtrarán. Al parecer, Sun Tzu era partidario del secretismo y lograr la lealtad de su grupo de mando por otras vías.

• PREDICAR CON EL EJEMPLO. Mantente siempre junto a tus tropas (pero tal vez no siempre en el frente), déjate ver y gánate el respeto de los soldados compartiendo sus dificultades. Sun Tzu usa varias imágenes que ejemplifican cómo un comandante puede estar «con las tropas». La primera es la de aquel que lidera a sus soldados en una ascensión por una escalera que luego es apartada de una patada haciendo imposible la marcha atrás. En otra imagen, el ejército se representa como una gran manada de animales que se mueven como uno solo; en el centro, el líder los dirige de tal modo que sus movimientos no se pueden predecir desde el exterior. Acompaña a tus soldados en todas las situaciones peligrosas, pero no dejes que el enemigo te identifique.

• RESPONSABILIDAD. Como líder, debes asumir la responsabilidad con confianza. Sé el centro de todo y usa tus tropas de la forma más eficiente para obtener los mejores resultados.

CONSEJO PARA LA GUERRA: Un líder perfecto es tranquilo, impredecible, ilegible, autodisciplinado y discreto, está en estrecho contacto con la tropa y es el centro de todo.

EN PALABRAS DE SUN TZU

Las diferentes medidas adecuadas a los nueve tipos de terreno, la conveniencia de tácticas agresivas o defensivas y las leyes fundamentales de la naturaleza humana son asuntos que sin duda deben estudiarse.

Al invadir un territorio hostil, el principio general es que adentrarse en él genera cohesión, pero hacerlo a una corta distancia significa dispersión. Cuando dejas atrás tu país y cruzas con tu ejército una frontera, te encuentras en un terreno crítico. Cuando hay vías de comunicación por los cuatro costados, es un terreno de caminos que se cruzan. Cuando te adentras en el corazón de un país, es un terreno comprometido. Cuando penetras solo un poco, es un terreno fácil. Cuando tienes las fortalezas del enemigo a tu retaguardia y pasos estrechos por delante, es un terreno cercado. Cuando no hay ningún lugar donde refugiarse, es un terreno desesperado.

Por lo tanto, en terreno de dispersión, inspiraría a mis hombres con unidad de propósito. En terreno fácil, me gustaría ver que hay una estrecha conexión entre todas las partes de mi ejército. En terreno en disputa, haría que mi retaguardia avanzara rápidamente. En terreno abierto, mantendría un ojo vigilante en mis defensas. En terreno de caminos que se cruzan, consolidaría mis alianzas. En terreno comprometido, intentaría garantizar un flujo continuo de suministros. En terreno difícil, seguiría avanzando. En terreno cercado, bloquearía cualquier forma de retirada. En terreno desesperado, anunciaría a mis soldados que no hay ninguna esperanza de salvar la vida.

COMENTARIO

Esta sección del texto original vuelve a describir las nueve situaciones en función del terreno y repite ideas ya expuestas, aunque con menos estructura que antes. También faltan algunos elementos de la lista, como si se hubiera perdido parte del texto. Cualquier información extra hallada en este extracto se ha añadido a las partes pertinentes de la lección 177.

EN PALABRAS DE SUN TZU

Porque la disposición del soldado es ofrecer una fiera resistencia cuando está rodeado, luchar duro cuando no tiene alternativa y obedecer con prontitud cuando está en peligro.

No podemos aliarnos con príncipes vecinos hasta conocer sus planes. No estamos en condiciones de liderar un ejército en marcha a menos que estemos familiarizados con la cara del país: sus montañas y bosques, sus peligros y precipicios, sus pantanos y ciénagas. Seremos incapaces de aprovechar las ventajas naturales del terreno si no empleamos guías locales.

Ignorar cualquiera de los siguientes cuatro o cinco principios no es propio de un príncipe guerrero. Cuando un príncipe guerrero ataca un Estado poderoso, su generalato se demuestra en cómo previene la concentración de fuerzas enemigas. Intimida a sus oponentes y evita que los aliados de estos se unan contra él. Por lo tanto, no se esfuerza por aliarse con todos y cada uno, ni fomenta el poder de otros Estados. Desarrolla sus propios planes secretos, manteniendo atemorizados a sus antagonistas. De este modo, es capaz de capturar sus ciudades y derribar sus reinos.

Recompensa sin tener en cuenta el reglamento, da órdenes sin tener en cuenta los preparativos anteriores y podrás dirigir todo un ejército como si solo tuvieras que tratar con un solo hombre. Enfrenta a tus soldados con los hechos mismos, nunca les comuniques tus planes. Cuando la perspectiva sea brillante, ponla ante sus ojos, pero no les digas nada cuando la situación sea sombría. Coloca tu ejército en un peligro mortal y sobrevivirá; sumérgelo en una situación desesperada y saldrá de ella con seguridad. Porque una fuerza es capaz de alzarse con la victoria precisamente cuando está en peligro.

El éxito en la guerra se obtiene acomodándonos con cuidado a las intenciones del enemigo. Si atacamos persistentemente su flanco, llegará el momento en que lograremos matar a su comandante en jefe. Esto se conoce como la capacidad de lograr algo por pura astucia.

El día que asumas el mando, bloquea los pasos fronterizos, destruye los salvoconductos oficiales y detén el paso de todos los emisarios. Sé riguroso con el grupo de mando para que puedas controlar la situación.

Si el enemigo deja una puerta abierta, debes entrar corriendo. Adelántate a tu oponente apoderándote de lo que quiere y determina sutilmente el momento de su llegada. Avanza por el camino de la disciplina y adáptate al enemigo hasta que puedas dar la batalla decisiva. Entonces, al principio exhibe la timidez de una doncella hasta que el enemigo te dé una oportunidad; después emula la rapidez de una liebre a la carrera y será demasiado tarde para que el enemigo se te resista.

LECCIÓN 189

LAS TRES NATURALEZAS DE UN EJÉRCITO ATRAPADO

Las tres características siguientes son típicas de un ejército atrapado:

1. Para el ejército rodeado, las únicas opciones son luchar o rendirse. Dado que esto último no suele considerarse una opción, el ejército debe luchar para romper el cerco.
2. Si el cerco es completo y el enemigo persiste en su ataque, los soldados atrapados lucharán ferozmente hasta la muerte porque saben que la alternativa es la captura y la tortura. Por esa razón, muchos estrategas recomiendan que la fuerza atacante deje una vía de escape abierta. Más adelante, podrá encontrarse fácilmente a los soldados que han huido.
3. No será necesario ordenar a las tropas acorraladas que hagan algo distinto a esforzarse al máximo para lograr la (improbable) victoria.

CONSEJO PARA LA GUERRA: Si tus fuerzas están rodeadas, lucharán hasta la muerte para romper el cerco. Todos tus soldados se unirán, pero sé consciente de que el enemigo dejará falsas rutas de huida abiertas.

LECCIÓN 190

UTILIZA ESPÍAS, EXPLORADORES Y GUÍAS

Las siguientes prácticas son esenciales. Quien las desconozca no debe estar al mando de un ejército.

- Conoce todos los planes. Todas las personas y todos los bandos son enemigos o aliados potenciales, de modo que usa espías para descubrir las verdaderas intenciones de los actores clave. Esa lectura precisa de la situación te permitirá establecer las mejores alianzas.

- Explora a fondo todas las áreas. Tus exploradores siempre deben estar activos, antes, durante y después de la guerra. Sin una comprensión profunda del territorio enemigo, lo que incluye todas las áreas difíciles, tus tropas se verán en dificultades.
- Utiliza guías locales. Son un recurso esencial en la exploración del territorio enemigo. Usa el dinero o la fuerza para que alguien del lugar muestre a tus exploradores los alrededores del área por donde transitas y guíe a tu ejército. Ten cuidado con los espías enemigos que fingen ser guías.

CONSEJO PARA LA GUERRA: Espía a todos para decidir con quién aliarte, elabora mapas del territorio enemigo y usa guías lugareños.

LECCIÓN 191

NO PERMITAS QUE UN ENEMIGO PODEROSO SE ESTABILICE

Si estás al mando de un ejército profesional pero te enfrentas a un enemigo grande y poderoso, asegúrate de lograr lo siguiente:

- Evita que las tropas enemigas se agrupen y formen una fuerza coordinada.
- Boicotea los esfuerzos enemigos por mantener sus alianzas.
- Bloquea las tropas de refuerzo del enemigo.

Un ejército profesional es una fuerza impresionante en la que cada sección trabaja de forma eficaz y coordinada. Sus exploradores conocen cada centímetro del territorio hostil; sus espías, todos los detalles de los planes enemigos y de sus alianzas; sus tropas de acción rápida saben cómo ejecutar maniobras de distracción y la fuerza principal cómo ocultar su ubicación. Con todas esas capacidades, incluso un enemigo poderoso titubeará ante la mera idea de un ataque de tu ejército.

Ten en cuenta que hay lecturas alternativas de este pasaje, que llegó a debatirse en tiempos del comentarista chino Zhang Yu, en el siglo XIV. Algunos creen que la lección trata sobre la estabilidad de las propias alianzas o la elección de alianzas y saber qué apoyos aceptar y cuáles descartar.

CONSEJO PARA LA GUERRA: No permitas que las fuerzas del enemigo se agrupen y boicotea sus alianzas.

LECCIÓN 192

RECOMPENSA TAN PRONTO COMO PUEDAS

En la antigua sociedad china, el proceso para otorgar recompensas era largo y, a menudo, su destinatario se quedaba con las manos vacías. En una campaña militar, premia sin demora y sin prestar atención al protocolo propio de tiempos de paz. Para mantener la moral y estimular la excelencia, hay que reconocer los logros de los soldados lo antes posible.

CONSEJO PARA LA GUERRA: Recompensa rápidamente a aquellas personas que hayan hecho méritos para que los demás vean el beneficio que eso comporta.

LECCIÓN 193

IGNORA LAS LEYES CIVILES

Los militares deberían tener sus propias normas y no verse limitados por las leyes civiles. Las convenciones de la vida normal no siempre sirven para juzgar las acciones de guerra.

CONSEJO PARA LA GUERRA: No dejes que las normas civiles rijan una fuerza militar.

LECCIÓN 194

PIENSA EN TU EJÉRCITO COMO SI FUERA UNA ÚNICA PERSONA

No veas el ejército como una masa de individuos, piensa en sus diferentes secciones como partes de un solo cuerpo. Dirígelo con sencillez y claridad haciendo que todas las secciones trabajen juntas como una sola. Piensa en ti mismo como el cerebro y en tus órdenes como señales nerviosas.

Trapp plantea una traducción alternativa de esta enseñanza: «Trata a todos los soldados por igual y con justicia».

CONSEJO PARA LA GUERRA: Considera el conjunto de tus fuerzas como una sola entidad, dirígelas como si fueran una sola persona y trata a todos los soldados por igual.

LECCIÓN 195

INDICA A LAS TROPAS QUÉ DEBEN HACER, PERO NO POR QUÉ DEBEN HACERLO

Da órdenes, pero no las expliques. Si les cuentas a los soldados cómo has llegado a tomar tus decisiones, esa información se filtrará al enemigo a través de algún espía que tengas en tus filas; también empujará a tus soldados a creer que tienen algo que decir sobre el asunto. Algunos no estarán de acuerdo con tus conclusiones, a pesar de no tener suficiente información como para ver la imagen completa. No puedes permitir que tu autoridad se vea socavada de esa manera. Los buenos militares con victorias en su haber se ganarán el respeto de las fuerzas que comanden, que llegarán a confiar en sus órdenes sin dudar un solo instante.

El Grupo Denma traduce esta enseñanza como «Gánatelos con hechos, no los dirijas con palabras».

CONSEJO PARA LA GUERRA: Nunca expliques tus órdenes, así no se filtrará información y tu autoridad permanecerá intacta.

LECCIÓN 196

ACENTÚA LO POSITIVO

Para levantar la moral comunica a tus soldados todas las buenas noticias, pero guárdate las malas para ti mismo. Del mismo modo, céntrate en los beneficios que se derivarán de la victoria, ya sean riquezas o un paso adelante hacia una victoria todavía mayor, pero quita importancia a los peligros potenciales.

El Grupo Denma adopta el punto de vista opuesto en su traducción: «Mantén la unidad enfatizando los peligros. No les presentes la situación bajo la luz más favorable».

CONSEJO PARA LA GUERRA: Comunica a tus soldados las buenas noticias sobre el desarrollo de la campaña y destaca lo que ganarán con la victoria. Pasa por alto cualquier daño que pudieran sufrir.

LECCIÓN 197

CONVIERTE LA DERROTA EN VICTORIA

Los soldados bien entrenados sobresaldrán cuando luchen por sus vidas, así que no trates de protegerlos siempre. Obviamente, evita situaciones donde no haya posibilidad de victoria, pero no temas poner a tu gente en peligro. Son soldados y su trabajo es la guerra.

CONSEJO PARA LA GUERRA: Saca el máximo partido a tus tropas colocándolas en una situación de «vida o muerte».

LECCIÓN 198

CONOCE EL PRÓXIMO MOVIMIENTO DEL ENEMIGO

Conocer los planes del enemigo antes de que actúe es un aspecto fundamental en *El arte de la guerra* que encuentra su colofón en el capítulo final, donde se aborda el arte del espionaje. Aquí, el texto original podría traducirse por «conoce los detalles del enemigo» o «conoce los engaños del enemigo»; ambas expresiones significan que es necesario estar informado sobre el siguiente paso del enemigo. Descubrir sus planes y saber contrarrestarlos son habilidades de un líder militar de alto nivel.

CONSEJO PARA LA GUERRA: Descubre cuál será el próximo paso del enemigo y anticípate a él antes de que se desarrollen los acontecimientos.

LECCIÓN 199

SELLA TU TERRITORIO

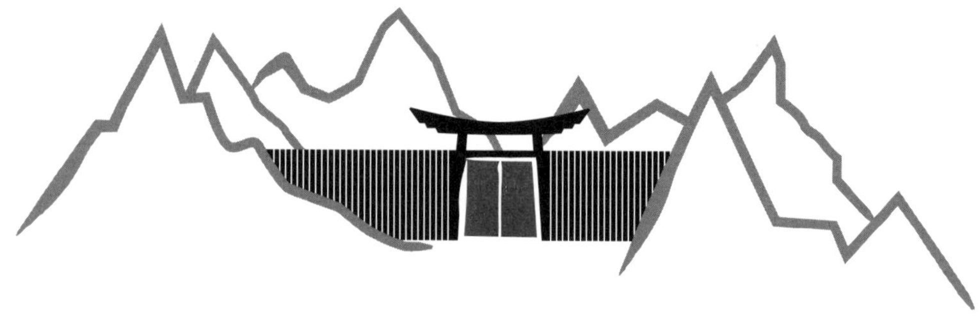

Al tiempo que te encaminas hacia la guerra en territorio enemigo, asegúrate de sellar la frontera de tu país. Deja guardias fronterizos con órdenes de no permitir la entrada de nadie, en especial emisarios enemigos, con independencia de la documentación que presenten. Establece un bloqueo total. A continuación, dedica tu tiempo a analizar la situación en la sala de guerra del centro de mando, que en tiempos de Sun Tzu se ubicaba en un templo u otro lugar sagrado.

CONSEJO PARA LA GUERRA: Sella las fronteras de tu país para que ningún enemigo pueda entrar en él.

LECCIÓN 200

BUSCA BRECHAS Y ENCUENTRA EL MODO DE APROVECHARLAS

El siguiente pasaje es difícil; los comentaristas difieren en la interpretación de la palabra clave. Algunos la traducen como «brechas», otros como «espías». El desacuerdo se debe a que el concepto chino de espionaje se basa en la idea de encontrar un hueco. No se sabe exactamente qué quiso decir Sun Tzu, pero la enseñanza general de esta lección es que hay que ser consciente de las brechas en tu defensa y en la del enemigo, que habrá que encontrar el modo de aprovechar. Eso podría derivar en las estrategias siguientes:

- Cuando el enemigo muestre una brecha, atácala.
- Evita las brechas en tu defensa.
- Presenta brechas falsas al enemigo.
- Permite que entren espías enemigos y utilízalos en tu beneficio.
- Usa las brechas en la defensa del enemigo para enviar espías.

Nótese que no siempre es esencial cerrar las brechas en tu defensa; a veces se pueden mantener abiertas para tender una trampa. Lo importante es saber dónde están y vigilarlas con atención.

CONSEJO PARA LA GUERRA: Busca brechas en tu defensa y opta entre cerrarlas o aprovecharlas para tentar al enemigo. Busca brechas en las defensas enemigas y atácalas antes de que tengan tiempo de cerrarlas.

LECCIÓN 201

SIGUE LOS PASOS BÁSICOS DE LA GUERRA

Tras cubrir los preparativos para la guerra, Sun Tzu resume los pasos a dar a continuación:

1 Ataca lo que el enemigo valore. Armado con una imagen clara de sus planes y prioridades, ataca algo que valore para obligarlo a cambiar de planes.

2 Confúndelo e imponle cambios. Tras obligarle a moverse en respuesta a tu ataque inicial, no dejes que el lugar, la fecha o la hora de la batalla sean evidentes. Mantenlo desorientado y neutraliza a sus exploradores y espías por medio del secreto, la desinformación deliberada o ambos.

3 Responde a sus cambios y derrótalo. Ahora que el enemigo está en un estado de cambio debido a tu ataque inesperado y no sabe por dónde atacarte o dónde enfrentarse contra ti, encuentra su punto más vulnerable y ve a por él sin piedad.

CONSEJO PARA LA GUERRA: Conoce los planes del enemigo, ataca algo que valore y oblígale a moverse. No dejes que sepa la fecha y el lugar de la batalla y atácalo por sorpresa.

LECCIÓN 202

FINGE TIMIDEZ Y GOLPEA

Esta enseñanza utiliza los símbolos de una doncella y una liebre. Al principio hay que ser tímido e inofensivo como una doncella para generar en el enemigo una falsa sensación de seguridad, y luego atacar con la velocidad de una liebre. La autocomplacencia conduce al descuido, lo que conduce a la aparición de brechas. Espera a que eso suceda y entonces ataca.

Clements sugiere que la imagen de una mujer para representar timidez o indecisión formaría parte de una expresión perdida con el significado de «mostrar un lado menos amenazante». Cualquiera que sea la intención original, el mensaje es básicamente el mismo.

CONSEJO PARA LA GUERRA: Muéstrate débil, espera a que se forme una brecha en la defensa del enemigo y atácalo con rapidez.

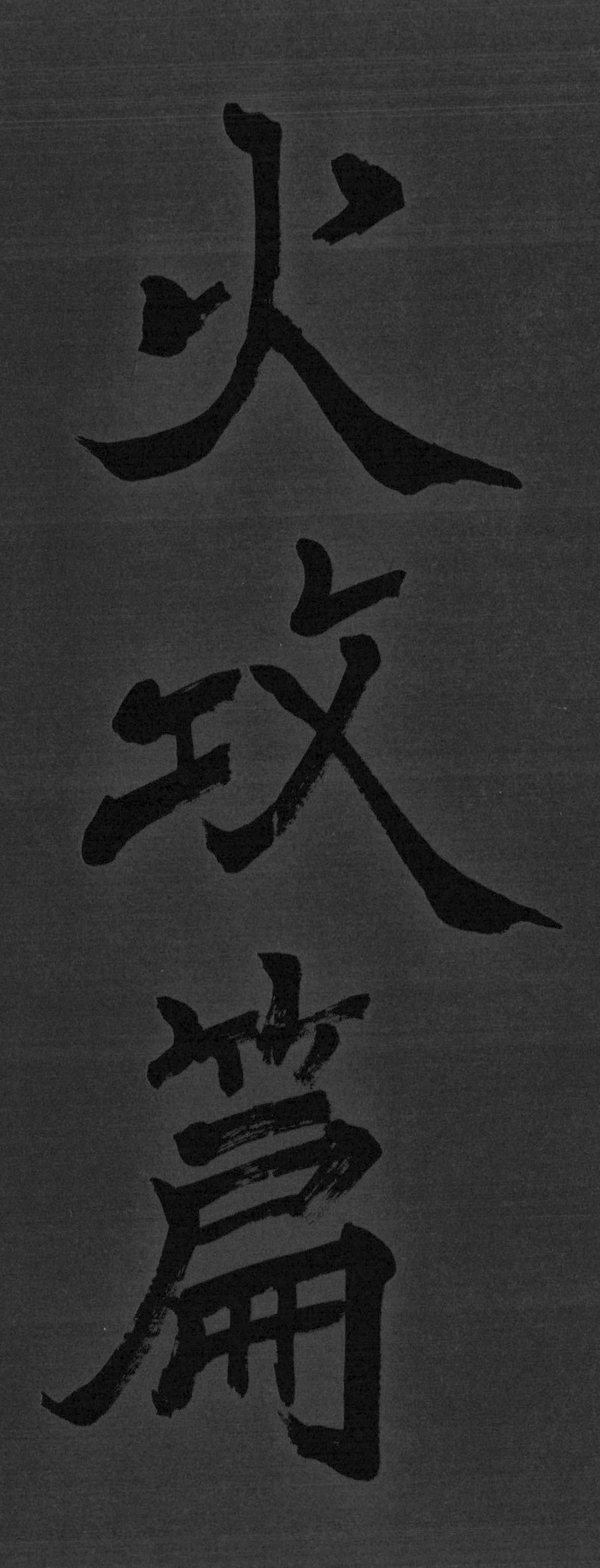
火攻篇

CAPÍTULO 12

SOBRE EL ATAQUE CON FUEGO

SOBRE EL ATAQUE CON FUEGO

El título del capítulo 12 de Sun Tzu usa los ideogramas 火, que significa «fuego», y 攻, que significa «ataque». Se divide en tres puntos principales:

1 Los cinco tipos de ataque con fuego.
2 Condiciones necesarias para utilizar el fuego.
3 Ira emocional y temperamento «fogoso».

El primer punto trata de los cinco objetivos principales que un líder militar puede atacar usando fuego. El segundo, de las condiciones y el equipo necesarios para utilizar el fuego, así como de las situaciones en las que el fuego será más eficaz. El punto final analiza el fuego en un sentido emocional, advirtiendo de los peligros de la ira y aconsejando sobre cómo evitar tener un temperamento fogoso.

EN PALABRAS DE SUN TZU

Hay cinco formas de atacar con fuego. La primera es quemar soldados en su campamento; la segunda, quemar tiendas; la tercera, quemar suministros; la cuarta, quemar arsenales y almacenes; la quinta es lanzar fuego sobre la cabeza del enemigo.

LECCIÓN 203

LOS CINCO TIPOS DE ATAQUE CON FUEGO

A continuación se presentan las cinco formas de atacar al enemigo con fuego; dos apuntan a personas y las otras tres a recursos materiales.

1 QUEMAR PERSONAS

Quemar personas con la intención de matarlas o mutilarlas infundirá miedo en el enemigo y reducirá su número de efectivos.

2 QUEMAR TIENDAS Y ALIMENTOS

Quema la comida del enemigo para que se debilite y muera de hambre. Cuanto más quemes, más imposibilitado estará de actuar. A veces querrás capturar sus suministros para el uso de tu propio ejército, pero no siempre dispondrás del tiempo o de las tropas suficientes para transportarlos. Si es así, es mejor destruirlos e impedir que el enemigo los aproveche. Esta política de tierra quemada todavía se usa en la guerra moderna.

3 QUEMAR LOS VEHÍCULOS DE TRANSPORTE DE SUMINISTROS

Tanto los equipos como la comida se tienen que transportar, y cuando están en tránsito son particularmente vulnerables. Por lo tanto, ataca los vehículos de transporte de suministros cuando estén en movimiento.

4 QUEMAR ARMERÍAS Y ALMACENES MILITARES

El enemigo tendrá almacenes con material ubicados en lugares estratégicos. Pueden encontrarse cerca de sus tropas, en puntos por donde planea avanzar o en su retaguardia.

Cuando tus exploradores o espías hayan descubierto su ubicación, usa el fuego para destruirlos.

5 QUEMAR FORMACIONES DE SOLDADOS

Cuando el enemigo está en posición y sus soldados esperan en formación, es particularmente vulnerable a un ataque con fuego. A menudo, las tropas en formación tienen más dificultades para maniobrar, lo que significa que podrás matar a más soldados; si los haces huir, provocarás brechas en su defensa.

Los traductores han interpretado de diferentes maneras este tipo de ataque con fuego. Minford habla de hacer arder líneas de comunicación, mientras que Giles, Griffith y Trapp se refieren al uso de misiles incendiarios, interpretación que se basa en el comentarista chino Tu Yu. Cleary alude a armas incendiarias y el Grupo Denma al uso de fuego en túneles. En este libro, se opta por la versión de Sawyer, pero téngase en cuenta que no hay traducción definitiva.

CONSEJO PARA LA GUERRA: Quema a los soldados enemigos, dispersa sus formaciones con fuego, destruye su comida, ataca sus líneas de suministro y localiza todas sus armerías y almacenes de equipos.

EN PALABRAS DE SUN TZU

Para llevar a cabo un ataque, debemos contar con medios. El material para hacer fuego siempre debe estar listo.

Hay una estación apropiada para realizar ataques con fuego y días especiales para iniciar una conflagración. La estación apropiada es cuando el clima es muy seco; los días especiales son aquellos en los que la Luna está en las constelaciones del Cedazo, el Muro, las Alas o el Travesaño porque entonces todos los días son ventosos.

Al atacar con fuego, uno debe estar preparado para enfrentarse a cinco situaciones posibles:

1. *Cuando se declare un incendio en el campamento enemigo, reacciona de inmediato con un ataque desde el exterior.*
2. *Si se declara un incendio pero los soldados enemigos permanecen quietos, espera la hora propicia y no ataques.*
3. *Cuando la intensidad de las llamas haya alcanzado su punto máximo, ataca si eso es posible; si no, quédate donde estás.*
4. *Si es posible realizar un asalto con fuego desde el exterior, no esperes a que se declare en el interior, pero hazlo cuando el momento sea favorable.*
5. *Cuando enciendas un fuego, ponte a barlovento. No ataques desde sotavento.*

Un viento que se levanta durante el día dura mucho, pero una brisa nocturna amaina pronto. En todos los ejércitos deben conocerse las cinco situaciones relacionadas con el fuego, calcularse los movimientos de las estrellas y permanecer alerta para aprovechar los días propicios. Por eso, aquellos que usan el fuego como un arma de ataque dan muestra de inteligencia; aquellos que usan el agua como un arma de guerra ganan fuerza. Por medio del agua, se puede interceptar a un enemigo, pero no se lo puede despojar de todas sus pertenencias.

LECCIÓN 204

CONDICIONES Y MATERIALES NECESARIOS PARA EL FUEGO

Para usar el fuego de manera efectiva, es necesario contar con ciertos materiales y que las condiciones estén a tu favor:

HERRAMIENTAS Y EQUIPOS PARA PROVOCAR INCENDIOS

Las enseñanzas sobre las armas incendiarias chinas son extensas y cubren una gran variedad de dispositivos, desde bombas de gas hasta minas terrestres, petardos e incluso lanzallamas. Gran parte de ese material se encuentra descrito en manuales posteriores a Sun Tzu, mientras que este no da ningún ejemplo específico de los artefactos que habría utilizado. Sin embargo, los elementos básicos no varían: material inflamable y combustibles, así como contenedores y mezclas para que las armas incendiarias sean más seguras para el atacante y más devastadoras para el atacado, todo lo cual debe estar preparado de antemano. El comentarista chino Cao Cao menciona un recurso humano importante igualmente necesario: agentes secretos infiltrados en el campamento enemigo para prender fuego.

CONDICIONES METEOROLÓGICAS QUE FAVORECEN LOS INCENDIOS

Prender fuego debe hacerse en la estación y con el tiempo adecuados; es inútil intentarlo con lluvia torrencial o nieve. Si bien no es imposible quemar una posición con mal tiempo, nunca es buena idea ir en contra de la naturaleza. Cuando las condiciones son calurosas y secas, el fuego prende y se propaga fácilmente.

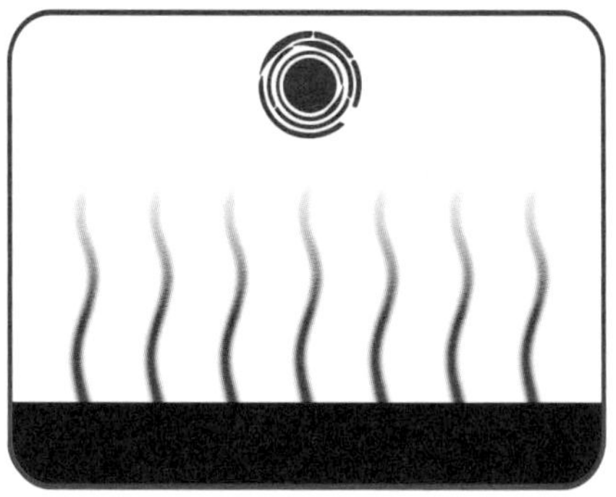

CONSEJO PARA LA GUERRA: Prende fuego solo cuando todo el equipo necesario esté preparado y el tiempo sea favorable.

LECCIÓN 205

UTILIZA LOS DÍAS DE VIENTO PARA PROVOCAR INCENDIOS

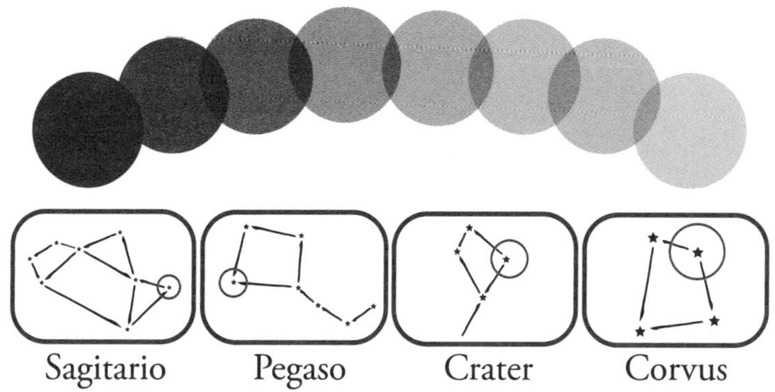

ARRIBA: Representación de la Luna cruzando las cuatro mansiones lunares que Sun Tzu vincula con días de viento.

Uno de los pocos ejemplos de pseudociencia y esoterismo en la obra de Sun Tzu es la mención de las mansiones lunares, que supuestamente permiten predecir los días de viento. Los antiguos chinos dividieron las constelaciones en 28 mansiones lunares, líneas imaginarias que cruza la Luna durante su viaje mensual alrededor de la Tierra. Según Sun Tzu, los días en los que la Luna cruza las cuatro posiciones incluidas en la tabla siguiente habrá viento:

NOMBRE DE LA ESTRELLA	NOMBRE CHINO	NOMBRE ESPAÑOL
Gamma Sagittarii	箕	Cedazo
Gamma Pegasi	壁	Muro
Alpha Crateris	翼	Alas
Gamma Corvi	軫	Carro

Aunque este sistema de adivinación de los días de viento ahora se considera poco fiable, la idea de que es necesario tener en cuenta las previsiones de fuerza y dirección del viento para provocar incendios sigue siendo de vital importancia.

CONSEJO PARA LA GUERRA: Ten en cuenta la fuerza y la dirección del viento cuando te dispongas a provocar un incendio.

LECCIÓN 206

LOS CINCO PRINCIPIOS DE LA GUERRA CON FUEGO

Sun Tzu destaca cinco ideas básicas en su discurso sobre el uso del fuego como arma. Debe tenerse en cuenta que, si bien el texto original establece que hay cinco principios, no todos los traductores están de acuerdo en cómo formularlos. Esta lista muestra la versión más cercana al consenso:

1 ATACA CUANDO SE DECLARE UN INCENDIO EN EL CAMPAMENTO ENEMIGO

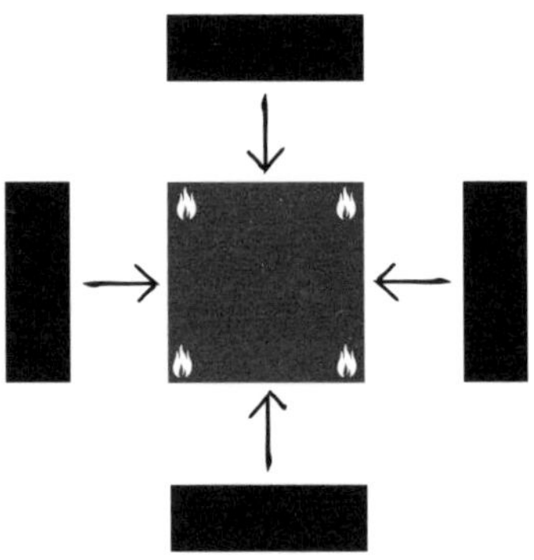

Se puede declarar un incendio en el campamento enemigo por tres motivos distintos: provocado por un agente infiltrado, por accidente o provocado por el enemigo como un truco para atraerte. En los dos primeros escenarios, hay que atacar para obligar al enemigo a dividir sus tropas, que tendrán que apagar el fuego al tiempo que intentan repeler tu avance, lo que hará más fácil su derrota.

2 CUIDADO CON LOS FALSOS INCENDIOS EN EL CAMPAMENTO ENEMIGO

No te dejes engañar por un fuego que el enemigo ha provocado deliberadamente en su campamento: intenta atraerte a una zona mortal dentro del complejo. Si no hay señales de tropas enemigas corriendo, no se gritan órdenes y no hay signos de conmoción, puedes estar bastante seguro de que es una trampa. Asimismo, ten cuidado con la conmoción fingida para hacer que el engaño sea más convincente. Como regla general, da tiempo al fuego para que alcance su altura máxima, porque en algún momento el enemigo tendrá que apagarlo. Si entonces se presenta una oportunidad, ataca, pero lo primordial es no apresurarse al primer indicio de fuego, a menos que, por supuesto, sepas con certeza que lo ha provocado uno de tus agentes.

3 ATACA DESDE EL EXTERIOR

Los incendios iniciados en el exterior de la posición enemiga no siempre son efectivos porque el objetivo a quemar está dentro y bien defendido. En cualquier caso, mantente atento por si surge la oportunidad de provocar un incendio desde el exterior. Cuando el viento sople con particular fuerza hacia el enemigo, puede ser un buen momento.

4 SITÚATE A BARLOVENTO SIEMPRE QUE PROVOQUES UN INCENDIO

Cuando se inicia un incendio, ya sea contra un campamento enemigo o una formación, el humo y las llamas se moverán hacia donde sople el viento. Por lo tanto, nunca enciendas un fuego cuando el viento sopla hacia ti cuando miras directamente al enemigo. Lo ideal es que el viento te dé por la espalda cuando observes tu objetivo, o que por lo menos sople de costado. Recuerda que el viento puede cambiar de dirección sin previo aviso, así que mantén a tus tropas alejadas del fuego.

5 OBSERVA EL VIENTO

El viento está sujeto a cambios de dirección, duración e intensidad. Debes ser consciente de que estos cambios te pueden causar problemas si no te has preparado para ellos. El texto original se aventura en lo esotérico cuando afirma que el viento diurno durará mucho tiempo mientras que el nocturno se debilitará rápidamente. Se trata de una afirmación que no está comúnmente aceptada como cierta.

Cleary, que se basa en los comentaristas chinos, interpreta este punto de forma alternativa: «El viento que comienza de día se detiene al llegar la noche, mientras que el viento que comienza de noche cesa con la llegada del día». De ser así, el viento no puede durar más de doce horas. El comentarista chino moderno Yang Ping-an (ver notas al pie en Ames) interpreta este punto tal como sigue: «Si el viento sopla de día, lleva adelante tu ataque. Si sopla de noche, no ataques».

Después de la enseñanza sobre el viento diurno en comparación con el viento nocturno, Sun Tzu señala que un buen líder militar debe conocer estas cinco ideas y aplicarlas a su estrategia. Giles y Sawyer traducen esta parte del texto como «observar las estrellas», lo que significa que uno debe sopesar cuál es el mejor momento para usar el fuego.

Zhang Yu destaca un punto importante: también hay que tener en cuenta cómo el enemigo podría usar estos principios contra ti. Sea cual sea el lado de las llamas en el que estés, la vigilancia es necesaria.

CONSEJO PARA LA GUERRA: Si se declara un incendio en el campamento enemigo, aprovéchalo, pero no caigas en la trampa de un falso incendio. Puedes atacar con fuego el exterior del campamento enemigo, pero nunca te coloques a sotavento del fuego y asegúrate de vigilar cualquier cambio en la dirección del viento.

LECCIÓN 207

CONOCE LAS DIFERENCIAS ENTRE EL FUEGO Y EL AGUA COMO ARMAS

Las traducciones de esta lección presentan diferencias sustanciales, de modo que no podemos estar seguros de lo que Sun Tzu trató de decir exactamente. Sin embargo, la idea esencial es que tanto el fuego como el agua pueden usarse como armas de guerra, cada una a su manera. Las traducciones ofrecen las siguientes interpretaciones:

- Quien se vale del fuego como ayuda en el ataque es poderoso. Quien se vale del agua como ayuda en el ataque es contundente (Ames).
- Si un ataque es asistido [por fuego], el fuego debe ser inextinguible. Si el agua va a ayudar en el ataque, la inundación debe ser abrumadora (Calthrop).
- El uso de fuego para ayudar en un ataque significa claridad. El uso de agua para ayudar en un ataque significa fuerza (Cleary).
- Utilizar fuego como ayuda en el ataque es inteligente. Utilizar agua es muestra de fuerza (Clements).
- Quien usa fuego para ayudar en un ataque es dominante. Quien usa agua para ayudar en un ataque es fuerte (Grupo Denma).
- Quienes utilizan fuego como ayuda en el ataque muestran inteligencia. Quienes utilizan agua como ayuda en el ataque ganan fuerza (Giles).
- Quienes utilizan fuego como ayuda en sus ataques son inteligentes. Quienes utilizan las inundaciones son poderosos (Griffith).
- El fuego ayuda tremendamente en un ataque. El agua ayuda poderosamente en un ataque (Minford).
- Usar fuego como ayuda en un ataque es inteligente. Usar agua como ayuda en un ataque es poderoso (Sawyer).
- Un general que ataca con fuego demuestra su inteligencia; uno que usa agua muestra su fuerza (Trapp).

CONSEJO PARA LA GUERRA: Usa fuego y agua para ayudarte en tus ataques ya sea en combinación o por separado.

LECCIÓN 208

REDIRIGE EL AGUA

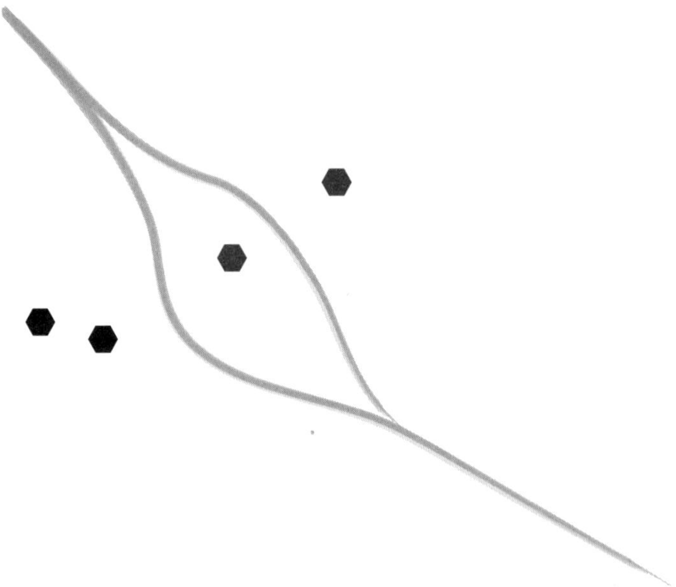

Si tienes los recursos para llevar a cabo un esfuerzo de ingeniería muy importante, considera redirigir ríos, embalses o cualquier gran cuerpo de agua para entorpecer los movimientos del enemigo inundando su campamento, dividiendo sus tropas o aislando su base de operaciones.

Sun Tzu señala que el agua puede aislar al enemigo o empantanarlo, pero normalmente no destruirá su equipo; para hacerlo, es necesario el fuego.

CONSEJO PARA LA GUERRA: Redirige grandes masas de agua para dificultar los movimientos del enemigo.

EN PALABRAS DE SUN TZU

Infeliz es el destino de quien trata de ganar sus batallas y tener éxito en sus ataques sin cultivar el espíritu de la empresa porque el resultado es un desperdicio de tiempo y un estancamiento general. De ahí el dicho: «El gobernante inteligente planea con mucha antelación; el buen general saca partido de sus recursos».

No te muevas a menos que veas una ventaja; no uses tus tropas a menos que haya algo que ganar; no luches a menos que la posición sea crítica. Ningún gobernante debería poner tropas en el campo de batalla simplemente llevado por la ira; ningún general debería librar una batalla simplemente por resentimiento. Si te conviene, actúa; si no, quédate donde estás.

La ira puede mutar con el tiempo en alegría; el resentimiento puede convertirse en placer. Pero una vez destruido, un reino nunca puede volver a existir ni los muertos pueden volver a la vida. Por lo tanto, el gobernante ilustrado es juicioso y el buen general está lleno de cautela. Esa es la manera de mantener un país en paz y un ejército intacto.

COMENTARIO

De forma extraña, en este punto Sun Tzu deja de dar enseñanzas sobre el fuego y regresa al tema del liderazgo sabio o imprudente. No parece haber una razón obvia para el cambio, pero Clements apunta a la conexión simbólica entre la ira, que es la idea principal de esta sección, y el fuego. Nótese, sin embargo, que el fuego y la ira no están conectados en la antigua teoría china de los cinco elementos.

LECCIÓN 209

SÉ SERIO Y EFICAZ

Los líderes reflexivos planifican extremadamente bien y todo lo que predicen se cumple, pero los líderes también tienen que ser efectivos. No es suficiente con saber qué va a suceder, también es necesario saber qué hacer cuando las predicciones se hacen realidad. Por lo tanto, planea con anticipación, pero también ten la iniciativa de actuar cuando veas una oportunidad.

CONSEJO PARA LA GUERRA: No desperdicies la precisión de tus planes y predicciones siendo indeciso cuando llegue el momento crucial.

LECCIÓN 210

ACTÚA LLEVADO POR LA RAZÓN, NO POR LAS EMOCIONES

Esta sección es una amalgama del siguiente conjunto de enseñanzas sobre el peligro de dejar que las emociones influyan en la toma de decisiones:

- Mueve tus tropas solo si el beneficio es seguro. De no ser así, detente: el movimiento genera brechas. Nunca actúes llevado por la ira o cualquier otra emoción. Cálmate y piensa.
- Moviliza o despliega un ejército solo si estás seguro de la victoria. La decisión de poner en marcha un ejército debe basarse en un cálculo tranquilo, no en un reflejo emocional.
- Entra en combate contra otra fuerza solo cuando estés completamente preparado y tengas todas las probabilidades de alcanzar la victoria. Debe ser una batalla que sabes que vas a ganar, no una que esperas ganar. De nuevo, nunca entres en combate llevado por la ira. La guerra debe ser siempre el último recurso; se acude a ella cuando el resto de las opciones se han descartado.

CONSEJO PARA LA GUERRA: Las emociones están en constante cambio. En poco tiempo, la ira puede convertirse en tranquilidad: no tomes una decisión militar de vida o muerte solo porque estás de mal humor.

LECCIÓN 211

NO PUEDES TRAER DE VUELTA A LOS MUERTOS

Cuando se mueven fichas en una sala de guerra, puede ser fácil olvidar que representan a personas reales cuyas vidas dependen de tus decisiones. Una vez que las personas han muerto, se han ido para siempre; una vez que se ha destruido una civilización, no se puede reconstruir.

La guerra es horrible, por lo que entrar en ella desde la ira no es la mejor forma de liderazgo. Un buen líder dedica tiempo a decidir qué hacer y cuándo hacerlo. Esa es la base del arte de gobernar y del liderazgo militar, y también el camino hacia la paz.

CONSEJO PARA LA GUERRA: Tus decisiones pueden dar como resultado la muerte de muchas personas y la destrucción de civilizaciones. Aborda esa responsabilidad con un respeto supremo.

用間篇

CAPÍTULO 13

SOBRE EL USO DE ESPÍAS

SOBRE EL USO DE ESPÍAS

El título del capítulo 13 y final de Sun Tzu utiliza los ideogramas 用, que significa «uso de», y 間, que significa «espía» o «mirar a través de un hueco». El capítulo aborda cuatro asuntos principales:

1 Por qué los espías son esenciales.
2 Los cinco tipos de espías.
3 Cómo usar espías.
4 Cómo usar la información.

En el primer punto, Sun Tzu explica el papel esencial que juegan los espías en la reducción del coste y de la devastación de la guerra: gracias a la información que proporcionan, el enemigo cae rápidamente. En el segundo describe los cinco tipos de espías y sus funciones específicas. En el tercero comenta cómo se usan los espías y la relación de estos con los líderes militares. En el punto final analiza la información obtenida por medio de espías y el modo de usarla contra el enemigo. El capítulo concluye con una recapitulación sobre la importancia del espionaje y su relevancia para el resto de las áreas de las fuerzas armadas.

EN PALABRAS DE SUN TZU

Movilizar una hueste de cien mil hombres y hacer que marche grandes distancias implica graves pérdidas para el pueblo y una sangría para los recursos del Estado. El gasto diario ascenderá a mil onzas de plata. Habrá conmoción en casa y en el extranjero, y los hombres caerán exhaustos en los caminos. El trabajo de hasta setecientas mil familias se verá afectado.

Los ejércitos hostiles pueden enfrentarse durante años, luchando por una victoria que se va a decidir en un solo día. Siendo esto así, permanecer en la ignorancia de la situación del enemigo simplemente porque uno lamenta el desembolso de cien onzas de plata en honores y emolumentos es el colmo de la inhumanidad. Aquel que obra así no es un líder para sus hombres ni una ayuda para su soberano, y ningún maestro de la victoria. Lo que permite al sabio soberano y al buen general golpear y conquistar, y lograr cosas más allá del alcance de los hombres ordinarios, es saber de antemano. Ahora bien, ese conocimiento no puede obtenerse de los espíritus, no puede obtenerse inductivamente de la experiencia ni por medio de ningún cálculo deductivo. El conocimiento de la situación del enemigo solo puede obtenerse de otros hombres.

LECCIÓN 212

LA GUERRA ES MUY CARA Y PERTURBADORA

La guerra siempre es cara, incluso si ganas. Y para el bando perdedor puede significar la quiebra y la ruina de su población durante generaciones. La referencia de Sun Tzu a las «mil onzas de plata» diarias puede que no refleje una cifra exacta, sino que evoque una cantidad de dinero más allá de lo imaginable para la gente normal. Quiere que sus lectores se den cuenta del esfuerzo enorme que supone financiar una guerra.

1	2	3
8	9	4
7	6	5

ARRIBA: Se cree que en la antigua China la tierra se dividía en nueve parcelas que cultivaban ocho familias, y que el producto de una se entregaba al Gobierno a modo de impuesto. Si se reclutaba a un hijo de una de esas ocho familias, las otras siete tenían que colaborar en el cultivo de su tierra.

Además del coste directo de movilizar y equipar un ejército, la guerra implica otros costes menos obvios. En la antigua China, ciertas familias tenían que entregar a alguno de sus hijos para que sirvieran en el ejército. Con la pérdida de esa parte de mano de obra agrícola, las personas que quedaban atrás tenían que trabajar más al tiempo que la producción del año siguiente disminuía. La cifra de 700 000 familias afectadas responde probablemente a un cálculo basado en un ejército de 100 000 soldados, lo que tiene su explicación en el antiguo sistema chino de división de la tierra para la agricultura que se representa en el diagrama de arriba. Contar con un ejército de 100 000 soldados procedentes de 100 000 familias distintas significaba que otras 700 000 familias tenían que cargar con el peso de la mano de obra ausente.

Además, un ejército en movimiento interfiere con la rutina de la población de los lugares por donde pasa. Es cierto que, en algunos casos, eso puede ser financieramente rentable ya que los granjeros y comerciantes pueden venderle sus productos, pero sigue siendo una alteración de la vida cotidiana. Otros autores traducen el pasaje como «el ejército se cansará y se quedará al borde del camino cerca de la población local» o como «habrá mendigos e indeseables en el borde del camino siguiendo al ejército». La idea principal es que un ejército en movimiento provoca todo tipo de desórdenes a su paso.

CONSEJO PARA LA GUERRA: Una guerra no solo se cobra la vida de los soldados; también consume el tiempo y los recursos del conjunto de la nación.

LECCIÓN 213

LA GUERRA PUEDE DURAR AÑOS

Todo el proceso de una guerra, que incluye la preparación, la planificación y la movilización de un ejército, así como las marchas, las largas campañas, los asedios, la vigilancia y el regreso, puede durar muchos años, incluso generaciones. La más corta de las guerras acarrea grandes trastornos, cuesta muchas vidas y agota los recursos de la nación.

CONSEJO PARA LA GUERRA: Las batallas se convierten en guerras y las guerras pueden durar mucho tiempo. Un Estado bien gobernado debe evitar que eso ocurra. Haz que los conflictos sean lo más breves posible.

LECCIÓN 214

NO ESCATIMES EN ESPIONAJE

Las dos lecciones anteriores conducen a esta. El coste del funcionamiento de una división tan pequeña como el servicio de inteligencia puede parecer comparativamente alto, pero, si el espionaje acelera tu victoria, se amortizará con creces. Cierta información, como la ubicación del enemigo y el conocimiento de sus movimientos por anticipado, vale su peso en oro (o en plata en la traducción de Giles).

De hecho, según las cifras que ofrece Sun Tzu, la información vale diez veces su peso ya que el coste diario de tener un ejército en marcha es diez veces mayor que el de llevar a cabo operaciones de inteligencia. Eso es así si se asume que el coste del espionaje es de cien onzas de plata diarias en lugar de ser un desembolso ocasional (Sun Tzu no lo deja del todo claro).

CONSEJO PARA LA GUERRA: En comparación con otros tipos de soldados, los espías son caros, pero la información vital que proporcionan los hace increíblemente rentables.

LECCIÓN 215

NO SEAS UN LÍDER INHUMANO

Sun Tzu concluye su discurso apelando a la vanidad de los líderes militares. Afirma que cualquier general que rechace la posibilidad de una victoria rápida por ahorrarse una fracción del coste total de la guerra adolece de falta de humanidad. Los cuerpos y cabezas amontonados, las fosas comunes, el hambre y la destrucción son los resultados de los conflictos armados; cualquier líder que no quiera evitarlos carece de decencia. Una persona así:

- No es un líder militar competente.
- No es un apoyo al Gobierno.
- No entiende la guerra y no logrará la victoria.

El uso de espías es el camino de un líder supremo.

CONSEJO PARA LA GUERRA: Ignorar la posibilidad de una victoria obtenida a través del espionaje es carecer de humanidad y no es el camino de un verdadero líder.

LECCIÓN 216

EL CONOCIMIENTO POR ADELANTADO ES ORO

ARRIBA: Espiar es como una flecha que apunta adonde el enemigo estará en el futuro.

Cuando te marchas a otro país con tu ejército, por delante de ti solo puedes ver hasta el horizonte. Los exploradores pueden ver el próximo horizonte, pero la información que obtengan ya será obsoleta cuando te la comuniquen. Por contra, los espías alcanzan a ver muy lejos dentro del territorio enemigo y hacia el futuro. No hay comparación.

CONSEJO PARA LA GUERRA: Solo los espías pueden decirte qué hará el enemigo antes de que actúe.

LECCIÓN 217

NO EMPLEES LO SOBRENATURAL

En la época de Sun Tzu, se consideraba que el mundo se dividía entre los elementos opuestos pero complementarios del yin (la tierra, la oscuridad, el agua, el principio femenino y la quietud) y el yang (el cielo, la luz, el fuego, el principio masculino y el movimiento). De ahí derivó un complejo sistema de adivinación que involucraba las formaciones de las nubes, los patrones climáticos, la observación de las aves y muchas otras formas antiguas de augurio. Como hemos visto, *El arte de la guerra* es un texto muy práctico para su época que da cabida a muy pocos elementos esotéricos. Sun Tzu advierte en contra de la adivinación y en su lugar recomienda tener fe en los espías.

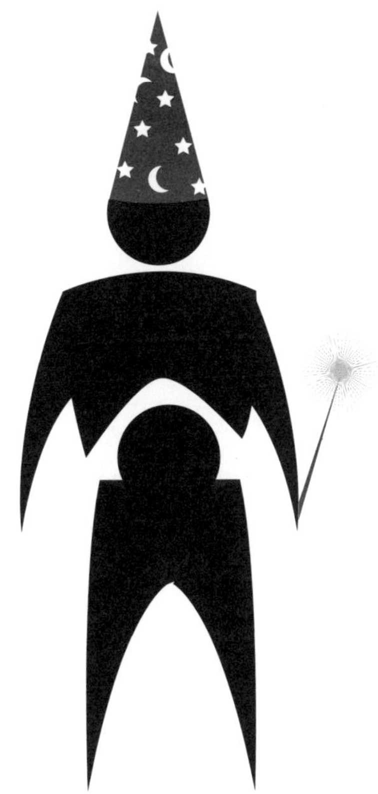

CONSEJO PARA LA GUERRA: Las nubes pueden decirte cuándo lloverá y los pájaros anunciarte el cambio de las estaciones, pero solo los espías pueden decirte cuál va a ser el próximo movimiento del enemigo.

LECCIÓN 218

BASA TUS ANÁLISIS EN LA INFORMACIÓN DE INTELIGENCIA, NO EN CONJETURAS

Preguntarse «¿qué haría yo si fuera el enemigo?» tiene un lugar importante en la estrategia militar, pero solo si se basa en algo más concreto que en una analogía ciega con tu propia situación. Es erróneo suponer que el líder enemigo pensará igual que tú.

Primero, ármate con montones de informes de inteligencia y una detallada comprensión del enemigo y de sus sistemas militares, y solo entonces podrás ponerte en su piel.

CONSEJO PARA LA GUERRA: Las decisiones militares importantes deben tomarse utilizando informes de inteligencia actualizados. No te juegues la vida de tus soldados por una corazonada.

EN PALABRAS DE SUN TZU

De ahí el uso de espías, de los cuales hay cinco clases:

1. *Espías locales.*
2. *Espías internos.*
3. *Espías convertidos.*
4. *Espías condenados.*
5. *Espías supervivientes.*

Cuando estos cinco tipos de espías trabajan, nadie conoce el sistema secreto. Esto se llama «manipulación divina de los hilos», que es la facultad más valiosa del soberano.

Tener espías locales significa emplear los servicios de los habitantes de un distrito. Tener espías internos significa servirse de oficiales del enemigo. Convertir espías es apresar a los espías del enemigo y usarlos para nuestros propios fines. Los espías condenados hacen ciertas cosas abiertamente con el propósito de engañar y transmitir información falsa al enemigo. Finalmente, los espías supervivientes son aquellos que traen noticias del bando enemigo.

LECCIÓN 219

ESPÍAS LOCALES

Este es el primero de los cinco tipos de espías.

Como parte de tus preparativos, manda «espías supervivientes» (ver lección 223) a territorio enemigo para que se mezclen con la población. Además de recopilar información, deberán identificar, contactar y reclutar personas que puedan ser útiles como espías locales. Estas personas pueden ser granjeros cuya tierra da a un castillo o comerciantes que abastecen al ejército. Clements traduce esta categoría como «persona nativa» y Calthrop como «espía del pueblo». No son espías profesionales, pero son útiles porque su situación les da acceso y tiempo para observar por ti. Cuantos más espías locales tengas sobre el terreno, más amplia será la imagen del enemigo que obtengas. Nótese que los espías locales son gente común y corriente. No deben confundirse con los espías internos o los convertidos, que trabajan infiltrados en las filas enemigas.

CONSEJO PARA LA GUERRA: Contrata a locales sin importancia aparente para informar del estado y los movimientos del enemigo.

LECCIÓN 220

ESPÍAS INTERNOS

Este es el segundo de los cinco tipos de espías.

Dirígete a personas que trabajan directamente para el líder enemigo o en el Gobierno enemigo, o busca personas que ocupaban una posición importante, han sido destituidas recientemente y están molestas por ello. Mientras que los espías locales pueden dar una imagen amplia del estado y de los movimientos del enemigo, los espías internos (o espías «interiores» en la traducción de Giles) pueden proporcionar información específica sobre el funcionamiento y los planes del ejército o del Gobierno enemigo.

CONSEJO PARA LA GUERRA: Soborna a personas en puestos gubernamentales y militares clave para obtener información clasificada importante.

LECCIÓN 221

ESPÍAS CONVERTIDOS

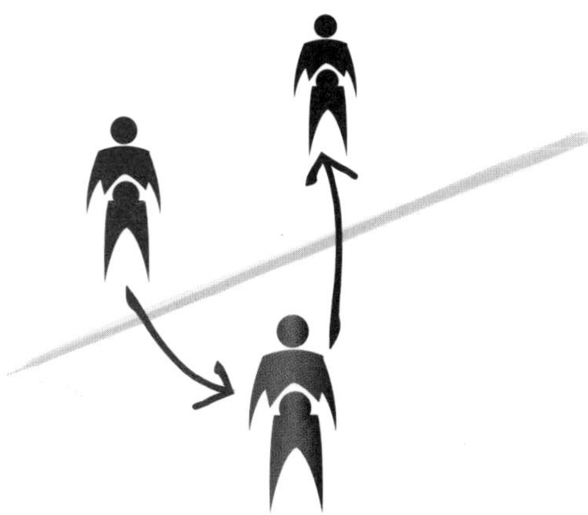

Este es el tercero de los cinco tipos de espías.

El enemigo, por supuesto, también te estará espiando. La tarea de tus espías supervivientes es descubrir quiénes son sus agentes. Una vez identificados, se los puede persuadir (con dinero, honores u otros beneficios) o coaccionar (mediante tortura o amenazas de encarcelamiento) para que se pasen a tu lado. Un espía convertido, también conocido como agente doble, es la «gallina de los huevos de oro» en términos de inteligencia: no solo puede proporcionarte información de manera continua, sino que también puede confundir al enemigo con información falsa y ayudarte a reclutar espías internos. El descubrimiento y conversión de un espía enemigo es una de las formas más altas de espionaje, pero el verdadero problema es saber para qué lado trabaja realmente. ¿Juega para ti o solo está jugando con?

CONSEJO PARA LA GUERRA: Descubre espías enemigos y usa la recompensa o el castigo para que se pasen a tu bando.

LECCIÓN 222

ESPÍAS CONDENADOS

Este es el cuarto de los cinco tipos de espías.

Desplegar un espía condenado es una táctica diseñada para engañar al enemigo. Se trata de dar a uno de tus espías información falsa sobre tu estado o planes (por lo general, no se dará cuenta de que esa información es errónea) y enviarlo a territorio enemigo en una misión peligrosa. Allí, tienes que asegurarte de que sea capturado, tal vez dando la orden a uno de tus espías internos de que lo traicione. Bajo tortura, el espía condenado lo confesará todo para evitar la muerte. Si el enemigo no lo mata, sino que lo devuelve como espía convertido, puedes seguir mandándolo a territorio enemigo con información falsa como agente doble.

El asunto aquí es hacer que el enemigo piense que ha obtenido información fidedigna. Puedes dar credibilidad al engaño haciendo que tus tropas lleven a cabo algunas de las cosas mencionadas en el informe del espía condenado. Este puede ser un agente prescindible de bajo nivel o uno de alto nivel que se ofrece voluntario para la misión. La diferencia es que uno de ellos sabe que probablemente morirá y el otro no.

La versión de Clements difiere sutilmente. Sugiere que los términos «condenado» o «muerto» se refieren a la información, no al espía. El destino de los espías no es necesariamente la muerte; lo que sucede es que la información que llevan no tiene vida en ella porque es falsa.

CONSEJO PARA LA GUERRA: Engaña al enemigo enviándole un espía con información falsa.

LECCIÓN 223

ESPÍAS SUPERVIVIENTES

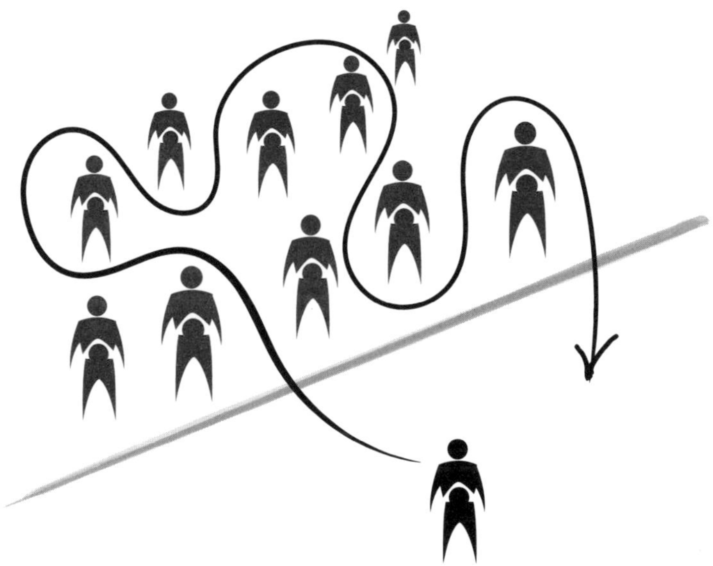

Este es el último de los cinco tipos de espías.

Los espías supervivientes son agentes profesionales que realizan todo tipo de misiones, como recopilar información, reclutar espías locales e internos e infiltrarse en el bando enemigo. Se los considera el clásico espía en acción. Con muchos sobre el terreno, puedes obtener información detallada sobre los movimientos y las intenciones del enemigo. Los espías supervivientes pueden ser agentes de bajo nivel que realizan tareas menores o «espías perfectos» expertos en operaciones de comando encubiertas.

CONSEJO PARA LA GUERRA: Emplea espías especializados para recopilar información, establecer relaciones con el enemigo y regresar con información valiosa.

LECCIÓN 224

COMBINA LOS CINCO TIPOS DE ESPÍAS

Estos cinco tipos de espías son la base de todo espionaje. Su uso como fuerza combinada es un tema complejo que escapa al alcance de este capítulo. Lo que se puede decir aquí es que en el centro de las operaciones de inteligencia se encuentran los espías supervivientes, que se mueven por territorio enemigo reclutando y dirigiendo a los otros tipos de espías, se infiltran en el bando enemigo e informan al comandante aliado, ya sea en persona o por otros canales.

Con base en la información que les proporcionan los espías internos, los espías supervivientes también captan o capturan espías supervivientes enemigos para transformarlos en espías convertidos. Entonces, los espías supervivientes proporcionan a los espías convertidos información falsa para su bando original y reciben información genuina sobre el enemigo.

El papel del personal de inteligencia central es examinar la información proporcionada por sus espías. Al estudiar los detalles, podrán identificar cualquier información falsa y detectar cualquier espía superviviente propio convertido por el enemigo. Sus descubrimientos y recomendaciones se presentan al centro de mando, que decide las medidas a tomar.

CONSEJO PARA LA GUERRA: Piensa en tu red de inteligencia como en una sola máquina. Que todas las partes móviles funcionen al unísono es «divino», la expresión más elevada de la guerra según Sun Tzu.

EN PALABRAS DE SUN TZU

Nadie en todo el ejército recibe un trato más íntimo que los espías. Ninguno debería ser recompensado con más generosidad. Ningún otro asunto debe tratarse con mayor secreto.

Los espías no pueden emplearse de manera útil sin cierta sagacidad intuitiva. No pueden dirigirse de forma adecuada sin benevolencia y franqueza. Sin el ingenio sutil de la mente, uno no puede estar seguro de la verdad de sus informes. ¡Sé sutil! ¡Sé sutil! Y utiliza a tus espías para todo tipo de asuntos.

LECCIÓN 225

ESTABLECE UN VÍNCULO ESTRECHO CON TUS ESPÍAS

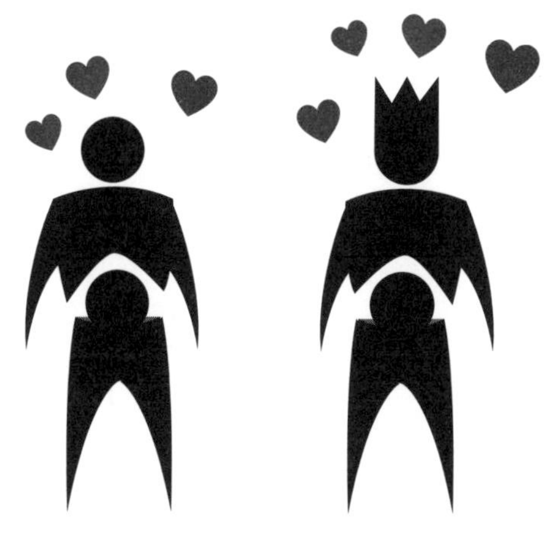

Es dudoso que Sun Tzu pensara que el amo y señor debía tener una relación especial con todos los espías a su servicio, ya que algunos eran espías locales en territorio enemigo o espías internos infiltrados en el bando enemigo. Por eso, es casi seguro que esta enseñanza se refiera a la relación del líder militar con los espías supervivientes de más alto nivel, que, como hemos visto, son los que conectan toda la red de inteligencia. Estas personas reciben tierras, bienes y oro como recompensa, y se confía en ellos para que trabajen sin tener que rendir cuentas por muchas de las cosas que hacen. Su relación con el líder tiene que ser cercana.

CONSEJO PARA LA GUERRA: Forma una relación sólida con tus mejores espías basada en la lealtad y la confianza mutuas.

LECCIÓN 226

PAGA BIEN A TUS ESPÍAS

Junto con la confianza y la lealtad resultado de la estrecha relación con los líderes militares, los espías también deben recibir una retribución muy por encima del sueldo medio y contar con una cuenta de gastos de libre disposición. En su trabajo, tienen que usar dinero para sobornar, allanar el camino, crear identidades falsas y hacer frente a muchos dispendios, ya sea frecuentar burdeles o llevar un alto nivel de vida. Al recompensar a tus espías con generosidad y permitirles hacer su trabajo sin restricciones, reducirás las probabilidades de que se dejen sobornar por el enemigo.

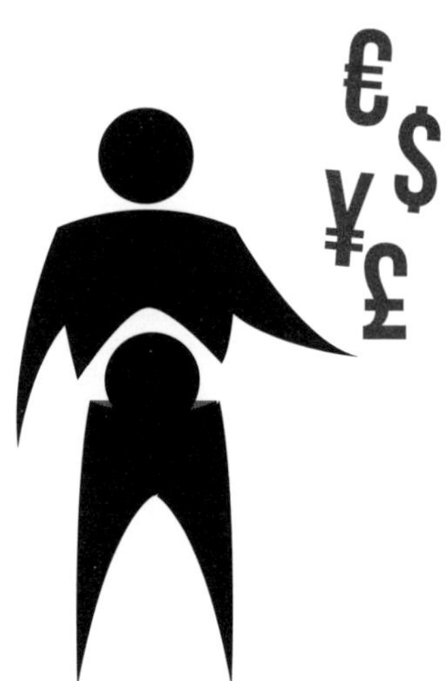

CONSEJO PARA LA GUERRA: Los espías necesitan dinero para gastos operativos. Otórgales un alto salario para asegurarte su lealtad y que no se dejen sobornar por el enemigo.

LECCIÓN 227

MANTÉN EL MÁXIMO SECRETO

Todos los aspectos del trabajo de espionaje deben mantenerse en secreto. Los espías no deben revelar su función ni siquiera a sus amigos y parientes más cercanos, bajo pena del castigo más severo. Eso significa que deben tener una tapadera creíble para justificar sus frecuentes ausencias. En ningún caso estará permitido que los espías hablen de su trabajo con nadie al margen de sus superiores o de su líder militar, y no deben conocer las identidades de otros espías a menos que la operación lo requiera.

CONSEJO PARA LA GUERRA: Impón la confidencialidad y el anonimato más estrictos en tu red de inteligencia para que no se filtre nada.

LECCIÓN 228

TRATA A LOS ESPÍAS CON SABIDURÍA, AMABILIDAD Y SUTILEZA

Administrar una red de espionaje no es un asunto sencillo: requiere cualidades particulares que solo poseen los líderes más dotados. Sun Tzu destaca estas tres:

SABIDURÍA INTUITIVA

Necesitarás tener una mente que sepa interpretar la información proporcionada por la «red de inteligencia». De nuevo, se trata de anticiparse a situaciones futuras a partir de unos pocos datos aparentemente desconectados. Entre los ideogramas utilizados en esta sección se encuentran 微妙, que tienen las connotaciones de «pequeños» y «misteriosos» o «cosas ocultas». Por lo tanto, estás buscando elementos ocultos dentro del todo, las pistas que desbloquearán el misterio de lo que el enemigo planea hacer a continuación.

AMABILIDAD

Muéstrate amable con tus valiosos espías. Esto refuerza la idea de que la lealtad de los espías depende no solo de la recompensa financiera, también de la estrecha relación con su líder.

SUTILEZA

El ideograma de sutileza, 微, también aparece en el capítulo 6 (lección 83), pero con un ideograma diferente para el signo de exclamación (aquí el usado es 哉; en el capítulo 6 fue 乎). Sun Tzu se repite, presumiblemente por enfatizar: 微哉微哉 («¡Sé sutil! ¡Sé sutil!»). Hay varias traducciones de este punto. En la versión de Trapp se lee: «La sutileza es la clave»; en la del Grupo Denma: «¡Secreto! ¡Secreto!». Pero implica algo más que secretismo: significa manejar a los espías con sensibilidad y destreza, y también tener la habilidad para leer informes de inteligencia y ver lo que no es evidente. Al igual que un jugador de ajedrez tiene que detectar una trampa con muchos movimientos de antelación, un líder militar debe ser capaz de detectar los elementos importantes de la información que recibe e identificar los patrones subyacentes.

CONSEJO PARA LA GUERRA: Comprende las implicaciones de la información de inteligencia, trata los asuntos delicados con sutileza y sé amable y generoso para ganarte la lealtad de los espías.

LECCIÓN 229

EMPLEA ESPÍAS EN TODO

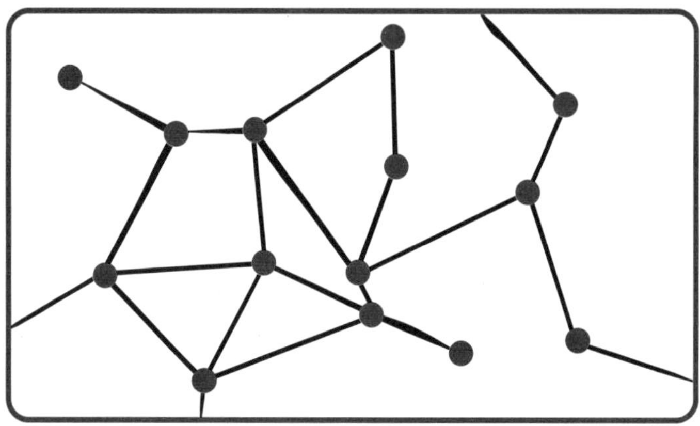

El espionaje es como la más delgada de las redes cubriendo toda la campaña militar: es apenas visible, pero lo envuelve todo. Los espías se infiltran en el bando enemigo, vigilan desde fuera y se establecen como agentes durmientes en territorios que son una amenaza potencial. También actúan dentro de tu propio bando detectando espías enemigos y elementos peligrosos en todos los rangos. El espionaje opera a todos los niveles y en todas las ramas del ejército antes de que una campaña comience y mucho después de que haya terminado. Los espías están en todas partes en todo momento.

CONSEJO PARA LA GUERRA: El servicio de inteligencia no es un grifo que se abre y se cierra. Mantén un flujo constante de información con espías activos en casa y en el extranjero tanto en tiempos de paz como de guerra.

EN PALABRAS DE SUN TZU

Si un espía divulga una noticia secreta antes de que llegue el momento oportuno, debe ser ejecutado junto con el hombre a quien contó el secreto.

No importa si el objetivo es aplastar un ejército, asaltar una ciudad o asesinar a un individuo; siempre es necesario comenzar por averiguar los nombres de los asistentes, los ayudantes de campo, los guardianes y los centinelas del general al mando. Nuestros espías son los encargados de hacerlo.

Hay que identificar a los espías del enemigo que han venido a espiarnos, tentarlos con sobornos y alojarlos cómodamente: así pasarán a ser espías convertidos a nuestro servicio. Con la información que proporcionen los espías convertidos seremos capaces de captar y emplear espías locales e internos. Y también gracias a su información podremos hacer que los espías condenados lleven noticias falsas al enemigo. Por último, gracias a su información podremos usar a los espías supervivientes de acuerdo con nuestros planes. El fin y el objetivo del espionaje en sus cinco variedades es el conocimiento del enemigo; y este conocimiento solo nos lo pueden proporcionar, en primera instancia, los espías convertidos. De ahí que sea fundamental que los espías convertidos sean tratados con la mayor generosidad. Antaño, el surgimiento de la dinastía Yin se debió a I Chih, que sirvió a la dinastía Xia. Asimismo, el auge de la dinastía Zhou se debió a Lu Ya, que sirvió a la dinastía Yin.

En consecuencia, el gobernante ilustrado y el general sabio usarán la más alta inteligencia del ejército con fines de espionaje y gracias a ella lograrán buenos resultados. Los espías son el elemento más importante porque de ellos depende la capacidad de un ejército para moverse.

LECCIÓN 230

¡MUERTE A LOS QUE HABLAN Y A LOS QUE ESCUCHAN!

Cualquier espía al que se descubra filtrando información confidencial debe ser ejecutado inmediatamente junto con la persona o las personas que la recibieron. No importa si se trata de un acto deliberado de traición o de una conversación informal con un ser querido o un amigo cercano; las consecuencias deben ser las mismas.

Esta acción es a la vez un remedio y un elemento disuasorio. Matar a todos los que han escuchado el secreto impedirá que se divulgue y solucionará así el problema inmediato. También hará que otros espías teman hablar con nadie en el futuro.

CONSEJO PARA LA GUERRA: Impide que haya filtraciones en tu red de inteligencia amenazando de muerte a cualquier espía que pase información clasificada y a cualquiera que la reciba.

LECCIÓN 231

ENVÍA ESPÍAS A DESCUBRIR LOS NOMBRES DEL PERSONAL ENEMIGO

Sun Tzu da ejemplos de objetivos para los que un líder militar podría valerse del espionaje:

- Atacar a un ejército.
- Tomar una ciudad.
- Asesinar a una figura política.

Para lograr lo anterior, los espías primero necesitan conocer los nombres de ciertas personas relevantes:

- 守將: comandante encargado de la defensa
- 左右: ayudantes del comandante
- 謁者: personal general
- 門者: centinelas
- 舍人: sirvientes

Algunas de estas personas son importantes por su rango, otras por la función que desempeñan. Los espías deben averiguar todo lo posible sobre ellas para poder entender las rutinas enemigas.

CONSEJO PARA LA GUERRA: Antes de hacer cualquier movimiento contra el enemigo, sírvete de espías para identificar a las personas clave. Utiliza esa información para diseñar un plan de ataque.

LECCIÓN 232

EMPLEA ASESINOS

Esta lección se infiere de la anterior, en la que Sun Tzu menciona asesinar a los líderes enemigos. De ella se deduce que hay que entrenar a personas para que se encarguen de ese trabajo; puede ser su función principal o una habilidad adicional de soldados rasos. Recuerda que cualquiera puede cometer un asesinato si tiene la oportunidad y acceso al objetivo.

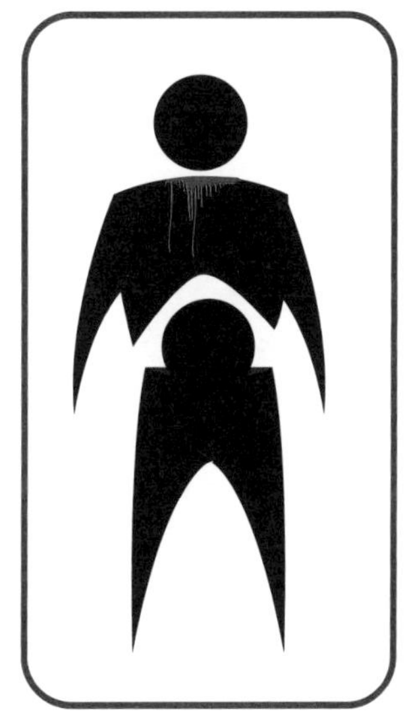

CONSEJO PARA LA GUERRA: Emplea asesinos para matar a figuras enemigas de alto nivel.

LECCIÓN 233

CUIDA A TUS ESPÍAS CONVERTIDOS

Llegados a este punto, Sun Tzu insiste en la necesidad absoluta de convertir espías enemigos (ver lección 221). Es función de los espías supervivientes e internos identificar y captar a los agentes enemigos enviados a espiar tu bando. Se les debe sobornar con dinero, tierras, sexo, vino o cualquiera que sea su debilidad. Algunos espías enemigos pueden ser sensibles a argumentos morales sobre la inhumanidad de la causa enemiga. Depende de tus espías supervivientes averiguar qué los puede persuadir para pasarse a tu bando.

A continuación, Sun Tzu da las siguientes explicaciones sobre la importancia de los espías convertidos, algunas de las cuales ya se han expuesto:

SON UNA FUENTE DE INFORMACIÓN FALSA

Un aspecto fundamental de la guerra es proporcionar al enemigo una idea equivocada de tu estado. Eso es bastante difícil de hacer porque él mismo tendrá muchos agentes observando tus movimientos, pero, si puedes disponer de suficientes espías convertidos que le suministren la misma información falsa, comenzará a creer tu versión de los hechos en lugar de los informes genuinos de sus espías no convertidos. Todo esto es parte de la habilidad de lo sustancial y lo insustancial.

PUEDEN INDICAR POTENCIALES ESPÍAS LOCALES E INTERNOS A LOS ESPÍAS SUPERVIVIENTES

Reclutar espías entre la población, el ejército y el Gobierno enemigos es extremadamente peligroso. Tus espías supervivientes necesitan estar seguros de que abordan a las personas adecuadas, de lo contrario corren el riesgo de ser descubiertos. Eso es particularmente cierto cuando quieren infiltrarse en el círculo de poder enemigo. Con su conocimiento de las debilidades personales, rivalidades y agravios que se dan en él, los espías convertidos están en posición de identificar a las personas que con más probabilidad pueden considerar cambiar de bando. Este no es un asunto menor; al contrario, su importancia es inconmensurable.

PUEDEN ASESORAR A LOS ESPÍAS SUPERVIVIENTES SOBRE CÓMO INFILTRARSE EN EL BANDO ENEMIGO

Los espías supervivientes son los ojos y los oídos del resto del ejército, pero cuando quieren infiltrarse en el bando enemigo lo hacen a ciegas. Los espías convertidos pueden suministrar información valiosa sobre los mejores momentos y lugares para hacerlo gracias a su conocimiento de las rutinas del enemigo y de la disposición del interior de su campamento. Si un espía convertido tiene suficiente información fiable de ese tipo, puede que el espía superviviente no tenga siquiera la necesidad de infiltrarse.

CONSEJO PARA LA GUERRA: Los espías convertidos desinforman al enemigo, identifican posibles espías locales e internos y ayudan a tus espías supervivientes a entrar en el campamento enemigo.

LECCIÓN 234

RECURRE A PERSONAS DE ALTO RANGO PARA HACER CAER A TU ENEMIGO

Sun Tzu cita dos antiguas historias chinas, una sobre el surgimiento de la dinastía Yin y otra sobre el surgimiento de la Zhou. En ambos casos fue crucial el papel de influyentes asesores que trabajaron para los gobernantes que estaban en el poder antes del establecimiento de estas dinastías. El hombre de la primera historia trabajó para los Xia, pero cambió de bando y ayudó a los Yin a llegar al poder. En la segunda historia, la dinastía Yin fue víctima del mismo movimiento que les había llevado al poder cuando uno de sus hombres conspiró para ayudar a los Zhou a derrocarlos. Solo con la ayuda de informantes se puede hacer caer a un enemigo desde el interior.

CONSEJO PARA LA GUERRA: Con la participación de personas de alto rango, una dinastía puede caer y otra ocupar su puesto. Ese es el poder de la traición interna.

LECCIÓN 235

UN GENERAL SABIO Y ESPÍAS INTELIGENTES SON LA BASE DE LOS MOVIMIENTOS DEL EJÉRCITO

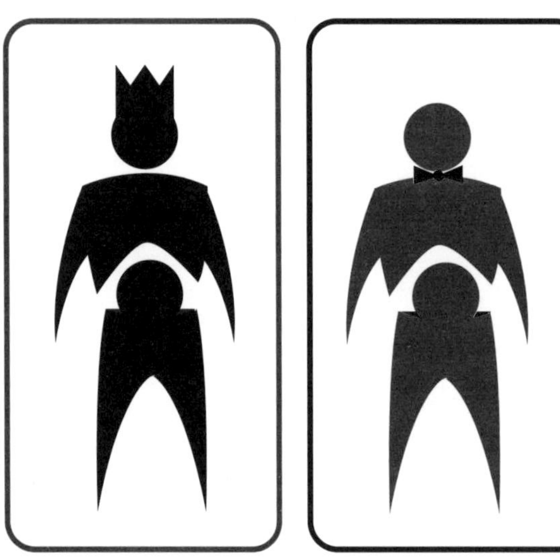

Tal como nos ha contado Sun Tzu a lo largo de este libro, la clave para vencer al enemigo es ir dos pasos por delante de él, y eso solo es posible con un servicio de espionaje. Entre otras muchas cosas, los espías se encargan de observar el territorio enemigo, la personalidad de su líder y la composición de su ejército; asimismo, analizan las raciones, provisiones y moral de este último, y estudian sus rutinas.

Por lo tanto, valora a tus espías por encima del resto del personal, y utiliza sus informes para predecir los movimientos del enemigo y planificar tu estrategia.

CONSEJO PARA LA GUERRA: La combinación de un líder inteligente y espías hábiles es la clave de la victoria.

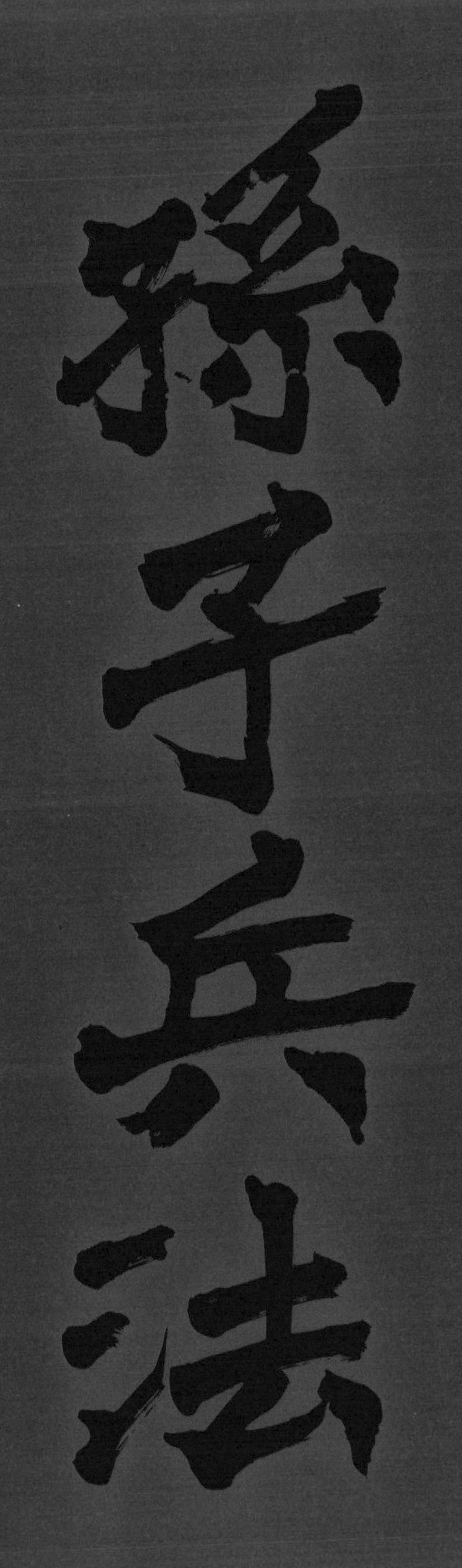
孫子兵法

EL ARTE
DE LA GUERRA

LA ESTRATEGIA
COMPLETA
DE SUN TZU

LA ESTRATEGIA COMPLETA DE SUN TZU

Aquí encontrarás las enseñanzas de Sun Tzu desglosadas en puntos y reorganizadas en secciones de temas relevantes bajo el paraguas de los cinco factores fundamentales (ver lecciones 2-7):

EL CAMINO
Esta sección se centra en el estado mental de las tropas enemigas y aliadas, en su bienestar y unidad. Aborda todos los elementos que pueden causar armonía o discordia dentro de un ejército.

EL CIELO
Esta sección se centra en los aspectos relacionados con la meteorología, el viento, la lluvia, el cielo nocturno, la luna y el sol. Se ocupa de todo lo que está por encima del suelo.

LA TIERRA
Esta sección contiene enseñanzas relacionadas con la posición que ocupa un ejército en el terreno y en cómo utilizar las características geográficas del entorno en beneficio propio.

EL MANDO
Esta es la sección más larga. Se centra en las cualidades que se requieren en un mando y da todo el repertorio de estrategias militares prácticas.

LA ORGANIZACIÓN
En esta última sección encontrarás enseñanzas relacionadas con la estructura interna del ejército, lo que incluye los códigos de conducta, las normas y los sistemas de castigo y recompensa.

Estos puntos recogen *El arte de la guerra* en su totalidad de un modo que facilita su comprensión y uso durante el estudio.

1 EL CAMINO

LA ARMONÍA DE TU PUEBLO

- Ten siempre un objetivo claro.
- Considera el conjunto de tu ejército como una sola entidad con secciones móviles.
- Haz que el ejército sea como una familia.
- Sé consciente de que la guerra es muy costosa y puede perturbar la armonía de tu pueblo.
- En lugar de volver a gravar a la gente, dispón de un fondo de reserva si el coste de la guerra se eleva más allá de los cálculos.
- No entres en una guerra que sabes que se prolongará.
- Nunca olvides que la guerra es horrible y perturbadora.
- Asegúrate de que todos en el ejército entienden las metas que se persiguen y tienen un único objetivo.
- Comprende la diferencia entre una acción rápida y decisiva y una acción apresurada.
- Estima correctamente el número de tropas necesarias para evitar una segunda leva.
- Recuerda que un ejército siempre será un motivo de perturbación del lugar y de la vida de las personas allí donde esté.
- Establece reglas claras y da tiempo a tus soldados para aprenderlas.
- No te retrases en dar recompensas.
- Elige tus mandos entre el personal militar, no entre los funcionarios civiles.
- No permitas la interferencia de la esfera civil en asuntos militares: los líderes civiles deciden cuándo ir a la guerra; los líderes militares ganan la guerra.
- Nunca cedas a la presión social o política.
- Mantén la unidad prohibiendo la rivalidad entre tus mandos.
- Comprende los límites físicos y mentales de tus soldados.
- Establece lazos sólidos con tus soldados antes de aplicar cualquier castigo.
- Ten en cuenta que los soldados que se sientan atrapados lucharán como un solo hombre para salvar la vida.
- Mantén las emociones de los soldados bajo control.

- Haz que tus soldados conserven sus fuerzas permitiéndoles descansar y alimentándolos bien.
- Comparte todas las buenas noticias pero guárdate las malas.
- Une tus tropas contra un enemigo común.
- Demoniza al enemigo para que tus soldados no sientan lástima por él.

LA DISCORDIA EN EL ENEMIGO

- Provoca al comandante enemigo para desequilibrarlo.
- Usa cualquier recurso a tu disposición para generar discordia en las filas enemigas.
- Trata a los prisioneros de guerra enemigos con respeto y ofréceles un lugar en tu ejército.
- Ofrece a los soldados enemigos que luchen para ti las mismas recompensas que a tus tropas.
- Trata a la población civil enemiga con justicia para obtener su apoyo.
- Identifica problemas en el bando enemigo:

  Que las tropas sean irrespetuosas con los oficiales es síntoma de disensión.

  Que los oficiales enemigos sean demasiado duros con las tropas es síntoma de pérdida de disciplina.

  Que los soldados se reúnan para murmurar es síntoma de pensamientos de rebelión.

  La entrega frecuente de honores y premios que tiempo atrás eran difíciles de obtener es síntoma de agotamiento y ruptura de la estructura interna.
- Separa los rangos inferiores del enemigo de los superiores.
- Haz que las tropas enemigas pasen hambre para que se desequilibren mentalmente.
- Cuando los soldados enemigos se lanzan gritos de ánimo por la noche, lo hacen por miedo.
- Los soldados enemigos que se enfrentan a la muerte son extremadamente difíciles de derrotar.
- Si el enemigo está en silencio y a la espera, significa que está unido y fuerte.

2 EL CIELO

OBSERVACIÓN Y PREDICCIÓN DEL TIEMPO

- Establece formas de predicción del tiempo, incluida la observación de la dirección y fuerza del viento.
- Observa la duración del viento y los momentos en los que sopla.
- Estudia los efectos que la Luna tiene en el entorno.
- Ten en cuenta las condiciones meteorológicas cuando planifiques un ataque con fuego.
- Colócate a barlovento del fuego cuando lo emplees como arma.

OBSERVACIÓN DEL CIELO

- Observa cualquier comportamiento extraño en el vuelo de las aves para identificar las posiciones de las tropas enemigas.
- Comprende qué te dicen los diferentes tipos de nubes de polvo acerca de la actividad del enemigo:

  Los vehículos que se mueven a gran velocidad levantarán nubes de polvo hacia lo alto del cielo.

  Un ejército que marcha lentamente a pie generará una nube de polvo baja y ancha.

  Los soldados que buscan alimento generan nubes de polvo delgadas en lugares diferentes al mismo tiempo.

  Las tropas que instalan un campamento generan nubes de polvo delgadas en la misma zona en diferentes momentos.
- Comprende el cielo nocturno y las constelaciones.
- Registra la salida y la puesta del Sol y de la Luna.
- Comprende el ciclo lunar y la posición de la Luna en el cielo nocturno.

3 LA TIERRA

EL TERRENO

- Piensa en el terreno como en tu aliado.
- Haz planes para todos los tipos de terreno.
- Conoce qué tipos de soldados se adaptan a cada tipo de terreno.
- Obtén o elabora mapas del territorio enemigo.
- Ubica tu fortaleza en una posición aislada y ventajosa para la defensa.
- Vigila tus fronteras para que un Estado vecino no te ataque mientras el grueso de tu ejército está combatiendo.
- Aprovisiónate cuando abandones tu territorio y cuando vuelvas a él.
- Ten la capacidad de moverte en todos los terrenos, del más bajo al más elevado.
- Toma el control de todos los caminos principales.
- Asegura tus posiciones en terrenos fácilmente transitables para una mejor comunicación entre las distintas secciones de tu ejército.
- Ten terreno elevado a tu espalda.
- Haz que el enemigo tenga terreno difícil a su espalda.
- Si es posible, mantén a tus tropas en lugares abiertos.
- Cuando todavía estés en tu territorio, evita que los soldados deserten.
- Cuando estés en movimiento, mantente en un terreno bajo.
- Después del combate, saquea las tierras enemigas pero no arruines a la población.
- Divide cualquier tierra conquistada equitativamente entre tus soldados.

EN TERRITORIO ENEMIGO O EN MOVIMIENTO

- No olvides que, cuando acabas de adentrarte en territorio enemigo, todavía es bastante fácil que tus soldados deserten.
- Utiliza un cuerpo de exploradores profesionales capacitados para que reconozcan el terreno y te informen.
- Recluta a lugareños para que sean tus guías, ya sea por la fuerza o a cambio de una recompensa.
- Mide el terreno enemigo.
- Mide montañas y valles.

- Realiza observaciones de todos los tipos de suelo y de los cambios de terreno.
- Lleva a tu ejército por el camino más largo a un destino específico si es más seguro que la ruta directa.
- Nunca dejes que el enemigo decida el campo de batalla.
- Sé el primero en llegar al campo de batalla.
- Evita los campos de batalla de los que no se pueda salir fácilmente.
- Toma medidas del campo de batalla.
- Dirige al enemigo a la posición en la que quieras que esté.
- Obliga al enemigo a entrar en terreno difícil.
- Si el enemigo se ha establecido en un terreno difícil al que cuesta acercarse, no lo ataques.
- Si el enemigo aún no se ha instalado en un terreno difícil, toma la iniciativa y ataca mientras todavía se está organizando.
- No olvides que, si el terreno obliga a tu ejército a dividirse y perder cohesión, puede ser mejor opción dar media vuelta y enfrentarse al enemigo.
- Si el enemigo trata de tentarte para que te acerques, significa que está en una posición fuerte.
- Si el enemigo está en una posición segura, persuádelo para que cambie a otra.
- Prevé qué tipos de tropas desplegará el enemigo en función de las características del terreno.
- Considera usar una fuerza más pequeña en ciertos terrenos aunque tengas más soldados disponibles.
- Ten en cuenta que en terrenos abiertos y extensos no hay ningún lugar donde protegerse o esconderse y el enemigo puede perseguirte y destruirte.
- Cuando te hayas adentrado en territorio enemigo, reagrupa tus tropas y haz que se muevan como una máquina de guerra imparable.
- Envía exploradores a los puntos donde es probable que se produzcan emboscadas y haya grupos de soldados enemigos esperándote.
- Bloquea todos los posibles puntos de emboscada antes de pasar por ellos.
- Acorrala al enemigo en lugares sin escapatoria.
- Busca tropas enemigas escondidas en las lindes de los bosques y en su interior.
- Si ves animales que abandonan un área a toda prisa, espera que aparezcan tropas enemigas por esa dirección.

- En terreno abierto, espera a que el enemigo haga el primer movimiento y explota las brechas que eso genere.
- Si estás al aire libre, no permitas que ninguna de tus secciones quede aislada de la fuerza principal.
- Cuando establezcas una posición o te prepares para el combate, muévete a una posición más elevada.
- No ataques cuesta arriba.
- No asciendas por las laderas más empinadas de las colinas: encuentra un camino más fácil.
- Acampa en lugares fácilmente defendibles.
- Muévete por áreas peligrosas lo más rápido posible.
- Establece ubicaciones fijas como puntos de reunión.

CUERPOS DE AGUA

- Cuando te prepares para la batalla, aléjate de cualquier cuerpo de agua.
- Ten cuidado con las gargantas, barrancos y lugares donde el agua dificulta los movimientos.
- Redirige grandes masas de agua para inundar al enemigo.
- Colócate corriente arriba del enemigo.
- No cruces un río cuando es probable que se produzca una inundación repentina.
- Cuando cruces un río, deja espacio en la orilla opuesta para todo el ejército.
- Cuando te dispongas a atacar a un enemigo que está cruzando un río, deja que la mitad de sus tropas cruce antes de lanzarte sobre él.
- Cruza los pantanales a toda velocidad.
- Si peleas en un pantanal, busca un terreno elevado con vegetación densa.

4 EL MANDO

UN COMANDANTE PERFECTO

- El comandante debe ser un soldado profesional totalmente capacitado.
- Todas las cosas tienen un principio, una mitad y un final.
- Las situaciones están en constante cambio y las cosas pueden variar rápidamente.
- Comprende los conceptos de rígido y flexible, adáptate a ellos y muévete entre ambos.
- Combina tácticas ortodoxas y heterodoxas.
- Ten una mentalidad de hierro.
- Aprende cuándo avanzar y cuándo retroceder.
- Nunca reacciones en base a tus emociones: tómate tiempo para serenarte.
- Pasa las mismas penalidades que tus soldados para ganarte su respeto.
- No tomes decisiones basadas en cómo afectarán a tu reputación.

LAS BASES DE UNA BUENA ESTRATEGIA

- En tiempos de paz, mantén una posición de fuerza como elemento disuasorio.
- Entrena a tus tropas para que formen con rapidez.
- Haz el mejor uso de las habilidades de cada uno de tus soldados.
- Establece sistemas de comunicación a larga distancia.
- Conoce los objetivos de todas las personas influyentes, tanto militares como civiles, enemigas y aliadas.
- Prepara tus planes de forma exhaustiva y secreta; ejecútalos con rapidez.
- Actúa paso a paso y con sutileza.
- No seas predecible en tus tácticas. No repitas lo que ha funcionado con anterioridad.
- Hay un número finito de estrategias bélicas, pero sus combinaciones son innumerables.
- Nunca entres en una batalla abierta contra un enemigo más grande sin una táctica definida.
- Intenta capturar la posición, el territorio, la fuerza y las provisiones enemigas intactos.
- Si puedes, apodérate de las provisiones del enemigo; si no, destrúyelas.

- Trata de infligir la menor cantidad de bajas posible para obtener la victoria.
- Genera impulso y velocidad solo en el momento decisivo.
- Oculta tus puntos débiles.
- Evita hacer movimientos obvios.
- Prepara contramedidas para todas las situaciones antes de pasar a la acción.
- No seas imprudente ni demasiado precavido.
- Deja que el enemigo se acerque a ti. No te acerques al enemigo a menos que lances un ataque sorpresa.
- Nunca ataques a un enemigo perfectamente organizado.
- Ataca al enemigo cuando sea débil y tú, fuerte.
- Sella las fronteras de tu país cuando se declare la guerra.
- Prohíbe cualquier práctica supersticiosa dentro del ejército.

EVALUACIONES Y OBSERVACIONES

- Evalúa y compara de forma honesta las fortalezas, habilidades y disciplina de las fuerzas enemigas y aliadas.
- Haz un análisis de coste-beneficio de cualquier conflicto o batalla.
- Estudia siempre las opciones alternativas.
- Asegúrate de tener la información más completa posible sobre todos los asuntos.
- Anticípate a los planes del enemigo en función de tu conocimiento de sus movimientos.
- Antes de atacar, hazte una de las preguntas siguientes en función de la situación:

  «Tengo la capacidad de atacar al enemigo, pero ¿su posición me lo permite?».

  «El enemigo está en una posición que permite atacarlo, pero ¿tengo capacidad para hacerlo?».
- Predice con precisión los acontecimientos futuros a partir de información fragmentaria.
- Evalúa el tamaño del enemigo con base en el tamaño de su territorio y otros cálculos.

EL ENFRENTAMIENTO CON EL ENEMIGO

- Derrota al enemigo destruyéndolo sección por sección.
- Dirige tus ataques a las secciones más débiles del enemigo, no a sus puntos fuertes.
- Analiza cuándo y dónde atacar: la planificación lo es todo.
- Crea desorden en el enemigo antes de atacarlo.
- Presenta información cierta y falsa al enemigo para que no sepa a qué atenerse.
- Comienza con ataques directos, pero termina con tácticas sorpresa.
- Deja que el enemigo piense que tus tropas están más lejos o más cerca de lo que realmente están.
- Engaña al enemigo haciéndole creer que eres un incompetente.
- Nunca te enfrentes a un ejército superior en una batalla abierta.
- Si el enemigo es grande y fuerte, ponte a la defensiva.
- Si superas en número al enemigo en una proporción de diez a uno, rodéalo.
- Si superas en número al enemigo en una proporción de cinco a uno, atácalo y arróllalo.
- Si superas en número al enemigo en una proporción de dos a uno, usa estrategias directas e indirectas.
- Si igualas en número al enemigo, concéntrate en planear tácticas excelentes.
- Si el enemigo te supera en número, aléjate y no te enfrentes a él abiertamente.
- Si el enemigo parece querer apaciguarte cuando está en una posición fuerte, te está tendiendo una trampa.
- Si el enemigo parece agresivo y optimista cuando está en una posición débil, está preparando la retirada.
- Si el enemigo te ofrece un acuerdo de paz de forma inesperada, tiene un problema en el interior de sus fuerzas o en su territorio.
- Si el enemigo intenta mover tus tropas, mantenlas en posición.
- Si el enemigo intenta mantener tus tropas en posición, muévelas.
- Observa cómo forma el ejército enemigo.
- Cuando el ejército enemigo forma, envía exploradores para comprobar si recibe refuerzos.
- Proporciona información falsa a los exploradores enemigos.
- Busca y elimina a los exploradores enemigos.

- Ataca antes de que el enemigo tenga la oportunidad de formar.
- Identifica los tipos de tropas y vehículos con los que cuenta el enemigo.
- Observa las señales del enemigo para evaluar su competencia.
- Haz un movimiento para conocer las tácticas de respuesta del enemigo.
- Provoca movimientos en las fuerzas enemigas para generar brechas en su formación o posición.
- Ofrece al enemigo un objetivo como cebo.
- No permitas que las tropas más rápidas se adelanten a las demás.
- Divide al enemigo y no permitas que se reagrupe.
- Impide que los cuerpos especializados externos del enemigo se reúnan con el cuerpo principal de su ejército.
- Ataca un flanco para obligar al enemigo a mandar tropas para defenderlo y debilitar así sus otras posiciones.
- Si el enemigo abandona una sección de su ejército que te ofrece un blanco fácil, es una trampa.
- Muéstrate como si no fueras a reaccionar a los movimientos del enemigo, pero luego ataca cuando sea demasiado tarde para que dé marcha atrás.
- Agota las fuerzas del enemigo manteniéndolo en movimiento.
- Concentra tus ataques en la sección menos preparada del enemigo.
- Ataca desde una posición y dirección que el enemigo no espere.
- Captura y reutiliza vehículos enemigos cambiando sus insignias y mezclándolos con tus propios vehículos.
- No deseches equipos para aumentar tu velocidad de marcha porque eso te creará problemas más adelante.
- Si quieres que el enemigo permanezca estático, destruye cualquier sección de su ejército que se mueva.
- Mantén bajo observación constante las tropas de los flancos de la formación enemiga; representan el límite del campo de batalla.
- Finge abandonar el campo de batalla. Cuando el enemigo rompa su formación para retirarse, da media vuelta y golpéalo con fuerza.
- Acosa al enemigo para evitar que se reagrupe.
- Ten tropas disponibles para apoyar a cualquier sección que esté bajo ataque (la enseñanza de la serpiente).
- Finge ser débil antes de atacar.
- Usa falsas amenazas para mantener ocupado al enemigo y ganar tiempo.
- Si el enemigo rompe repentinamente su rutina interna habitual, se está preparando para lanzar una última carga.
- No obligues al enemigo a luchar hasta la muerte, dale una vía de escape.

GUERRA CON FUEGO

- Almacena y mantén equipo para la guerra con fuego.
- Ataca con fuego a los soldados enemigos y, si no puedes hacerte con ellos, también sus almacenes de alimentos, vehículos y equipos.
- Ataca con fuego las formaciones enemigas y aprovecha su fragmentación.
- Si se declara un incendio en el campamento enemigo, lanza un ataque, pero cuidado con los falsos incendios pensados para tenderte una trampa.
- Ataca desde el exterior y quema las defensas exteriores.
- Usa espías para atacar con fuego desde el interior.

LA GUERRA DE ASEDIO

- Cuenta con especialistas que entiendan sobre la construcción y el uso del equipo de asedio.
- Al asediar a un enemigo, usa paredes móviles.
- Usa escudos móviles como defensa.
- La paciencia, no la acción precipitada y drástica, lleva a la victoria en un asedio.
- Modifica el terreno con movimientos de tierra.

ESPIONAJE

- Destina fondos abundantes al servicio de inteligencia.
- Crea un mando central para el servicio de inteligencia y adjúntalo a la autoridad superior.
- Asegúrate de que toda la información sobre el enemigo se base en datos de observación reales.
- Emplea al mando central de inteligencia en el análisis de todos los informes de campo.
- Comprende cómo funciona el espionaje para obtener lo mejor de los espías y de sus informes.
- Asegúrate de que cualquier análisis de informes incluya una interpretación de las intenciones del enemigo.
- Mantén en estricto secreto todas las actividades del servicio de inteligencia.

- Recompensa generosamente a todos los espías para evitar que el enemigo los soborne.
- Ataja drásticamente cualquier fuga de información ejecutando a todas las personas involucradas.
- No confíes en la deducción a partir de la comparación para predecir los movimientos del enemigo. Utiliza siempre información actualizada del bando contrario proporcionada por tus espías.
- Descubre los nombres y perfiles de las personas clave del bando enemigo, incluyendo personas de rango bajo con acceso a los círculos de poder.
- Usa espías para obtener una victoria rápida.
- Emplea a lugareños para que espíen para ti cuando te encuentres en territorio enemigo.
- Soborna a miembros del ejército enemigo para que espíen para ti.
- Descubre espías enemigos y conviértelos. Págales muy bien para que se pasen a tu bando y te sean leales.
- Envía espías condenados con información falsa para engañar al enemigo.
- Emplea espías profesionales permanentes altamente capacitados.
- Crea lazos de lealtad entre los espías permanentes y el grupo de mando.
- Selecciona a personas importantes para que tus agentes las asesinen.

TÁCTICAS DEL MÁS ALTO NIVEL

- En ciertas situaciones, se debe ignorar las órdenes recibidas. Este es un asunto delicado.
- En ciertas situaciones, pierde la primera batalla para llevar al enemigo a una posición donde quieras tenerlo.
- No organices a tus tropas con base en un patrón establecido, deja que parezcan desorganizadas.
- Confunde al enemigo estableciendo posiciones o defensas falsas, pero no olvides que el enemigo hará lo mismo.
- Comprende y realiza la táctica de la falsa retirada, pero no caigas en la trampa de una falsa retirada del enemigo.
- Permite que un enemigo en retirada abandone el campo de batalla.
- Para que tus tropas finjan desorden de forma convincente, deben estar extremadamente bien organizadas.
- Para que tus tropas finjan cobardía de forma convincente, deben ser extremadamente valientes.

5 LA ORGANIZACIÓN

- Establece un cuartel general para el mando central estés en tu territorio o en territorio enemigo.
- Ten una cadena de mando adecuada.
- Mantén una distinción clara entre rangos inferiores y superiores, pero asegúrate de que existe respeto mutuo entre todos los soldados.
- Dispón de unas comunicaciones excelentes.
- Proporciona a todos tus soldados el entrenamiento adecuado.
- Asegúrate de que todos los soldados son disciplinados y ejecutan las órdenes que reciben al instante.
- Valora la lealtad por encima del resto de virtudes.
- Promueve a tus soldados con base en el mérito y no a su posición social.
- Establece un sistema justo de castigo y recompensa que todos entiendan.
- Asigna a todos los combatientes y no combatientes un papel claro y un conjunto de tareas.
- Divide tu ejército en pequeñas secciones que puedan separarse y recombinarse con eficiencia y rapidez.
- Mantén un estricto secreto en tu ejército.
- Para evitar filtraciones y mantener tu autoridad, no des a tus tropas demasiada información.
- Asegúrate de que tus vehículos y equipos se mantienen en buen estado.
- Prevé el coste de reemplazar vehículos y equipos.
- Instruye a tus soldados para que:

    Marchen a la velocidad del viento.

    Formen como árboles en un bosque.

    Establezcan una posición defensiva tan fuerte e impenetrable como una montaña.

    Ataquen con la furia del fuego.

    Sean tan inasibles para el enemigo como la oscuridad o las nubes.

    Golpeen con la rapidez de un rayo.
- Asegúrate de que incluso tus tropas más lentas sean más rápidas que las del enemigo.
- En divisiones convencionales, mezcla soldados con distintos niveles de capacidad para que la competencia del ejército sea uniforme.
- En divisiones especializadas, selecciona cuidadosamente a soldados que tengan las cualidades adecuadas para cumplir lo que se espera de ellos.
- Sigue las leyes militares, no las civiles.

ÍNDICE

T

U

V

W

X

Y

Z

ACERCA DEL AUTOR

Antony Cummins es Embajador Oficial de Turismo de Wakayama, Japón y autor de varios textos sobre historia de la cultura militar asiática, en particular japonesa. Su intención es presentar una imagen históricamente precisa de los samurái y los *shinobi* (*ninja*) al mundo occidental y sentar las bases para una mejor comprensión de sus enseñanzas. Ha escrito varios libros sobre historia militar japonesa, incluidos manuales *ninja* históricos con la colaboración de traductores. Su trabajo se puede seguir en YouTube en los canales *Antony Cummins* y *Natori Ryu* y en Instagram en @historicalninja y @natoriryu. Para más información, consulta su sitio web: www.natori.co.uk

ACERCA DEL ILUSTRADOR

Jay Kane (Kane Kong Illustrates) trabaja a tiempo completo como diseñador gráfico en la industria textil y como ilustrador independiente. Nacido en Sudáfrica, se trasladó a Reino Unido, donde estudió Arte, Diseño y Grabado en Mánchester, ciudad en la que reside. Ha colaborado con Antony Cummins a lo largo de más de una década en varios libros.

ACERCA DEL CALÍGRAFO

Yamamoto Jyuhō nació en la ciudad de Wakayama, prefectura de Wakayama, en 1967. Estudió Folclore Budista en el Departamento de Estudios Budistas de la Facultad del Budismo de la Universidad de Komazawa. Completó su educación religiosa en el templo Sōtō-shū Daihonzan Eiheiji, y fue nombrado vigésimo sexto sacerdote principal del templo de Sōtō-shū Daihōzan Eunji en 2013. También es director del templo Sōgenzan Daisenji y sacerdote principal del templo Zenpukuji.

Yamamoto supervisa la conservación de la tumba, tablilla mortuoria y registros de defunción del clan Natori en el templo Eunji, que alberga la tumba del famoso samurái estratega Natori Sanjūrō Masazumi, autor del popular pergamino *ninja* conocido como *Shōninki*. La tumba de Natori Masazumi es un foco de atracción turística clave en la ciudad de Wakayama. Yamamoto también fundó el Club de Lectura *Shōninki*, cuyo objetivo es difundir las enseñanzas del *ninjutsu* histórico al resto del mundo, y da conferencias sobre historia *ninja*.

Yamamoto es una figura muy conocida en el mundo de la caligrafía japonesa y del grabado tradicional de sellos. Estudió con Yamashita Hōtei y es el director del grupo Zuifūkai, además de ser fideicomisario de la Asociación Japonesa de Grabadores de Sellos y del grupo Yomiuri Shohōkai. Es examinador del grupo Nihon Shogeiin Nika Shinsa y miembro de Zen Kansai Bijutsuten Mukansa y de la Asociación de Caligrafía de Wakayama. En 2018 ganó el primer premio en la «Exposición japonesa de grabado de sellos» y en la «Exposición Nihon Shogeiin». Sus trabajos caligráficos se han publicado en diversas obras.

軍爭篇　九變篇　行軍篇　地形篇　九地篇　火攻篇